# Bodenbearbeitung in den Tropen und Subtropen

Einige Grundlagen,
Geräte und Verfahren

# Soil Cultivation in the Tropics and Subtropics

Some Fundamentals
Implements and Operation

von R. Krause und F. Lorenz

unter Mitarbeit von:

H.-H. Baden
M. Estler
K. Köller
H. Loos
H.-W. Müller

Herausgegeben von: Deutsche Gesellschaft für
Technische Zusammenarbeit (GTZ) GmbH
Dag-Hammarskjöld-Weg 1
6236 Eschborn/Ts.

Fotos: R. Krause, GTZ-Archiv

Druck: Hoehl-Druck, 6430 Bad Hersfeld

ISBN: 3-88085-079-8

Printed in Germany

# VERZEICHNIS DER MITARBEITER


| | |
|---|---|
| Ing. grad. Hans-Heinrich Baden | ehemals Fachhochschule Köln<br>z. Z. Lütjenmoor 30<br>2000 Norderstedt |
| Dr. habil. Manfred Estler | Institut für Landtechnik der Technischen Universität München und Bayer. Landesanstalt für Landtechnik, Vöttinger Straße 36<br>8050 Freising-Weihenstephan |
| Dipl.-Ing. agr. Karlheinz Köller | Institut für Agrartechnik der Universität Hohenheim<br>Ab 1. 8. 1979<br>Landwirtschaftskammer Rheinland<br>Endenicher Allee 60<br>5300 Bonn 1 |
| Dr.-Ing. Rüdiger Krause | Institut für Landmaschinenforschung der Bundesforschungsanstalt für Landwirtschaft Braunschweig-Völkenrode<br>Bundesallee 50<br>3300 Braunschweig |
| Ing. agr. grad. Heinz Loos | ehemals Fachbereich Internationale Agrarwirtschaft der GHK Witzenhausen,<br>z. Z.: Waldweg 9<br>6300 Lahn-Atzbach 1 |
| Prof. Dr. agr. Franz Lorenz | Fachbereich Internationale Agrarwirtschaft der Gesamthochschule Kassel<br>Steinstraße 19<br>3430 Witzenhausen 1 |
| Ing. agr. grad. Hans-Werner Müller | ehemals Fachbereich Internationale Agrarwirtschaft der GHK Witzenhausen,<br>z. Z. 3531 Hohenwepel-Warburg 70 |

# ZUM GELEIT

Die Förderung der Agrarentwicklung in den Tropen und Subtropen ist immer wieder mit dem Problem der begrenzten Übertragbarkeit von Wissen und Können konfrontiert. So wechselt z. B. der »Werkstoff« Boden seine Eigenschaften unter den Dimensionen Raum und Zeit ebenso häufig wie die Menschen, die ihn bewirtschaften. Der mit landwirtschaftlichem Sachverstand aus gemäßigten Zonen ausgerüstete Berater muß unter solchen Umständen mit hohen Fehlerquoten und Risiken seiner Arbeit rechnen. Genau diese kann aber sein Klient – der Bauer – aufgrund seiner wirtschaftlichen Lage in den meisten Fällen nicht tragen. Jedes Risiko, das er eingeht, bedroht oft seine eigene Existenz und die seiner Familie.
Die formalen Ausbildungsmöglichkeiten in der Bundesrepublik Deutschland sind bekanntermaßen auf diesem Gebiet sehr begrenzt. Wir sind daher aufgerufen, unsere fachliche Erfahrung, die in den letzten zwei Entwicklungsdekaden angesammelt wurde, möglichst in Kooperation mit entsprechenden Fachinstitutionen aufzubereiten und all' denen verfügbar zu machen, die mithelfen, dem Ungleichgewicht zwischen Bevölkerungsentwicklung und Nahrungsmittelproduktion entgegenzuwirken.
Die vorliegende Schrift, im Rahmen des Arbeitskreises ›Internationale Agrartechnische Zusammenarbeit‹ der Max-Eyth-Gesellschaft (MEG) erstellt, ist ein erster Versuch, Beratungsmaterialien in Form von fachspezifischen, projekt- und problemübergreifenden Darstellungen herauszubringen.
Für die Problembereiche »Tierische Anspannung« und »Mechanisierung der Bewässerungslandwirtschaft« sind vergleichbare Veröffentlichungen in Arbeit.
Ergänzt werden diese Materialien zum Thema »Beratungsinhalte« durch ein Handbuch, in dem die Beratungsmethoden unter verschiedenen Voraussetzungen behandelt werden.
Energiebewußte Produktion ist für uns weder eine Leerformel, noch eine neue Erkenntnis der letzten Ölpreisentwicklung. Der Landwirt in unserer sogenannten 3. Welt ist nur selten in der Lage, Fremdenergie für seine Produktion einzusetzen. Der überbetriebliche Maschineneinsatz – vor allem in der Bodenbearbeitung und der Getreideernte – kann aber auf Grund des »Minutencharakters« vieler Böden eine zweite Kultur ermöglichen und damit die Voraussetzungen für eine Einkommenssteigerung schaffen.
Steigende Energiekosten sind für uns daher als Herausforderung zu verstehen, nicht nach arbeits- sondern nach energiewirtschaftlichen Gesichtspunkten Produktions- und Bewirtschaftungssysteme zu entwickeln. Dazu gehört nicht nur die optimale Koppelung von Maschine und Gerät, sondern eine kombinierte Nutzung von Kraftmaschine, tierische Anspannung und Handarbeit. Das Handbuch über die Geräte und Verfahren zur Bodenbearbeitung soll dazu ein baustein sein, dem noch viele andere folgen müssen.

Die ursprünglich als Gemeinschaftsarbeit eines größeren Arbeitskreises gedachte Aufgabe ist schließlich von einer kleinen Gruppe bewältigt worden, deren Federführung bei Herrn Dr. Krause lag. Ihm ist vor allem – zusammen mit Herrn Prof. Dr. Lorenz – die Fertigstellung der vorliegenden Arbeit zu verdanken, die für uns alle ein Lehrstück war, nicht nur bezogen auf den praktischen Inhalt, sondern auch die Fähigkeit zur Kooperation in einer Gruppe von vollbeschäftigten Kollegen, die sich zusätzlich an eine neue Aufgabe herangewagt haben.
Freundliche Aufnahme des Ergebnisses würden wir nicht bedauern, was wir uns aber wünschen, ist Resonanz von draußen und Verbesserungsvorschläge für eine zweite Auflage, die dann auch einem größeren Interessentenkreis nützlich sein könnte.
Vor knapp 100 Jahren hat Max Eyth wohl als erster deutscher landtechnischer Berater in Ägypten über moderne Bodenbearbeitung nachgedacht und den Dampfpflug eingeführt. Heute sind unter dem Schlagwort »Alternativtechnologien« vergleichbare technische Lösungen diskussionswürdig.
Der 1950 in Nippur entdeckte Bauernkalender aus dem Zweistromland ist 3500 Jahre alt und enthält Erkenntnisse über Bodenbearbeitung, die zum Teil heute geschrieben sein könnten:

- Ehe du deine Äcker bestellst, öffne die Bewässerungsgräben, aber ertränke die Felder nicht!
- Bewache das durchfeuchtete Erdreich, daß es eben wie eine Tafel bleibt.
- Laß es nicht von herumirrenden Ochsen zertrampeln!
- Dann bereite die Felder für die Saat vor.
- Säubere es mit spitzen Hacken und reiß die Stoppeln mit der Hand aus!
- Wenn das Feld in der Sonne brennt, teile es in vier Teile.
- Netze einen Teil um den anderen, damit du in deiner Arbeit nicht aufgehalten wirst.
- Ehe du mit dem Pflügen beginnst, laß den Boden zweimal mit der Breithaue und einmal mit der Spitzhacke aufbrechen.
- Notfalls nimm einen Hammer zu Hilfe, um spröde Brocken zu zerkleinern.
- Walze das Feld glatt und zieh einen Zaun drum!

Gibt es einen besseren Beweis für die »Expertenregel«:
Beraten heißt zunächst: Die eigene Fähigkeit des Zuhörens zu entwickeln.

Klaus J. Lampe

**Summary**

Soil cultivation for plant production is an art which is nearly ten thousand years old. To increase and stabilize the yields, at least in the industrialized countries, the total inputs, including water, fertilizer, plant protection agents, machinery and energy have been increasing tremenduously in the last decades. In many cases the total energy input exceeds the plant energy regained, soil cultivation being one of the major consumers. It is hardly possible today to keep abreast of the wide variety of equipment for cultivation available on the market. Excessive and often irreparable damage to the soil (erosion, salination) is often due to the misuse of machinery.
Only by selecting and using appropriate implements well-adapted to the overall farming system, proper timing and precision of operation, can permanent high productivity of the soil and the resulting high yields be guaranteed.
This publication is written for experts in the field of tropical and subtropical agriculture, extension workers, farmers, teachers and students. The book begins with a brief summary of the targets of soil cultivation and the interaction between climate, farming system and methods of cultivation.
The main part of the publication presents the most important tillage implements for primary and secondary cultivation with rainfed and irrigated crop production and dry farming and also covers some new implements and shows the trends in development. The fields of application for each implement are defined, discussing the pros and cons and giving details of operation, technical design, energy requirements, handling and some technical specifications.
This first issue is published only in the German language because the authors hope to receive valuable hints and amendments, especially from practical farming, in the discussed areas before publishing a revised and completed version in English.

# INHALTSVERZEICHNIS

# CONTENTS

# VORWORT

Die Steigerung der Nahrungsmittelproduktion gehört immer noch zu den Hauptaufgaben der vornehmlich in den Tropen und Subtropen liegenden Entwicklungsländer. Die Vorstellungen über ein angemessenes Vorgehen bewegen sich zwischen einer auf Höchsterträge zielenden, kapitalintensiven Produktionstechnik unter Anwendung aller produktionssteigernden Maßnahmen einschließlich einer intensiven Bodenbearbeitung nach dem Vorbild der Industrieländer und einer situationsgerechten Pflanzenproduktion mit minimalen Produktionskosten unter Berücksichtigung der Beschäftigungslage und Ausbildung der Bevölkerung, der Verfügbarkeit von Energie sowie der Infra- und Betriebsstruktur.
In jedem Falle stellt die Bodenbearbeitung einen wesentlichen Engpaß in der gesamten Pflanzenproduktion dar. Die zeitgerechte Erledigung der Bodenbearbeitung als Grundvoraussetzung für eine höhere Anbauintensität ist häufig nur durch eine höhere Mechanisierung, durch den Einsatz von Schleppern und entsprechenden Geräten zu bewerkstelligen. Die geeignete Auswahl und der sachgerechte Einsatz von Geräten und Verfahren entscheiden über die Erhaltung der Produktivität der sensiblen tropischen und subtropischen Böden.
Die vorliegende Arbeit richtet sich in erster Linie an landwirtschaftliche Sachverständige und ihre Partner, Berater und Landwirte, sowie an Lehrende und Lernende der Agrartechnik und Pflanzenproduktion in den Tropen und Subtropen. Es wird damit ein Nachschlagewerk vorgelegt, das in seinem ersten Teil die Aufgaben, Ziele und Probleme der Bodenbearbeitung in den verschiedenen Klimazonen darstellt und im zweiten Teil die wichtigsten Geräte und Verfahren im Hinblick auf ihren Verwendungszweck und ihre Einsatzgrenzen, Arbeitsweise, Anbau, Einstellung und technische Einzelheiten behandelt.
Die Auswahl der behandelten Geräte ist weder auf eine bestimmte Mechanisierungsstufe noch auf eine bestimmte Betriebsgröße oder -struktur beschränkt, behandelt jedoch in erster Linie die in Gebieten einer höheren Mechanisierungsstufe verfügbaren Geräte und wesentliche Kriterien zur Beurteilung ihrer Eignung für die verschiedenen Standorte in den Entwicklungsländern.
Handgeräte und Geräte zur tierischen Anspannung sind nicht behandelt; letzteren wird ein eigenes Werk im Rahmen der gleichen Schriftenreihe gewidmet. Auch Geräte der »Intermediate Technology« sind hier nicht gesondert angeführt, weil für sie die Grundlagen der Bodenbearbeitung in gleichem Maße zutreffen und spezielle Fragen der Konstruktion und Herstellung vor Ort ausgeklammert werden.

Ausgeklammert werden ferner besondere Geräte und Verfahren der Bodenbearbeitung im Naßreisbau.
Nicht behandelt werden auch die der Pflanzenproduktion vorgeschalteten Verfahren und Geräte zur Landerschließung und Planierung sowie Verfahren und Geräte zur Untergrundlockerung und Dränung, weil diese Maßnahmen im allgemeinen nicht von dem einzelnen Landwirt, sondern von Lohnunternehmern oder staatlichen Institutionen durchgeführt werden. Auch die mit steigender Mechanisierung notwendige Entsteinung von Äckern sowie die entsprechenden Steinrechen und Sammelgeräte werden hier nicht behandelt.
Nicht zuletzt sind zwei wichtige Komplexe ausgeklammert oder nur gestreift, da ihnen aufgrund ihrer großen Bedeutung jeweils ein besonderes Werk gewidmet werden sollte:

- Direktsaatverfahren (Zero Tillage), die vornehmlich im Bereich des Regenfeldbaus und auf erosionsgefährdeten Standorten eine wesentliche Alternative darstellen und
- Verfahren und Geräte zur mechanischen Unkrautbekämpfung und ihre Wechselwirkung mit der Herbizidanwendung.

Gedankt sei der Deutschen Gesellschaft für Technische Zusammenarbeit (GTZ) für die Unterstützung und Bereitstellung der erforderlichen Mittel. Gedankt sei allen Mitarbeitern, insbesondere auch den Herren Prof. Dr.-Ing. E. E. Schilling, Ing. grad., D. Trenker, Ing. grad. R. Vetterlein und Ing. grad. W. Winter für ihre wertvollen Hinweise zu diesem Werk sowie den mit der Erstellung der Zeichnungen, dem Schreiben und Korrekturlesen beauftragten Damen und Herren.
Diese erste Auflage erscheint nur in deutscher Sprache, in der Hoffnung, durch zahlreiche Hinweise und Ergänzungen insbesondere aus den angesprochenen Klimazonen und dortigen Projekten in Kürze eine überarbeitete zweite Auflage auch in englischer Sprache herausgeben zu können. Wegen der Vielseitigkeit konstruktiver Lösungsmöglichkeiten, technischer Details und Größenklassen von Geräten konnten hier nur typische Merkmale und Bereiche aufgenommen werden. Dennoch sei auch die Industrie zu ergänzenden oder korrigierenden Hinweisen aufgefordert. Insbesondere wesentliche Neuentwicklungen können in einem erweiterten Kapitel 3.1 aufgenommen werden.

# TEIL I
# Grundlagen der Bodenbearbeitung in den Tropen und Subtropen

# 1. Einleitung

Die Bodenbearbeitung ist ein integraler Teil des Acker- und Pflanzenbaus. Alle ackerbaulichen Maßnahmen müssen darauf gerichtet sein, die biologischen, chemischen und physikalischen Bodenfunktionen so zu beeinflussen, daß optimale Keimungs- und Wachstumsbedingungen für Kulturpflanzen geschaffen werden. Ein gleichrangiges und in den ariden und humiden Tropen oft schwer erreichbares Ziel des Ackerbaus ist die Erhaltung und Verbesserung des Bodens als Pflanzenstandort, d. h. die langjährige Sicherung hoher Erträge.
Die Bodenbearbeitung ist ein mechanischer Eingriff in das komplexe und empfindliche »System« Boden. Unter tropischen und subtropischen Klimaverhältnissen sind die Auswirkungen eines solchen Eingriffes besonders groß. Die Gefahr der Bodenerosion durch Wind und Wasser, der verstärkte Abbau der organischen Substanz und die hohe Verdunstung, besonders in den Sommerregengebieten, müssen bei der Planung und Durchführung der Bodenbearbeitung beachtet werden. Der häufig große Salzgehalt, verbunden mit hohen pH-Werten sowie die ständige Zufuhr von Salz mit dem Bewässerungswasser bringen weitere Probleme bei der Bodennutzung dieser Klimazonen mit sich. Fehler bei der Bodenbearbeitung können das labile Gleichgewicht des häufig durch einen hohen Verwitterungsgrad gekennzeichneten Bodens stören und schwere, oft nicht mehr zu beseitigende Schäden verursachen. Viele Steppen- und Wüstengebiete sind nicht von der Natur, sondern vom Menschen verursacht. Sie sind Zeugen einer falschen Bodennutzung und Bodenbearbeitung.
Die Auswirkungen der Bodenbearbeitung sind oft schwer zu übersehen, weil durch die mechanischen Einwirkungen nicht nur die physikalischen, sondern auch die biologischen und chemischen Funktionen beeinflußt werden. So führt beispielsweise das Lockern des Bodens notwendigerweise zu einer vermehrten Luft- und Sauerstoffzufuhr. Bei höheren Temperaturen, der Anwesenheit von Wasser und Bodenorganismen ist damit ein starker Abbau von organischen Substanzen (Mineralisierung) verbunden. Dies wiederum führt zu einer rapiden Verschlechterung des Nährstoff- und Wasserhaltevermögens sowie der mechanischen Eigenschaften des Bodens.
Unter tropischen und subtropischen Klimaverhältnissen ist die Pflanzenproduktion problematischer als in den gemäßigten, humiden Breiten wo die Vegetationsruhe aufgrund niedriger Temperaturen, die verminderte Verdunstung während der kühleren Jahreszeit und die Wirkung des Frostes Fehler in der Bodenbearbeitung zum Teil wieder ausgleichen können.
Die Urformen vieler Kulturpflanzen entstammen Gebieten, die sich ökologisch unterscheiden von den Gebieten, in denen sie heute angebaut werden. Die züchterische Bearbeitung und einseitige Ausrichtung auf Leistung steigert zugleich die Ansprüche der Kulturpflanzen an die Umwelt, so daß sie im Konkurrenzkampf mit lokal angepaßten »Unkräutern« ohne schützende und fördernde Maßnahmen unterliegen müssen.

## 2. Ziele der Bodenbearbeitung

Die Ziele der Bodenbearbeitung sind unter allen Klimabedingungen gleich, aber ihre Rangfolge ist unterschiedlich. Nur eine standortgerechte und fruchtartspezifische Bodenbearbeitung in Abstimmung mit dem gesamten Produktionssystem kann zu gesicherten hohen Erträgen führen. Die Regelung des Wasserhaushaltes steht in den Tropen und Subtropen im Mittelpunkt des Interesses. Auch die zur Erreichung dieser Ziele notwendigen Technologien und technischen Hilfsmittel sind unterschiedlich. Die erforderliche Produktionssteigerung, der landwirtschaftliche Strukturwandel, ebenso wie biologische, chemische, technische und organisatorische Fortschritte machen eine ständige Überprüfung ortsüblicher Geräte und Verfahren sowie ihre ständige Anpassung erforderlich. Spezielle Verfahren der reduzierten Bodenbearbeitung bis hin zur Direktsaat müssen entwickelt werden.
Ziel der vorliegenden Arbeit kann es nur sein, Rahmenbedingungen aufzuzeigen für die ständige Ausbalancierung des labilen Systems Boden mit dem Ziel, den Kulturpflanzen einen optimalen Standort zu bieten, sowie technische Geräte und Verfahren zur Lösung der vielseitigen Aufgaben vorzustellen.

Bodenbearbeitung kann definiert werden als Folge wohl aufeinander sowie auf die gesamte Produktionstechnik abgestimmter mechanischer Eingriffe in den oberen Bodenhorizont mit dem Ziel, den Anbau von Kulturpflanzen zu ermöglichen und optimale Erträge zu erreichen. Drei Hauptaufgaben können genannt werden:

- Die Vernichtung und ständige Unterdrückung der originären Vegetation (z. T. als Unkraut bezeichnet),
- Schaffung günstiger Keimungs- und Wachstumsbedingungen für die Kulturpflanzen,
- Erhaltung und Verbesserung des Bodens als Standort für Kulturpflanzen.

## 3. Klima und Bodenbearbeitung

Klima und Witterung haben auf den Anbau der Kulturpflanzen, die notwendigen und möglichen Technologien und Techniken einen erheblichen Einfluß. Von Klima und Witterung werden wesentlich beeinflußt:

- die Wasserbilanz des Bodens im Mittel eines Jahres sowie während der Vegetationsperiode und Vegetationsruhe;
- die Länge der Vegetationsperiode, begrenzt durch Wassermangel und/oder niedrige Temperaturen;
- die Bodentemperatur;
- Umsetzungsvorgänge im Boden.

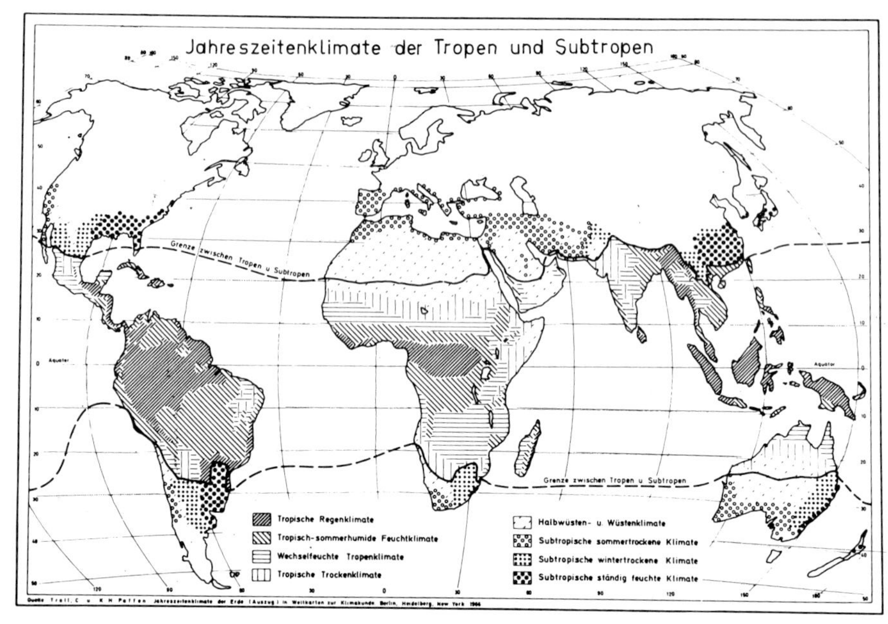


*Abb. 1 Jahreszeitenklimate in den Tropen und Subtropen. – Quelle: Andreae*

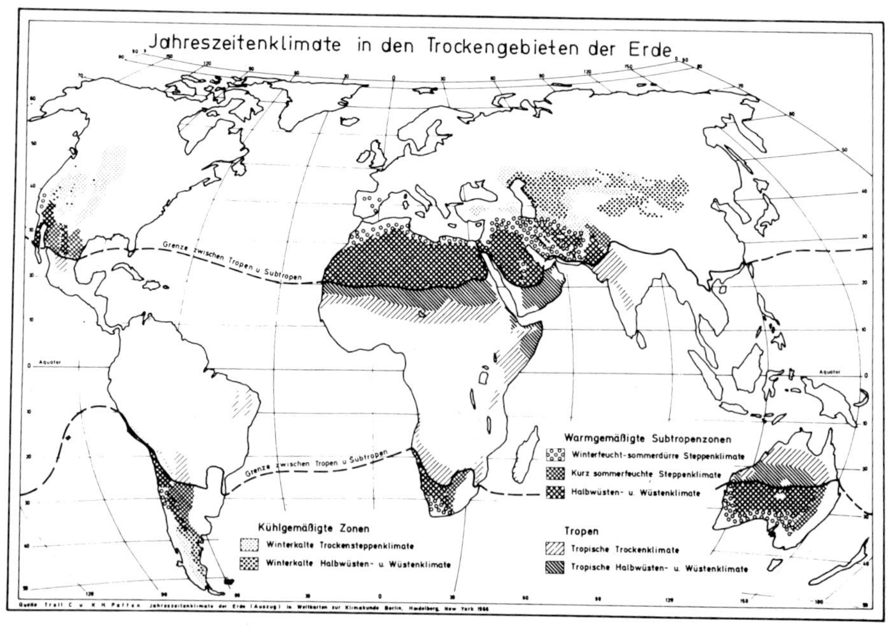


*Abb. 2 Jahreszeitenklimate in den Trockengebieten der Erde. – Quelle: Andreae*

Aufgrund dieser von Klima und Witterung beeinflußten Faktoren erscheint eine regionale Einteilung nach Klimazonen zweckmäßig:

- Bodenbearbeitung im gemäßigten, humiden Klima;
- Bodenbearbeitung in ariden Gebieten
  - Winterregengebiete
  - Sommerregengebiete;
- Bodenbearbeitung in den humiden und wechselfeuchten Tropen.

Eine genaue geographische Abgrenzung dieser Klimagebiete ist nicht möglich. Die Lage zum Meer oder die Höhe über NN können erhebliche Verschiebungen verursachen. Die Abb. 1 und 2 sollen nur eine grobe Orientierung ermöglichen. Fragen der Bodenbearbeitung bei der Gefahr der Bodenerosion werden in einem gesonderten Kapitel behandelt, weil sie übergreifend mehrere Klimabereiche umfassen.

## 3.1 Bodenbearbeitung im gemäßigten humiden Klima

In den gemäßigten Klimagebieten ist die Vegetationsperiode durch niedrige Temperaturen (Abb. 3) und eventuell auch durch Lichtmangel begrenzt. Während der kühleren Jahreszeit sind die Verdunstung vermindert und der Abbau der organischen Substanz durch Inaktivität der Bodenorganismen stark reduziert. Der Frost begünstigt zum Teil die Bodengare.

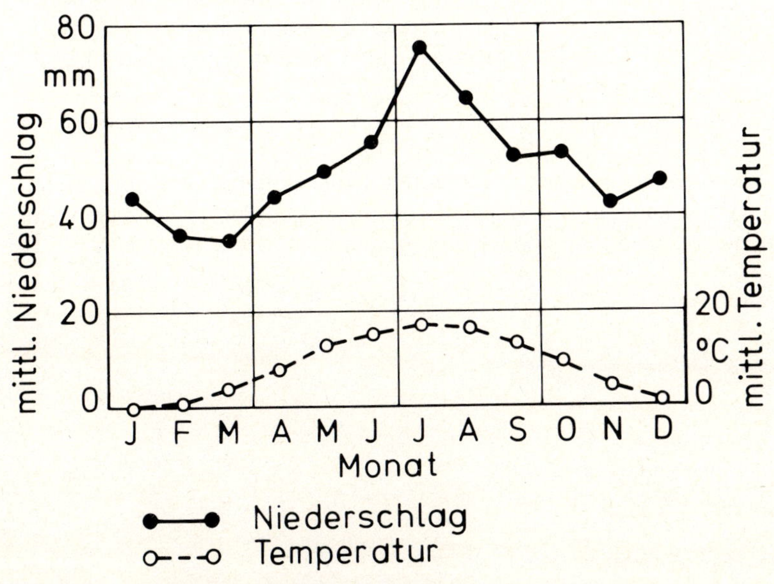


*Abb. 3* *Temperatur und Niederschlag (Monatsmittel Kassel, Bundesrepublik Deutschland). – Quelle: Schreiber*

Die gemäßigten Klimagebiete sind gewöhnlich humid, d. h. die Niederschläge übersteigen im Jahresmittel die Verdunstung. Die Wasserbewegung im Boden ist vornehmlich abwärts gerichtet. Für den Ackerbau bedeutet das: Ein Teil der Niederschläge versickert in dem Untergrund. Hierbei werden gelöste Salze und feine Bodenteilchen in tiefere Schichten transportiert und bilden nicht selten verhärtete Schichten, die wasserundurchlässig sind und von Pflanzenwurzeln nicht durchstoßen werden können. Dieser Vorgang ist umso stärker, je höher die Niederschläge und je gröber die Textur (Korngrößenverteilung) des Bodens ist, besonders an natürlichen Schichtgrenzen. Der pH-Wert der Böden tendiert unter diesen Klimabedingungen vornehmlich zur sauren Seite.

Für die Bodenbearbeitung ergeben sich die folgenden Bedingungen:

- Die Zeitspanne für die Bodenbearbeitung hängt von der Fruchtfolge ab, ist im allgemeinen jedoch relativ lang. Eine Ausnahme bilden nur die stark bindigen Böden. Sie nehmen soviel Feuchtigkeit auf (niedrige Verdunstung), daß sie nur in einer kurzen Zeitspanne günstigen Wassergehaltes gut bearbeitbar sind.
- Die tiefe Bodenbearbeitung kann bei Beginn und während der Vegetationsruhe erfolgen. Durch niedrige Temperaturen fördert die Lockerung des Bodens und die damit verbundene Sauerstoffzufuhr den Abbau der organischen Substanz nicht wesentlich.
- Strukturschäden, die in der Vegetationsperiode und während der Ernte entstanden sind, können durch diese Bearbeitung und die Frostwirkung weitgehend behoben werden.
- Um die ausgewaschenen feinen Bodenteilchen (Tonminerale) und Nährstoffe wieder in obere Schichten zu transportieren, ist ein mechanisches Wenden notwendig und zwar umso häufiger, je stärker die Auswaschung ist. Auf bindigen Böden (sog. schweren Böden) ist diese Maßnahme nur in größeren Zeitabständen notwendig.
- Die beste Maßnahme zur mechanischen Unkrautbekämpfung ist nach wie vor das Wenden mit dem Streichblechpflug.
- Wie weit und unter welchen Bedingungen die Bodenbearbeitung eingeschränkt werden kann, um Energie und Kosten einzusparen, ist noch nicht klar zu übersehen, wird jedoch intensiv untersucht.

## 3.2 Bodenbearbeitung im ariden Klima

Aride Klimazonen sind gekennzeichnet durch eine negative Wasserbilanz. Die Verdunstungsgeschwindigkeit – verursacht durch niedrige relative Luftfeuchtigkeit, hohe Temperaturen und Wind – ist größer als die Niederschläge. Das in den Boden eingedrungene Niederschlagswasser wird während der Verdunstung durch Kapillarkräfte wieder an die Oberfläche gefördert.
Der Regen fällt in diesen Gebieten in zeitlich begrenzten Perioden, den sogenannten Regenzeiten. Während dieser Regenzeiten können gelegentlich humide Klimaverhältnisse auftreten. Ob während dieser Zeitspannen ein Abfluß von Niederschlagswasser in den Untergrund erfolgt, ist abhängig von der Intensität der Niederschläge und der Aufnahmefähigkeit und Durchlässigkeit des Bodens.
Das in den Boden eingedrungene Niederschlagswasser gelangt größtenteils durch die Verdunstung wieder an die Oberfläche. Gelöste Salze werden mit diesem Wasserstrom an die Bodenoberfläche transportiert und kristallisieren hier aus. Es können sich unter diesen Klimaverhältnissen alkalische Böden bilden mit einer hohen Salzkonzentration in den oberen Bodenschichten oder auf der Bodenoberfläche.
Länge, Intensität und Jahreszeit, in der die Regenzeit oder die Regenzeiten liegen, sind von der geographischen Lage abhängig. Die zeitlichen und mengenmäßigen Schwankungen der Niederschläge können in einzelnen Jahren erheblich vom langjährigen Mittel abweichen.

Der Wachstumsfaktor Wasser ist in den ariden Gebieten im Minimum. Häufig ist die Brache das einzige Mittel, um eine gewisse Vorratswirtschaft für das Wasser betreiben zu können.
Die Erträge der Pflanzen folgen hier weitgehend den Niederschlagsmengen (Abb. 4). Negative Abweichungen vom Niederschlagsmittel können in diesen Gebieten zu Ernteausfällen führen. Das bedeutet dann nicht nur den Verlust der bereits getätigten Aufwendungen – Bodenbearbeitung, Saat, Düngung. Der unbedeckte Boden ist fast schutzlos Wind und Sonne ausgesetzt und damit sehr erosionsgefährdet. Eine ackerbauliche Nutzung der Böden in ariden Klimagebieten sollte nur nach langjähriger Wetterbeobachtung erfolgen, wobei besonders die Abweichungen vom Mittel und ihre Häufigkeit registriert werden.

Ein allgemeines Problem in den ariden Klimagebieten ist die für die Bodenbearbeitung zur Verfügung stehende kurze Zeitspanne. Die Aussaat muß so früh wie möglich zu Beginn der Regenzeit erfolgen, um die Vegetationszeit optimal zu nutzen. Jede Verzögerung führt zu einer Verkürzung der Vegetationszeit der Pflanze. Die Reifung kommt in den Beginn der Trockenzeit, und es ist mit qualitativen und quantitativen Einbußen zu rechnen. Die Bodenbearbeitung kann jedoch erst bei oder kurz vor Beginn der Regenzeit erfolgen. Wird sie zu früh durchgeführt, erfolgt eine Wiederverhärtung des Bodens. Die Niederschläge werden nicht aufgenommen. Es kann zu Oberflächenabfluß kommen. Hinzu

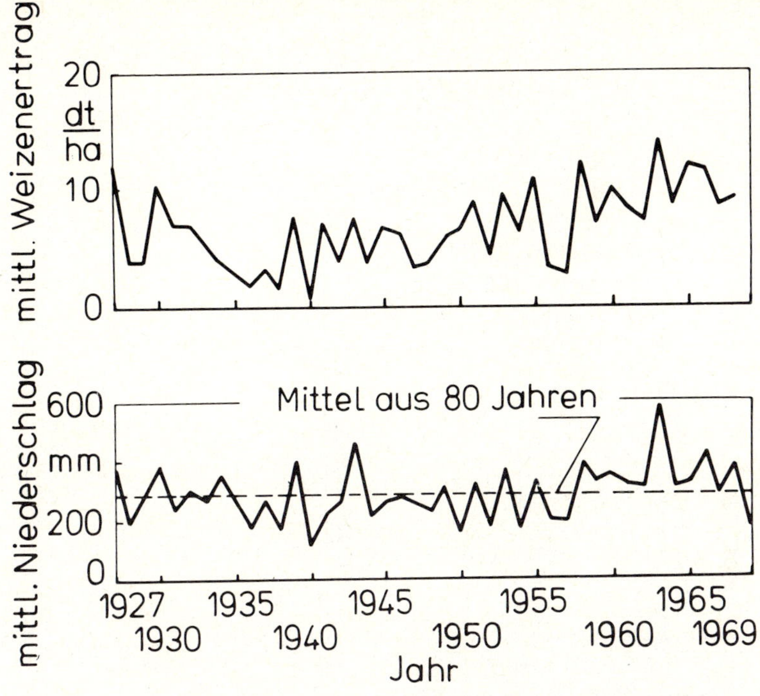


*Abb. 4 Jahresniederschläge und Weizenerträge in Westaustralien (Yilgarn Shire).*

kommt, daß der Boden aufgrund eines sich schnell ändernden Wassergehaltes nur in einer sehr kurzen Zeitspanne nach den ersten Niederschlägen mit relativ niedrigem Energieeinsatz zu bearbeiten ist (Abb. 5). Zu trocken ist er steinhart, zu naß unbefahrbar. Die kurze Bodenbearbeitungszeitspanne erfordert eine hohe Schlagkraft für eine optimale Bearbeitung. Die tierischen Zugkräfte sind zu dieser Zeit meist durch Unterernährung geschwächt und können die Leistung nicht erbringen. Voraussetzung zur Steigerung und Sicherung der pflanzlichen Produktion in diesen Gebieten ist daher im allgemeinen die Verfügbarkeit von motorischer Zugkraft.

Die Bodenbearbeitung in ariden Klimagebieten muß auf die folgenden Ziele ausgerichtet werden:

- möglichst vollständige Aufnahme der Niederschläge in den Boden (hohes Wasseraufnahme- und -haltevermögen), Vermeidung von Oberflächenabfluß;
- Verminderung der Verdunstung;
- Unkrautbekämpfung (Unkraut ist ein Konkurrent der Kulturpflanzen um das Bodenwasser);
- Verlangsamung des Abbaues der organischen Substanzen im Boden;
- Verhinderung der Bodenerosion.

Die Verfahren zum Erreichen dieser Ziele sind zum Teil unterschiedlich in Winter- und Sommerregengebieten.

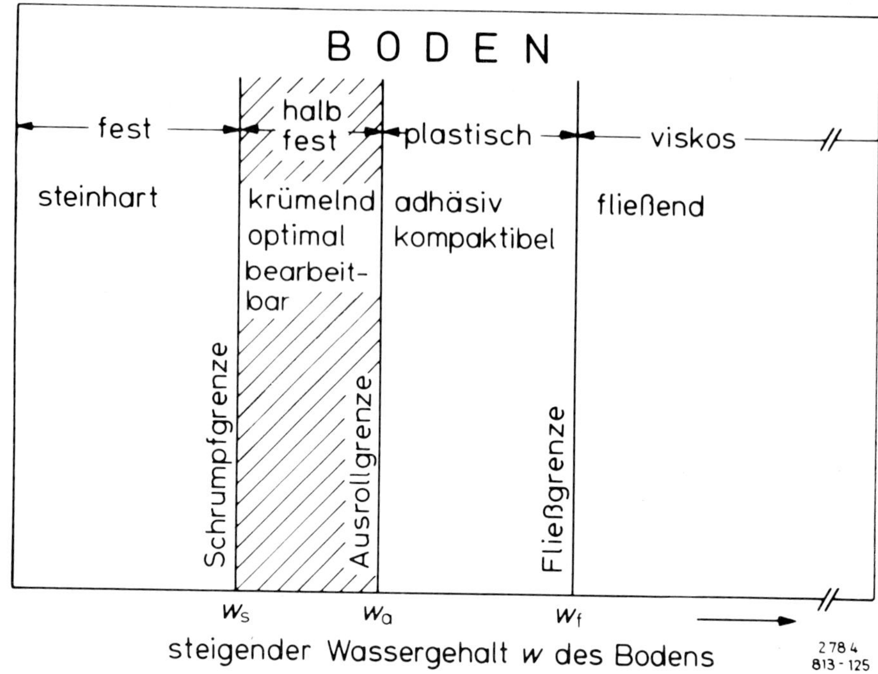


*Abb. 5 Einfluß der Wassergehalte auf die Bearbeitbarkeit von Boden.*

### 3.2.1 Bodenbearbeitung in Winterregengebieten

Die Regenzeit und damit die Hauptvegetationsperiode liegt in diesen Gebieten in den kühleren Wintermonaten (Abb. 6). Typische Vertreter dieses Klimaraumes sind die Mittelmeergebiete. Verdunstung und Unkrautwachstum sind in dieser Zeitspanne geringer als in Sommerregengebieten. In einigen Gebieten (Südeuropa, Nordafrika) können die Temperaturen soweit absinken, daß die Entwicklung der Kulturpflanzen beeinträchtigt wird.
Die Niederschläge fallen in den Winterregengebieten mit relativ geringer Intensität. Die Gefahr der Bodenerosion ist nicht so groß wie in den humiden Tropen. Zeitliche Regenlücken, die besonders am Beginn der Regenzeit nicht selten sind, wirken wegen der verminderten Verdunstung nicht so nachteilig wie in den Sommerregengebieten.
Bereits bei 250 mm mittlerer Niederschlagsmenge in der Vegetationsperiode ist Getreideanbau möglich, wenn entsprechende Sorten zur Verfügung stehen und wassersparende Anbaumethoden angewendet werden. Voraussetzung ist allerdings, daß die Vegetationsperiode ausreichend lang ist und daß die negativen Abweichungen vom Niederschlagsmittel 100 mm nicht unterschreiten.
Die durchfeuchtete Bodenzone ist bei geringen Niederschlägen selten mächti-

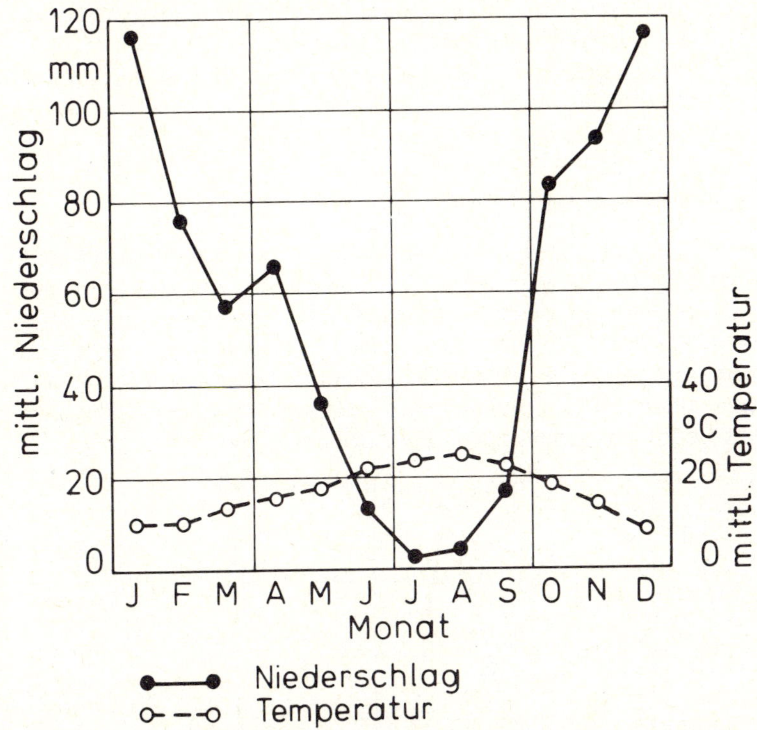


*Abb. 6* *Winterregengebiet, Monatsmittel von Temperaturen und Niederschlägen in Algier/Algerien. – Quelle: Schreiber*

ger als 30 cm. Unter diesen Bedingungen ist eine flache Bodenbearbeitung anzuraten. Entscheidend ist, daß die Bodenoberfläche bei Beginn der Regenzeit gelockert ist und die Niederschläge aufnehmen kann.

Problematisch ist die Bodenbearbeitung in Gebieten mit höheren Niederschlägen und schweren Böden. Während der Trockenperiode verhärten diese Böden stark. Nach Beginn der Niederschläge sind sie nur noch schwer bearbeitbar und befahrbar. Die Bearbeitungszeitspanne ist unter diesen Bedingungen extrem kurz.

Die primäre Bodenbearbeitung soll kurz vor oder bei Beginn der Regenzeit durchgeführt werden. Die Ernterückstände können so während der Trockenperiode wenigstens eine geringe Bodenbedeckung ermöglichen. Außerdem würde eine Lockerung des Bodens bei Beginn der Trockenperiode die Gefahr der Winderosion verstärken.

Ziel der Bodenbearbeitung ist die Schaffung einer grobkrümeligen Oberfläche. Eine wendende Bearbeitung ist kaum erforderlich. Sie könnte zu Wasserverlusten führen, wenn vorher bereits Niederschläge gefallen sind.

Für die primäre Bodenbearbeitung eignen sich Scheibengeräte, schwere Zinkengeräte oder steile, wenig wendende Pflugkörper. Beim Einsatz von Schar-

pflügen mit steilen Körpern muß mit geringer Geschwindigkeit gearbeitet werden, um eine feine Krümelung zu vermeiden.
Unter günstigen Bedingungen kann sich ein zweiter Bearbeitungsgang vor der Aussaat erübrigen oder mit der Aussaat kombiniert werden. Voraussetzung ist allerdings, daß die Unkrautkontrolle mit Herbiziden durchgeführt wird.

### 3.2.2 Bodenbearbeitung in Sommerregengebieten

In den Sommerregengebieten fallen die Niederschläge in der warmen Jahreszeit (Abb. 7), vornehmlich als Gewitterregen. Die Gewitter bringen in kurzer Zeit große Niederschlagsmengen. Die meist großen Regentropfen haben eine hohe kinetische Energie (Wucht). Auf unbedeckten Böden führt das zur Zerschlagung der Bodenkrümel und Verdichtung der Bodenoberfläche. Die großen Niederschlagsmengen können so vom Boden nicht aufgenommen werden. Es besteht die Gefahr des Oberflächenabflusses und der Bodenerosion.

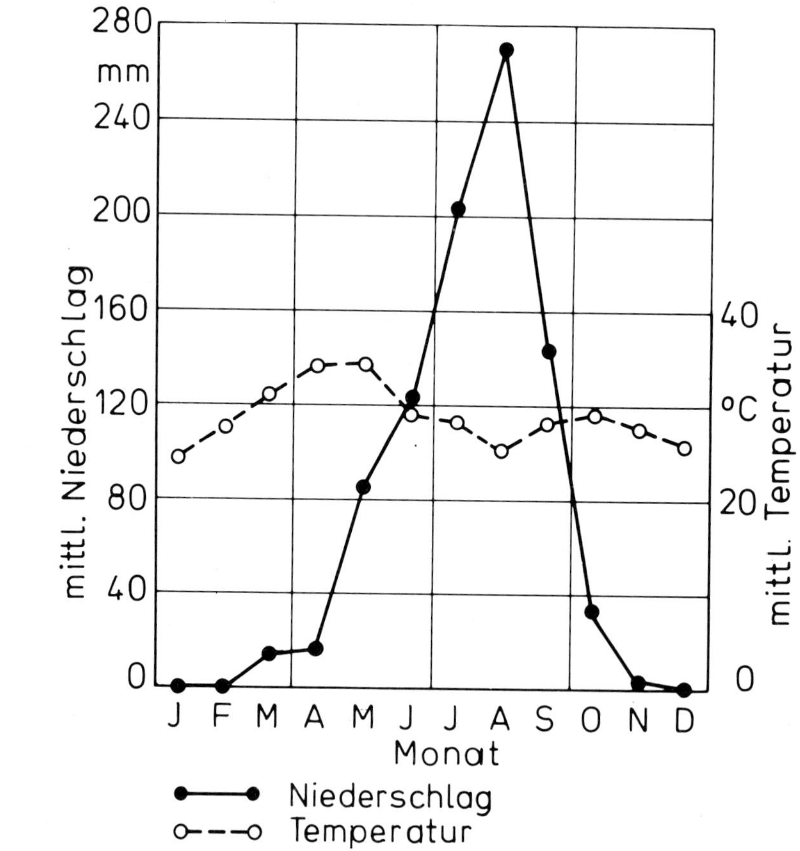


*Abb. 7 Sommerregengebiet, Monatsmittel von Temperaturen und Niederschläge in Ougadougou/Obervolta. – Quelle: Schreiber*

Wegen der hohen Temperatur bereits bei Beginn der Vegetationsperiode ist mit starkem Unkrautwachstum zu rechnen. Auch die Verdunstung ist hoch. Auftretende Regenlücken können so für die Saat oder die heranwachsenden Pflanzen kritisch werden.

Die Gesamtniederschlagsmenge ist in diesen Gebieten meistens höher als in den Winterregengebieten. Verbunden mit hoher Verdunstung ist die Versalzung der oberen Bodenschichten stärker als in den Winterregengebieten.

Als Ziele für die Bodenbearbeitung ergeben sich daraus:

- Die Aussaat so früh wie möglich an den Beginn der Regenzeit legen, damit der Boden bedeckt und der Bodenerosion durch Wasser entgegengewirkt wird;
- Schaffen stabiler Bodenkrümel auf der Oberfläche, die der Wucht der Regentropfen standhalten;
- Pflanzenrückstände nur oberflächlich einmulchen, damit sie dem Boden mechanischen Halt bieten und die Fließgeschwindigkeit von Oberflächenwasser vermindern.
- Die wendende Bodenbearbeitung ist mit Vorsicht, eventuell nur in größeren Abständen durchzuführen, da durch sie Pflanzenrückstände zu tief eingebracht werden können und nicht mehr für die mechanische Stabilisierung der Bodenoberfläche zur Verfügung stehen. Gleichzeitig ist eine Bodenwendung mit stärkerer Belüftung verbunden, was zum vermehrten Abbau der vorhandenen organischen Substanz und zu Wasserverlusten führen kann. Andererseits ist der Abbau organischer Substanz um so langsamer, je tiefer sie eingebracht wird.
- Die Bodenlockerung muß tiefer durchgeführt werden als in den Winterregengebieten. Nur so kann die Speicherkapazität für Wasser erhöht werden. Eine erhöhte Speicherkapazität ist erforderlich, um die großen Niederschlagsmengen kurzzeitig aufzunehmen und bei Regenlücken zur Verfügung zu halten.
- Bis zur völligen Bedeckung des Bodens ist in den meisten Fällen eine wiederholte flache Bodenbearbeitung notwendig, um dichtgeschlagene Böden wieder aufnahmebereit für weitere Regenfälle zu machen und die Verdunstung herabzusetzen.
- Anzustreben ist eine Erhaltung oder eine Erhöhung der organischen Substanz durch kombinierte Maßnahmen des Acker- und Pflanzenbaues. Wegen der schnellen Mineralisierung sollten die Pflanzenrückstände erst kurz vor der Aussaat eingearbeitet werden.

Für die primäre Bodenbearbeitung eignen sich Scheibengeräte, die Pflanzenrückstände einmulchen, ohne den Boden zu wenden. Für eventuell notwendige Lockerung sind Zinken- bzw. Meißelwerkzeuge zu empfehlen. Sie arbeiten nur befriedigend, solange der Boden nicht zu feucht ist (Ausrollgrenze), d. h. sich nicht plastisch verformt. Die Oberflächenbearbeitung kann mit Winkelmessern, Gänsefüßen oder rollenden Hacken (Rotary-Hoe) erfolgen. Letztere sind besonders geeignet, wenn viele Pflanzenrückstände vorhanden sind.

Die Bodenbearbeitung ist in den Sommerregengebieten problematisch, weil einzelne Forderungen gegeneinander laufen und optimal nicht zu realisieren sind.

So sind die Forderungen nach tiefer Lockerung zur Vergrößerung der Wasserspeicherkapazität und der Verhinderung des Abbaus der organischen Substanz durch verringerte Luftzufuhr optimal nicht zu verbinden. Es müssen Kompromisse gefunden werden.
Die Pflanzenproduktion ist in Sommerregengebieten problematischer und aufwendiger als in Winterregengebieten.

## 3.3 Bodenbearbeitung in den humiden und wechselfeuchten Tropen

Die wechselfeuchten Tropen umspannen die Erde in einem Streifen etwa 6° bis 8° nördlich und südlich des Äquators. Die Temperatur ist in diesen Gebieten hoch. Die mittleren Jahresschwankungen sind geringer als die mittleren Tagesschwankungen. Die wechselfeuchten Tropen sind gekennzeichnet durch eine große und eine kleine Regenzeit. Die relative Luftfeuchtigkeit ist von Beginn der ersten Regenzeit bis zum Ende der zweiten Regenzeit hoch. Sie ist meistens auch in der kurzen Zwischentrockenzeit nicht wesentlich niedriger (Abb. 8).
Von Natur ist dieses Gebiet mit Regenwald bedeckt. Der Boden ist dadurch vor direkter Sonneneinstrahlung und vor Erosion durch Wasser geschützt. Erfolgt mit einfachen Mitteln eine Landnutzung (shifting cultivation), so wird in der Trockenzeit der Pflanzenbestand abgebrannt. Anschließend wird der Boden mit der Handhacke gelockert. Die Aussaat von Nutzpflanzen erfolgt zwischen die im Boden verbleibenden Stubben, meist in Form von »mixed cropping«. Nach zwei- bis dreijähriger Nutzung sinken die Erträge i. allgem. stark, weil der Humusgehalt des Bodens weitgehend abgebaut ist. Der Ackerbau wird auf benachbarten Flächen in gleicher Art fortgesetzt. Die hohen Temperaturen und großen Niederschlagsmengen lassen den Boden sehr schnell degenerieren. Der pH-Wert sinkt auf 4 bis 5. Böden mit hohem Lehmgehalt werden zu Latosolen. Vielfach sind diese tropischen Böden sehr flachgründig.

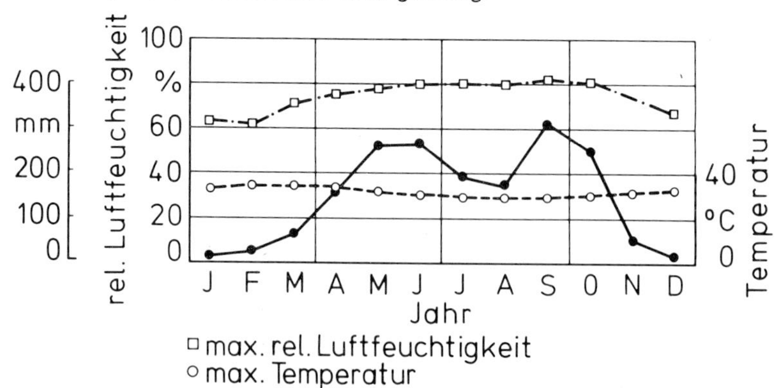


*Abb. 8 Humide Tropen, Monatsmittel der maximalen Temperaturen, der Niederschläge und der maximalen relativen Luftfeuchte in Enugu/Nigeria. – Quelle: Schreiber*

*Windschutzmaßnahmen* *(Foto: Holtkamp)*

Eine erfolgreiche permanente ackerbauliche Nutzung dieser Böden ist nur möglich, wenn es gelingt, den pH-Wert und Humusgehalt anzuheben. In vielen Fällen wird eine Entwässerung notwendig sein. Latosole als typische Böden dieser Region sind schwer zu kultivieren, da sie bei guter Durchlüftung stark austrocknen, erosionsgefährdet sind und ein geringes Nährstoff-Haltevermögen aufweisen. Es muß angestrebt werden, den Boden soweit wie möglich bedeckt zu halten. Die Bearbeitung muß auf ein Minimum reduziert werden. Eventuell ist wenigstens zeitweise das »No-Tillage-Verfahren« anzuwenden.
Ist jedoch – wie häufig in dieser Region – genügend organisches Material vorhanden, so kann die Ertragssicherheit dieser Böden bei angemessener Fruchtfolge durch allmählich tiefer werdendes Einbringen genügend zerkleinerten organischen Materials gesteigert werden. Voraussetzung für diese Praxis ist jedoch ein schlagkräftiger, sachgerechter Geräteeinsatz zur rechten Zeit.

## 3.4 Bodenerosion

Bodenerosion ist Abtrag und Fortführung besonders der feinen Bodenteilchen durch
- Wind und
- Wasser

### 3.4.1 Bodenerosion durch Wind

Der Erosionsvorgang ist zweiteilig
- Abheben des Materials vom Boden und
- Fortführung des Bodenmaterials.

Die Ursachen für die Winderosion sind in Bodenfaktoren sowie im Mikro- und Makroklima zu suchen. Im einzelnen können die folgenden Erosionsursachen genannt werden:
- Feinkörniger, loser und trockener Boden.
- Ebene Bodenoberfläche, vegetationsarm oder ohne Pflanzen bzw. Pflanzenreste.
- Hohe Windgeschwindigkeit ($>$ ca. 15 km/h in 30 cm Höhe über dem Boden).

Die Windgeschwindigkeit ist am Boden (etwa bis 2 mm über den Bodenkrümeln) im allgemeinen fast null. Darüber fließt der Wind laminar mit höherer Geschwindigkeit. Bei größeren Windgeschwindigkeiten treten Turbulenzen im Luftstrom auf. Eine Erosion ist in größerem Umfang nur zu erwarten, wenn feine Bodenteilchen in diese Turbulenzen gelangen und in höhere Luftschichten gehoben werden. Besonders gefährdet sind trockene, feinsandreiche Böden mit niedrigem Gehalt an organischer Masse und einem hohen Anteil an Aggregaten mit 0,10 bis 0,8 mm Durchmesser.
Maßnahmen zur Verhinderung der Winderosion:

Es ist anzustreben, den Bereich mit hoher Luftbewegung – besonders aber die Turbulenzen – soweit anzuheben, daß feine Bodenteilchen nicht erfaßt werden. Hierfür ist es erforderlich, größere, stabile Bodenkrmel zu schaffen und den Boden mit Pflanzen bzw. Pflanzenresten ausreichend bedeckt zu halten oder die Bodenoberfläche mit oberflächlich eingearbeitete Pflanzen oder Pflanzenresten zu stabilisieren. Für praktische Bearbeitungsmaßnahmen gilt somit: keine feinkrümelnden Geräte einsetzen, insbesondere nicht bei Trockenheit; die Pflanzenreste nicht unterpflügen sondern nur flach einmulchen.
Alle Bearbeitungsmaßnahmen sollten auf ein Minimum reduziert werden (Minimalbearbeitung), oder man sollte wenigstens zeitweise zum bearbeitungslosen Pflanzenbau übergehen. Die mechanische Unkrautbekämpfung kann mit dem »sweep« erfolgen (s.Kap. 2.5.2). Solange der Boden feucht ist, besteht kaum die Gefahr einer Erosion.
Geeignete Windschutzmaßnahmen sind zweckmäßig, um die Windgeschwindigkeit auf größeren Flächen herabzumindern. Kleinere Parzellen mit der Hauptausdehnung quer zur Hauptwindrichtung (Tab. 1) bieten ausreichenden Schutz.

| Bodenart | Streifenbreite (m) |
|---|---|
| Sand | 6 |
| lehmiger Sand | 8 |
| sandiger Lehm | 30 |
| schluffiger Ton | 45 |
| Lehm | 75 |
| schluffiger Lehm | 85 |
| toniger Lehm | 105 |
| schluffig – toniger Lehm | 130 |

Quelle: Woodruff et al. (1972)
*Tabelle 1: Breite von Streifen zum Erosionsschutz*

### 3.4.2 Bodenerosion durch Wasser

Der Erosionsvorgang ist zweiteilig:
- Zerschlagung oder Auflösung großer Bodenkrümel zu feinen Teilchen und
- Fortführung der feinen Bodenteilchen im Wasserstrom.

Die Zerschlagung der Bodenkrümel erfolgt vornehmlich im heftigen Gewitterregen auf unbedeckten Böden. Die großen Regentropfen haben eine hohe Energie (Wucht), die ausreicht, um größere Bodenkrümel zu zertrümmern. Bereits geringe Bodenneigung (1 – 2 %) oder Vertiefungen genügen für einen Oberflächenabfluß mit hoher Fließgeschwindigkeit oder eine »Gullybildung«. Die feinen Bodenteilchen können so abgeführt werden. Besonders gefährdet sind schluffreiche Böden mit geringer Aggregatstabilität.

Maßnahmen zur Verhinderung der Wassererosion
Gewitterregen sind besonders heftig und gefährlich in den ariden Sommerregengebieten sowie in den humiden Tropen. Ziel aller ackerbaulichen Maßnahmen muß es sein, möglichst lange eine geschlossene Pflanzendecke zu erhalten, um die kinetische Energie der Regentropfen zu verringern. Pflanzenrückstände dürfen nicht eingepflügt, sondern müssen oberflächlich eingemulcht werden. Feinkrümelnde Geräte sollten unter diesen Bedingungen nicht eingesetzt werden. Stärkere Hangneigungen sind durch Konturpflügen oder kleine Dämme in den Konturlinien zu entschärfen. Bewährt haben sich Streifen verschiedener Kulturen entlang der Höhenlinien (z. B. Ackerland – Grünland – Akkerland), das »contour strip cropping«. Steile Lagen sollten ohnehin nur als Grünland genutzt werden. Auch die Streifenbearbeitung (nur 15 – 30 cm breite Streifen zur Ablage des Saatgutes) hat sich bei ausreichender interner Drainung des Bodens bewährt. Die Bodenoberfläche ist offenzuhalten, damit das Niederschlagswasser aufgenommen werden kann und kein Oberflächenabfluß erfolgt (falls erforderlich auch Untergrundlockerung). Durch Fruchtfolge, organische Düngung, Kalkung und entsprechenden Geräteeinsatz sind stabile Bodenkrümel zu schaffen, eine rauhe Pflugfurche ist weniger gefährdet als ein feinkrümeliges Saatbett. Ist eine Brache erforderlich, so sollte der Boden durch eine Mulchschicht geschützt sein (stubble mulch fallow).
Als besonders wirkungsvolle Maßnahme zur Erosionsverhinderung hat sich das No-Tillage-Verfahren (Direktsaat) erwiesen, wodurch unter günstigen Umständen gleichzeitig Arbeit, Energie und auch Zeit gespart werden können.

## 4. Bewirtschaftungssysteme und Bodenbearbeitung

### 4.1 Regenfeldbau – Trockenfeldbau (Dryfarming)

Regenfeldbau ist jede Form des Ackerbaues in den gemäßigten, humiden Zonen wie in dem tropischen Regenwaldgürtel, die bezüglich der Wasserversorgung ausschließlich auf natürliche Niederschläge angewiesen ist. Eine besondere Form des Regenfeldbaues ist der Trockenfeldbau mit den bekannten Systemen Weizen – Brache und Hirse – Erdnuß.

nutzen. Für die Bodenbearbeitung ergeben sich daraus die folgenden Forderungen:

- Die Niederschläge müssen möglichst vollständig in den Boden aufgenommen werden. Oberflächenabfluß ist zu verhindern, um Bodenerosion und Wasserverlust zu vermeiden;
- Die Speicherkapazität des Bodens ist besonders in den Sommerregengebieten zu erhöhen;
- Erhaltung und wenn möglich Vermehrung der organischen Bodensubstanz;
- Verminderung der unproduktiven Verdunstung;
- Intensive Unkrautbekämpfung (Unkräuter sind in ariden Gebieten Konkurrenten der Kulturpflanzen um das Wasser).

Eine optimale Aufnahme der Niederschläge kann nur erfolgen, wenn die Bodenoberfläche nicht verkrustet oder verhärtet ist. Für die Bodenbearbeitung bedeutet das, vor Beginn der Regenzeit eine lockere, grobkrümelige Oberfläche zu schaffen, die der Bodenerosion widersteht. Besonders in Sommerregengebieten ist eine flache Bodenlockerung notwendig, sobald die Bodenoberfläche durch heftige Regenfälle verdichtet ist. Eine wiederholte flache Bearbeitung ist erforderlich, solange der Boden nicht durch Pflanzen bedeckt ist. Eine wendende Bodenbearbeitung ist immer mit Wasserverlusten verbunden und deshalb unter ariden Klimabedingungen besonders kritisch zu beurteilen.

Die Verdunstung des Bodenwassers kann ebenfalls durch mehrfache Oberflächenbearbeitung vermindert werden. Diese Maßnahme ist besonders bei hohen Temperaturen während der Vegetationsperiode in Sommerregengebieten durchzuführen. Eine mechanische Unkrautbekämpfung ist hiermit verbunden. Mit dieser Bearbeitungsmaßnahme können ausgeformte Reihen nachgezogen werden, die für eine Erosionsbekämpfung erforderlich sind.

Eine Erhöhung der Wasserspeicherkapazität ist nur möglich durch eine Vermehrung des Porenvolumens im Boden. Der Ablauf von Niederschlagswasser durch Bodenrisse in den Untergrund muß dagegen verhindert werden. Es ist an eine tiefere, nicht wendende Bearbeitung (mechanische Lockerung) zu denken. Diese Maßnahme führt aber zu einer vermehrten Belüftung und damit zu Verdunstung und verstärktem Humusabbau. Es muß daher ein Kompromiß gefunden werden zwischen der Schaffung notwendiger Speicherkapazität für Niederschlagswasser und einer nur mäßigen Bodenbelüftung.

Die Erhaltung und Vermehrung der organischen Substanz im Boden ist in ariden Gebieten schwierig, weil durch die hohen Temperaturen ein ganzjähriger Abbau stattfindet. Die notwendige organische Substanz kann auf mehreren Wegen erhalten bzw. vermehrt werden:

- Die Pflanzenrückstände sind, wenn möglich (Pflanzenschädlinge, Nematoden), nicht zu verbrennen (z. B. Zuckerrohr, Baumwolle), sondern dem Boden zurückzugeben.
- Pflanzenrückstände sind während der Trockenperiode auf der Bodenoberfläche zu belassen und erst bei Beginn der kommenden Regenzeit und Vegetationsperiode einzumulchen. Sie trocknen aus und werden so vor dem vorzeitigen Abbau geschützt. Außerdem bilden sie einen Schutz gegen Bodenerosion. Werden sie nach der Ernte bei Beginn der Trockenperiode in den Boden eingearbeitet, genügen geringe Feuchtigkeitsmengen, um den Abbau in Gang zu setzen.
- Eine wichtige Maßnahme ist die Verminderung der Bodenbearbeitung auf ein Minimum oder – soweit möglich – der bearbeitungslose Pflanzenbau (No-Tillage-farming). Durch die verringerte Bodenbelüftung kann der Abbau der organischen Substanz verlangsamt werden. Gleichzeitig ist hiermit die Erosionsgefahr vermindert. Die Unkraut- und Schädlingsbekämpfung muß in diesem Fall chemisch durchgeführt werden. Der Übergang von normaler Bodenbearbeitung zu Minimalbodenbearbeitung bis zur Direktsaat muß allmählich erfolgen, um schrittweise Erfahrungen zu sammeln und die geeigneten Technologien, Sorten und Fruchtfolgen für die jeweiligen Verhältnisse zu erproben.
- Den Hauptbeitrag leistet eine geeignete Fruchtfolge mit entsprechend hoher Produktion an Wurzelmasse.

## 4.2 Bewässerungsfeldbau

Mit Hilfe der Bewässerung soll der begrenzende Wachstumsfaktor Wasser zeitgerecht und in ausreichender Menge zur Verfügung gestellt werden. Damit ändern sich die Produktionsbedingungen entscheidend (andere Kulturen, dichtere Fruchtfolge, höhere Erträge, verstärktes Unkrautwachstum, zusätzliche Arbeitsgänge). Der Boden selbst wird Teil des Bewässerungssystems, wodurch sich zusätzliche Arbeitsgänge auch für die Bodenbearbeitung ergeben:

- Einebnen der Parzellen für eine gleichmäßige Wasserverteilung;
- Anlegen von Dämmen, Furchen oder Rillen für die Wasserführung;
- Aufleiten und Verteilen des Wassers ebenso wie das Abführen von Überschußwasser.

*Naßreisbau* *(Foto: Krause)*

Drei wesentliche Vorgänge jedoch erfordern besondere Maßnahmen der Behandlung des Bodens im Bewässerungsfeldbau:

1. die hohe Zufuhr von Salz mit dem Bewässerungswasser, verbunden mit hohen Evaporationsraten in ariden Regionen, d. h. Salzanreicherung und Auskristallisieren an der Oberfläche;
2. der ständige Feucht-Trocken-Rhythmus durch Wassergaben, oft weit über die Feldkapazität hinaus, verbunden mit starkem Quellen und Schrumpfen des Bodens;
3. das Verschlämmen (Erosionsgefahr, Krustenbildung) und Verdichten des Bodens durch Wassergaben.

Die Bodenbearbeitung muß daher in erster Linie eine hohe Wasseraufnahmefähigkeit, interne Drainung und Ableitung von Überschußwasser erreichen, d. h. ausreichend große und stabile Bodenaggregate, ein durchgehendes Grobporensystem, das Vermeiden und/oder die Beseitigung von Verdichtungshorizonten. Wasserverluste können durch Erhalten bzw. Erhöhen der organischen Substanz im Boden sowie durch eine grobkrümelige Oberfläche vermindert werden. Ausgewaschene Tonmineralien, Nährstoffe (evtl. auch Salze) können durch eine wendende Bodenbearbeitung (Streichblech- oder Scheibenpflug) wieder an die Oberfläche geholt werden.

Der Zeitpunkt der Bodenbearbeitung in warmen Klimaten sollte insbesondere bei tiefer Bearbeitung wegen der durch die starke Belüftung des Bodens verursachten schnellen Mineralisierung und Nitrifizierung des organischen Materials nahe an der Vegetationsperiode liegen, um Stickstoffverluste durch Auswaschung zu verhindern. Auch durch geteilte Düngergaben (Kopfdüngung) oder Applikation des Düngers mit dem Wasser können Verluste vermieden werden. Da das Befahren und Bearbeiten des Bodens oft bis zu zwei oder drei Wochen nach den Wassergaben nicht möglich ist, sind diese nicht nur auf den Bedarf der Pflanze, sondern auch auf erforderliche Pflegemaßnahmen (Lockern, mechanische Unkrautbekämpfung, Pflanzenschutz) abzustimmen.

Zu harter Boden andererseits kann häufig durch eine Wassergabe (12 bis 15 mm, event. auch deutlich mehr) vor der Bodenbearbeitung wesentlich leichter bearbeitet werden (Einsparen an Energie, Zeit, Geräteverschleiß).

Das kapitalintensive Anlegen von Bewässerungssystemen kann nur durch entsprechend höhere Erträge gerechtfertigt werden. Zu dem gleichzeitigen Einsatz aller produktionssteigernden Maßnahmen gehört insbesondere auch eine angemessene Bodenbearbeitung.

*Dammkulturen und Furchenbewässerung.*
*Der Boden ist integraler Bestandteil des Bewässerungssystems.* *(Foto: Maier)*

## 4.3 Anbau und Erntetechnik

Zahlreiche Fruchtarten, unter anderem Kartoffeln, Erdnüsse, Mais, Sonnenblumen, Zuckerrüben, Baumwolle und viele Gemüsearten werden *auf Dämmen angepflanzt,* wobei die Dämme bzw. Furchen i. allgem. direkt vor der Aussaat angelegt werden, bei Zeitdruck vor der Bestellung jedoch auch direkt nach der Ernte der Vorfrucht. Besondere Werkzeuge und Maßnahmen für die Bodenbearbeitung sind notwendig, wenn Dämme bzw. Furchen gezogen werden müssen. Die Bearbeitungsmaßnahme kann notwendig sein für:

- Wasser- und Temperatursteuerung im Boden,
- Furchenbewässerung,
- Erosionsbekämpfung,
- Erntetechnik.

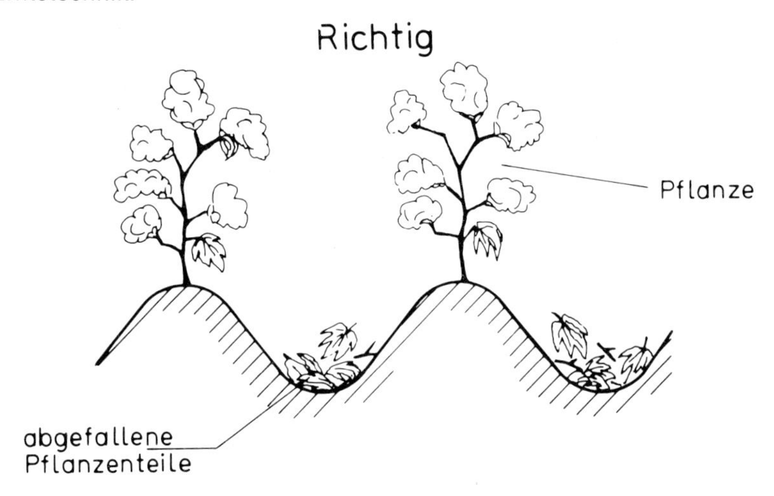


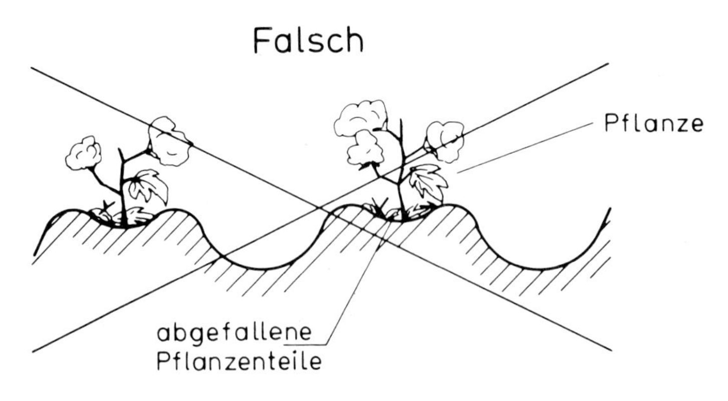


*Abb. 9* *Dammformen für Baumwollanbau.*
*Abgefallene Blätter müssen sich in der Furche (oben), nicht auf dem Damm (unten) sammeln.*

Bei Anwendung der *Furchenbewässerung* stehen die Pflanzen auf oder seitlich an Dämmen. Die Furchen dienen der Wasserversorgung der Kulturen. Die Bodenbearbeitungsmaßnahmen müssen das Ziel haben, die Dämme auf der ganzen Länge gleichmäßig zu durchfeuchten (geringes aber stetes Gefälle). An die Werkzeuge zum Ziehen von Furchen bzw. Dämmen werden unterschiedliche Forderungen gestellt: So müssen Furchensohle und Dammseite in einem Fall zur Erhöhung der Fließgeschwindigkeit leicht verdichtet werden (geringes Gefälle, lange Furchen, hohe Durchlässigkeit des Bodens, niedrige Wasseraufleitungskapazität) oder im anderen Fall locker zur Erhöhung der Wasseraufnahmekapazität.
Auf stark wasserdurchlässigen Böden ist es somit notwendig, Furchensohle und Dammseite etwas zu pressen. Anderenfalls wird an der Wassereinlaufseite ein großer Teil des Bewässerungswassers versickern; die unteren Teile der Fläche würden ein zu geringes Wasserangebot erhalten. Eine ähnliche Maßnahme ist erforderlich bei langen Furchen mit geringer Neigung.
Auf schweren Böden mit geringer Wasserdurchlässigkeit, insbesondere bei stärkerem Gefälle, muß die Infiltration durch Lockern von Furchensohle und Dammflanke erhöht werden.
Eine Verminderung der Erosion und Verhinderung der Gully-Bildung ist insgesamt durch Maßnahmen zur Verringerung der Fließgeschwindigkeit zu erreichen. Dazu dient auch der Anbau der Pflanzen auf kleinen Dämmen, die den Bodenkonturen folgen. Diese Maßnahme ist besonders in Sommerregengebieten mit heftigen Gewitterregen nützlich. Die Dämme müssen so hoch und stabil sein, daß sie nicht durchbrechen. Die Niederschläge müssen in den Furchen versikkern. Es ist hierfür erforderlich, den Boden locker zu halten.
Bei intensiven Niederschlägen ist es zweckmäßig, die Furchen mit sehr geringem Gefälle (ca. 0,5 %) anzulegen, um ein langsames Ablaufen der Wassermassen zu ermöglichen. Auch Pflanzenrückstände sowie größere, ausreichend stabile Bodenaggregate vermögen die Fließgeschwindigkeit deutlich zu reduzieren. Hingewiesen werden muß in diesem Zusammenhang auf das *No-Tillage-Anbauverfahren* (s. S. 244). Durch ganzjährige Bedeckung des Bodens wird Erosion weitgehend verhindert.
Die Anwendung bestimmter *Erntetechniken* setzt den Anbau der Pflanzen auf Dämmen voraus, um bessere Erntebedingungen zu schaffen (z. B.: minimale Bodenbewegung beim Roden von Kartoffeln, Erdnüssen).
Beim Einsatz von Baumwollpflückmaschinen ist es empfehlenswert, die Baumwollpflanzen auf Dämme zu stellen. Die Dämme müssen so geformt sein, daß die Pflanzen auf dem Dammscheitel stehen (Abb. 9). Die vor dem Pflücken abfallenden oder durch chemische Mittel abgeworfenen Blätter sollen durch diese Maßnahme nicht unter den Baumwollpflanzen angehäuft liegenbleiben. Sie würden von den Pflückorganen aufgenommen werden und die Wolle verschmutzen.
Vielfach wird Baumwolle auch auf Beeten angebaut, deren Breite der Pflückmaschine entspricht (bei zweireihigen Pflückern ca. 2,00 m).
Bei dem maschinellen Schneiden des Zuckerrohres wird aus verschiedenen

Gründen das Rohr unter der Bodenoberfläche geschnitten. Dieses Verfahren läßt sich leichter durchführen, wenn die Pflanzen auf Dämme gestellt werden, die nicht so hoch zu sein brauchen.
Mais wird häufig in Furchen gesät, wobei die Dämme zur Aufnahme der Pflanzenrückstände aus der Vorfrucht dienen.
Ist mit langsamer Abtrocknung und Erwärmung insbesondere schwerer Böden im Frühjahr sowie mit Schwierigkeiten beim Befahren und bei der Saatbettbereitung zu rechnen, so werden Dämme oder Beete häufig (z. B. in Israel) schon im Herbst angelegt. Im Frühjahr kann dann direkt in die Dämme gesät oder gepflanzt und die Vegetationsperiode so um ein bis zwei Wochen verlängert werden. Eine Orientierung der Dämme in Ost-West-Richtung bringt eine zusätzliche Erwärmung, teilweise unterstützt durch permanente oder zeitweilige Windschutzmaßnahmen.
Ein weit verbreitetes Verfahren zur Ermöglichung des Pflanzenbaues in Gebieten mit Wassermangel ist die *Brache*. Hier bleiben Flächen in jedem zweiten, dritten oder vierten Jahr unbestellt, um Wasser und Nährstoffe speichern zu können. Bei der Schwarzbrache wird nach der Ernte gepflügt und eine drei- bis viermalige mechanische Unkrautbekämpfung durchgeführt.

## 5. Literatur


| | |
|---|---|
| Andreae, B.: | Agrargeographie – de Gruyter 1977 |
| Buringh, P: | Introduction to the study of soils in tropical and subtropical regions. – PUDOC, Wageningen, 1970 |
| Curfs, H. P. F.: | System Development in Agricultural Mechanization with Special Reference to Soil Tillage and Weed Control – Verlag H. Veenman u. Zonen B. V., Wageningen 1976 |
| Deere + Company: FAO: | International Conference on mechanized dryland farming, Moline, Illinois, USA 1969, proceedings |
| FAO, Agricultural: | Tillage und seeding practices and machines for Engineering Branch Crop production in semiarid aereas. – Informal Working Bulletin No 8 |
| Finck, A.: | Tropische Böden – Paul Parey 1963 |
| Ganssen, R.: | Trockengebiete – B. I. Hochschultaschenbücher 354/354 a, 1968 |
| Kahnt, G: | Ackerbau ohne Pflug: Voraussetzungen, Verfahren und Grenzen der Direktsaat im Körnerfruchtbau – Ulmer, Stuttgart, 1976 |
| Krause, R.; Lorenz, F. und Wieneke, F. | Bodenbearbeitung in den Tropen und Subtropen Berichte über Landwirtschaft 56 (1978) 2 – 3 S. 308 – 328 |
| Lorenz, F.: | Bodenbearbeitung in ariden Klimazonen Der Tropenlandwirt, Beiheft Nr. 5 (1974) |
| Phillips, S. H./: | No-Tillage-Farming-Verlag Reimann Ass., |
| Young, H. M. | Milwaukee, Wiscounin 19 |
| Schreiber, D: | Klimatographie Studienverlag D. N. Brockmeyer, Bochum 1976 |
| Stroppel, A.: | Eine Methode zur Beurteilung von Bodenbearbeitungsverfahren im Hinblick auf die Schlagkraft – Grundlagen der Landtechnik 27 (1977) 4 S. 108 – 14 |
| v. Wambeke, A: | Management Properties of Ferralsols – FAO Solis bulletin 23, 1974 |
| – | Proceding of the International Soil Tillage Research Organization (ISTRO), 8th Conference, Holzheim – FR. Germany, 1979 |

| Funktion / Gerät | lockern | | krümeln | mischen | einbringen mulchen | wenden | krusten-brechen | verdichten | einebnen | häufeln, Furchen-, Dämme ziehen | mech. Unkrautbe-kämpfung | Stoppelbe-arbeitung | Primär-bodenbe-arbeitung | Sekundär-bodenbe-arbeitung | Bemerkung |
|---|---|---|---|---|---|---|---|---|---|---|---|---|---|---|---|
| | flach | tief | | | | | | | | | | | | | |
| Pflug | | | | | | | | | | | | | | | Verluste an Wasser und org. Substanz, Erosionsgefahr |
| Streichblechpflug | X | X | X | | X | X | | | | | X | X | X | | |
| Scheibenpflug | X | X | X | (X) | (X) | (X) | | | | | X | X | X | | |
| Schwergrubber (Chiselplough) | X | X | X | X | X | | | | X | | X | X | X | | Kommt in seiner Wirkung dem Hakenpflug nahe, i.A. 2x kreuzweise bearbeiten erforderlich |
| Fräse | X | | X | X | X | | | | X | | (X) | X | (X) | X | Vorsicht bei Erosionsgefahr! |
| Schälpflug | X | | X | | X | (X) | | | | | X | X | | | |
| Scheibenegge | X | | X | (X) | X | | X | X | | | (X) | X | | X | sehr universell |
| Spatenrollegge | X | | X | (X) | X | | X | | | | X | X | | X | 2x kreuzweise bearbeiten bei hoher Geschwindigkeit. Auf trockenen, harten Böden nicht geeignet. |
| Rotorhacke | X | | X | | | | X | | X | X | X | | | | |
| Egge | | | | | | | | | | | | | | | |
| Zinkenegge | X | | X | (X) | | | | | X | | X | | | | |
| Feingrubber/Garegge | X | | X | | | | X | | X | | X | | | X | nur auf gelockertem Boden (nach Pflug oder Grubber einsetzen) |
| Wälzegge | X | | X | | | | | (X) | | | | | | X | |
| Rüttelegge | X | | X | (X) | | | X | | X | | X | | | | |
| Kreiselegge | X | | X | (X) | | | X | | X | | X | X | | X | |
| Schleppe / Balken | | | X | | | | X | X | X | | | | | X | |
| Walze | | | | | | | | X | X | | | | | X | |
| Packer | | | (X) | | | | | X | X | | | | | X | |
| Striegel | X | | X | | | | X | | | | X | | | | |
| Häufler | | | | | | | | | | | | | | | |
| starr | X | | X | | | | X | | | X | X | | | | |
| rotierend | X | | X | | | | X | | | X | X | | | | |
| Leveller | | | | | | | | | X | | | | | | |
| Häufler | | | | | | | | | | | | | | | |
| Dammformer | | | | | | | | X | X | X | | | | | |
| One-way-tiller | X | | X | | X | | X | | | | X | X | X | X | |
| Sweep | X | X | X | | | | | | | | | | (X) | X | |
| Rod Weeder | X | | | | | | | | | | | | | X | |
| Rautenpflug | X | X | X | | X | X | | | | | X | X | X | | |
| Flügelgrubber mit Zinkenrotor | X | X | X | X | X | | | | | | X | X | X | X | |
| Schollenbrecher | (X) | | X | (X) | | | | X | X | | X | X | (X) | X | |

X Funktion ja
(X) Funktion bedingt

# Teil II
# Geräte und Verfahren zur Bodenbearbeitung in den Tropen und Subtropen

# 1.1 Geräte zur Bodenbearbeitung

Mit der Bodenbearbeitung werden zahlreiche Ziele, zum Teil gleichzeitig, verfolgt:

- Strukturverbesserung
- Lockern, Krümeln, Lüften, Krusten brechen
- Verdichten
- Wenden
- Unkrautbekämpfung
- Mischen
- Einbringen von Stoffen (organische Stoffe, Dünger und Pflanzenschutzmittel)
- Einebnen
- Rillen, Furchen, Dämme, Gräben ziehen.

Für die verschiedenen Aufgaben unter den verschiedensten Einsatzbedingungen vor und während der Vegetation (Abb. 10) steht eine große Anzahl von Geräten zur Verfügung (Tab. 2). Bei der Auswahl müssen in erster Linie die folgenden Kriterien berücksichtigt werden:

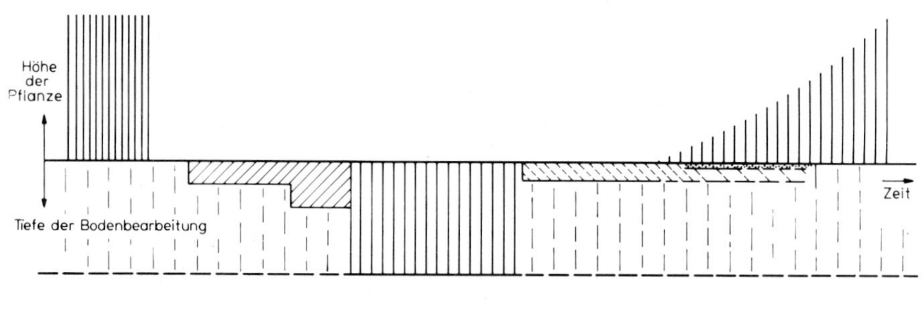


*Abb. 10 Maßnahmen der Bodenbearbeitung im Laufe der Vegetationsperiode. Quelle: Kuipers*

- Einwandfreie Funktion des Gerätes bei den gegebenen Standort- und Einsatzbedingungen (Geräteeffekt) unter Berücksichtigung des gesamten Gerätesystems (Kombination von Arbeitsgängen);
- mögliche Nebeneffekte (Unkrautkontrolle, Bodenverdichtung, Erosion, Versalzung, Mineralisierung, Humusabbau, Wasserhaushalt);
- ausreichende Flächenleistung, um die vorhandene Fläche in der zur Verfügung stehenden Zeit bearbeiten zu können unter Berücksichtigung von Parzellenzugang, -größe und -form;
- Zuordnung zu dem zur Verfügung stehenden Schlepper (Zugkraftbedarf, Zapfwellenleistung, Hub- und Stützkräfte, Anbaunormen);
- Wartung, Ersatzteilversorgung, Standardisierung
- Arbeitskräftebedarf (auch für Folgearbeiten);
- Einweisung des Maschinenführers in Umgang und Wartung;
- Prüfungsergebnis international anerkannter Prüfungsmethoden und örtlicher Einsatztest.

## 1.2 Verfahren zur Bodenbearbeitung

Eine Bodenbearbeitungsmaßnahme kann nie als Einzelmaßnahme betrachtet werden. Sie beeinflußt alle Folgemaßnahmen. Überstaubewässerung z. B. erfordert sehr ebene Parzellen (Kehr- statt Beetflug); die Anforderungen an die Präzision des Saatbettes steigen von der breitwürfigen Aussaat hoher Saatgutmengen bei Getreide zur Einzelkornsaat auf Endabstand bei Reihenfrüchten ganz entschieden; mechanisierte Ernteverfahren erfordern eine sehr ebene Ackeroberfläche.

Die Wechselwirkung

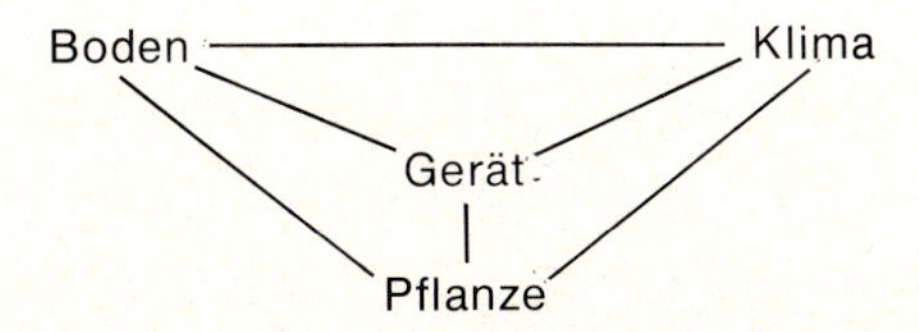


ist stets als Ganzes zu sehen. Mit steigenden Geräte- (und Lohn-)kosten sowie unter dem Zwang zu hoher Flächenproduktivität (Einhalten agrotechnisch optimaler Termine, dichte Fruchtfolge) ist eine hohe Auslastung und Flächenleistung der Geräte anzustreben. Dies darf nicht auf Kosten der Arbeitsqualität gehen. Es muß erreicht werden durch ausreichende Schulung des Personals, ermüdungsarme Arbeitsplätze (evtl. Schichtarbeit), genügende Wartung, Pflege und Ersatzteilversorgung für die Geräte und optimale Einsatzbedingungen (Feldzugang, Befahrbarkeit der Felder, Schlaglängen und -größen).

Grundsätzlich sollte jedoch angestrebt werden, die Zahl der Bearbeitungsmaßnahmen, die Arbeitstiefe und die Intensität so niedrig wie möglich zu halten, wo möglich Arbeitsgänge zu kombinieren oder ganz einzusparen (Einsparen von Energie, Zeit, Spuren). Bei der Kombination von Arbeitsgängen müssen besonders folgende Punkte berücksichtigt werden:

- Optimale Arbeitsgeschwindigkeiten der einzelnen Elemente;
- Leistungsbedarf, Hubvermögen des Schleppers, Entlastung der Vorderachse;
- Kontrolle der Einzelfunktionen (Fahrer darf nicht überfordert sein);
- Rüstzeiten;
- Wendigkeit der gesamten Einheit, Transport.

Eine Reihe von Gerätefolgen und Gerätekombinationen hat sich in Abhängigkeit von Boden und Fruchtfolge als brauchbar erwiesen (s. Kap. 2.6).

Wenngleich es für nahezu alle Erntearbeiten inzwischen Selbstfahrer gibt, sind Bodenbearbeitungsgeräte im allgemeinen noch auf den Schlepper angewiesen. Wegen der hohen Anforderungen an die Kraftübertragung, das Hubvermögen und die Geräteführung bestimmen Geräte zur Bodenbearbeitung jedoch die Konstruktion von Schleppern in hohem Maße. Eine sachgerechte Anpassung von Schlepper und Gerät ist daher eine entscheidende Voraussetzung für eine effektive Bodenbearbeitung. Die Normung des Dreipunktanbaus und der Zapfwelle, sowie die Entwicklung geeigneter Schnellkuppler kann den Anbau von Geräten wesentlich erleichtern und das Unfallrisiko vermindern. Die Anzahl von Schlepperspuren und Strukturschäden müssen auf ein Minimum reduziert werden (vermeiden von Schlupf, Wasserfüllung der Räder, Zwillings- oder Gitterräder, niedriger Luftdruck).

## 1.3 Literatur


AID: Gerätekopplung bei der Bodenbearbeitung
AID Broschüre 308

AID: Bodenbearbeitung und Bestelltechnik
im Getreidebau von morgen
AID Broschüre 384

AID: Bodenbearbeitungsgeräte – AID Broschüre 419

Bernacki, H. u. J.: Haman: Grundlagen der Bodenbearbeitung und Pflugbau
VEB Technik, Berlin 1973

CNEEMA: Tracteurs et Machines Agricoles, Livre du Maitre, Band 2
Principales Machines Agricoles de Culture et de Recolte –
CNEEMA, Antony 1973

Dalleine, E.: Les Façons en travail du Sol, Band 1–3 –
Etudes du CNEEMA Nr. 428/438/445,
CNEEMA, Antony 1977/78

DIN 9674: Dreipunktanbau von Geräten
für regelnden Kraftheber (siehe ISO 7)

DIN 9675: Schnellkuppler für Dreipunktanbau

DIN 0611: Zapfwellen für den Geräteantrieb
am Schlepperheck (siehe ISO 50)

DLG-Prüfberichte: Maschinen und Geräte zur Bodenbearbeitung

FAO: Proceedings of the International Conference
on Mechanized Drylanding Farming,
11.–15. August 1969, Moline USA

Feuerlein, W.: Geräte zur Bodenbearbeitung –
Eugen Ulmer, Stuttgart 1971

Feuerlein, W.: Bodenbearbeitung in den Tropen –
Landtechnik 24 (1969) 11 S. 362–65

Feuerlein, W.: Improved Methos and Equipment for Tillage
of Medium and Heavy Solis in Temperate
Regions – FAO Agricult. Eng.,
Unformal Working Bulletin 18

Heege, H. J.: Getreidebestellung – DLG Verlag, Frankfurt 1973

Höfflinger, W.: Zur Systematik der Verbindung von Schlepper und Gerät –
Grundl. Landtechnik 27 (1977) 1, S. 25

Johne Deere: Fundaments of Machine Operation – Tillage 1976

Pagel, H.: Bodenkundliche Aspekte der mechanisierten
Bodenbearbeitung in den Tropen –
Beiträge tropischer Landwirtschaft und Veterinärmedizin
13 (1975) 2 S. 165–72

Schilling, E.: Landmaschinen, 2. Band
Maschinen und Geräte für die Bodenbearbeitung,
Verlag Dr. E. Schilling 1962

Wenner, H.-L. u. a.: Die Landwirtschaft, Band 3 Landtechnik,
Bauwesen BLV 1973

Wicha, A.: Maschinen und Geräte für die Bodenbearbeitung
– Fachbuchverlag Leipzig 1957

World Crops: Cultivating Implement Guide 1977

## 2. Geräte

# 2.1 Geräte zur Grundbodenbearbeitung

Die Grundbodenbearbeitung dient in erster Linie dem tiefen Lockern des Bodens, um ausreichend Porenraum für die Aufnahme von Wasser und Luft zu schaffen und das leichte Eindringen der Wurzeln zu ermöglichen. Das Wenden dient dem Heraufholen ausgewaschener Feinanteile des Bodens und von Nährelementen sowie dem tiefen Einbringen organischen Materials und der Unkrautbekämpfung. Zerkleinern und Mischen ist insbesondere dann wichtig, wenn die Aussaat der Folgefrucht kurz danach mit wenig zusätzlichen Arbeitsgängen erfolgen muß.

An Geräten stehen in erster Linie zur Verfügung:

- Streichblechpflug
- Scheibenpflug
- Schwergrubber
- Fräse

Die Abb. 11 zeigt eine Gegenüberstellung dieser Geräte im Hinblick auf ihre Funktion.

| Effekte \ Geräte | Streichblechpflug | Scheibenpflug | Fräse | Tiefgrubber |
|---|---|---|---|---|
| Zerkleinern | mittel | mittel | groß | gering |
| Verringern der Bodendichte (Lockern) | groß | mittel | mittel | gering |
| Mischen | gering | mittel | groß | gering |
| Wenden | groß | mittel | gering | gering |

groß ▨ mittel ⊠ gering □

*Abb. 11 Effekte von Geräten für die Primärbodenbearbeitung nach Heege*

Weniger gebräuchliche oder nur für spezielle Bedingungen geeignete Geräte wie die Spatenmaschine sollen im Folgenden nicht behandelt werden.

Die Primär- oder Grundbodenbearbeitung ist nicht auf allen Böden zu jeder Frucht oder in jedem Jahr erforderlich.

Die Erfindung der Sätechnik und des Hakens zur Bodenlockerung durch die Sumerer in Mesopotamien vor gut 5000 Jahren war ein Meilenstein in der Entwicklungsgeschichte der Menschheit. Nach der Domestizierung von Tieren (Schaf und Rind) und der Gewöhnung dieser Tiere an Zugarbeiten konnten die Sumerer vor rund 4000 Jahren unter Einsatz des Hakens zu einem geregelten Ackerbau und damit zu neuen Lebens- und Siedlungsformen übergehen.
Der *Haken* war zunächst eine einfache Astgabel zum Aufritzen des Bodens. Mit relativ geringfügigen Verbesserungen konnte er sich in zahlreichen Ländern bis in die Gegenwart hinein halten (ca. 70 % aller Landwirte der Erde bedienen sich noch heute des Hakens). Er dient vielfach neben einer einfachen Holzschleppe als Universalgerät zur Grundbodenbearbeitung, Saatbettbereitung und zum Ziehen von Furchen und Rillen für Saat und Bewässerung.
In seiner Funktion und Arbeitsweise ist der Hakenpflug das typische Primär-Bodenbearbeitungsgerät der ariden Tropen und Subtropen. Er lockert den Boden, ohne ihn zu wenden, hinterläßt eine grobe Struktur und arbeitet Pflanzenrückstände nicht vollkommen unter, so daß eine weniger erosionsgefährdete Oberfläche zurückbleibt.
Der relativ geringe Zugkraftbedarf ist den Verhältnissen angepaßt. Die schwere Arbeit der Saatbettvorbereitung erfolgt meistens vor der Regenzeit, während die Zugtiere häufig durch die karge Ernährung in der Trockenzeit geschwächt sind.
Der *wendende Pflug* wurde erst um die Gezeitenwende im norddeutschen Raum, also in der kühlhumiden Klimazone entwickelt. Der entscheidende Vorteil ist eine wesentlich verbesserte Unkrautbekämpfung. Auch die Intensität der Bearbeitung ist höher. So war auf dem gleichen Boden ein Anteil von 50 % der Oberfläche mit Schollen $> 50$ mm $\varnothing$ nach Bearbeitung mit dem Haken bedeckt; nach dem Scharpflug waren es nur 15 bis 20 %. Der *Scheibenpflug* liefert im allgemeinen eine geringere Intensität und Qualität der Bearbeitung als der Streichblechpflug, wird jedoch auch mit rauheren Bedingungen (Wurzeln, Steine) besser fertig. Der schwere *Grubber* kann in vielen Bereichen den Pflug ersetzen. Er ist von seiner Wirkung her der direkte Nachfolger des Hakens. Die *Fräse* dagegen nutzt die Möglichkeit eines speziellen Antriebes über die Zapfwelle und dient insbesondere zum intensiven Mischen von Boden und organischem Material sowie einer intensiven Bearbeitung des Bodens.
Die tiefe Grundbodenbearbeitung kann in Verbindung mit anderen produktionssteigernden Maßnahmen zu den höchsten Erträgen bei dem geringsten Risiko von Mißernten führen. Dennoch muß aus geamtwirtschafltichen Überlegungen geprüft werden, ob Maximalerträge auch zu maximalem Gewinn führen, wobei ökologische und soziologische Gesichtspunkte keineswegs außer acht gelassen werden dürfen.

## 2.1.1 Der Pflug (Plough)

Der Streichblechpflug (Mouldboard Plough)

## 1. Verwendungszweck und Beurteilung

- Stoppelbearbeitung
- tiefes Wenden
- mechanische Unkrautbekämpfung
- Einarbeiten von organischem Material
  (Pflanzenrückstände, Mist, Gründüngung)
- Herstellen einer Saatfurche
- Wiesen- und Weidenumbruch
- (Ödlandkultivierung)

Der Streichblechpflug (Abb. 12) ist ein typisches Bodenbearbeitungsgerät der gemäßigten Breiten. Er ist von seiner Arbeitsweise her für die ariden Tropen kaum und für die humiden Tropen nur bedingt geeignet. Die von einem Scharpflug bearbeitete Ackerfläche ist der Wind- und Wassererosion schutzlos ausgesetzt. Es entsteht ein großer Wasserverlust durch Verdunstung; weiterhin wird der Abbau der organischen Substanz durch die starke Belüftung und Erwärmung des Bodens beschleunigt (bereits im gemäßigten Klima wird mit einem Abbau an organischer Substanz von 20 dt/ha durch das Pflügen gerechnet. Ein weiterer Nachteil des Pfluges ist sein hoher Zugkraftbedarf. Besonders bei feuchtem Boden ist die Gefahr der Verschmierung der Furchensohle auch durch hohen Schlupf des Schleppertriebrades groß. In der Bewässerungslandwirtschaft, wo durch dir intensive Wasserzufuhr auch Nährstoffe ausgewaschen werden, und die Unkrautbekämpfung von besonderer Bedeutung ist, findet der Scharpflug, mit steilem Schar und langsamer Fahrgeschwindigkeit, häufiger Verwendung. Der Scharpflug hat nur dort seine Berechtigung, wo durch seinen Einsatz in Verbindung mit entsprechenden Maßnahmen eine Produktionssteigerung erreicht werden kann und mit der Mehrproduktion auf dem Feld verbleibender Biomasse (Wurzeln, Pflanzenrückstände) dem verstärkten Abbau organischer Substanz entgegengewirkt wird. Auch die erforderliche Unkrautbekämpfung kann den Einsatz des Scharpfluges rechtfertigen.
Auch von seiner relativ geringen Flächenleistung her und wegen der notwendigen intensiven Nachbearbeitung großer, harter Schollen ist der Scharpflug für die Tropen und schwere Böden in den Suptropen weniger geeignet.
Wenn der Boden kurz vor der Regenzeit bearbeitet wird, sind Geräte mit großer Schlagkraft erforderlich. Diese Forderungen werden von anderen Geräten (z. B. Chisel, Scheibengeräte, Zapfwellengeräte) im allgemeinen besser erfüllt. Den funktionellen Vergleich mit anderen Geräten zeigt Abb. 11. Der Pflug ist jedoch ein robustes, einfaches Gerät mit wenig Verschleißteilen.

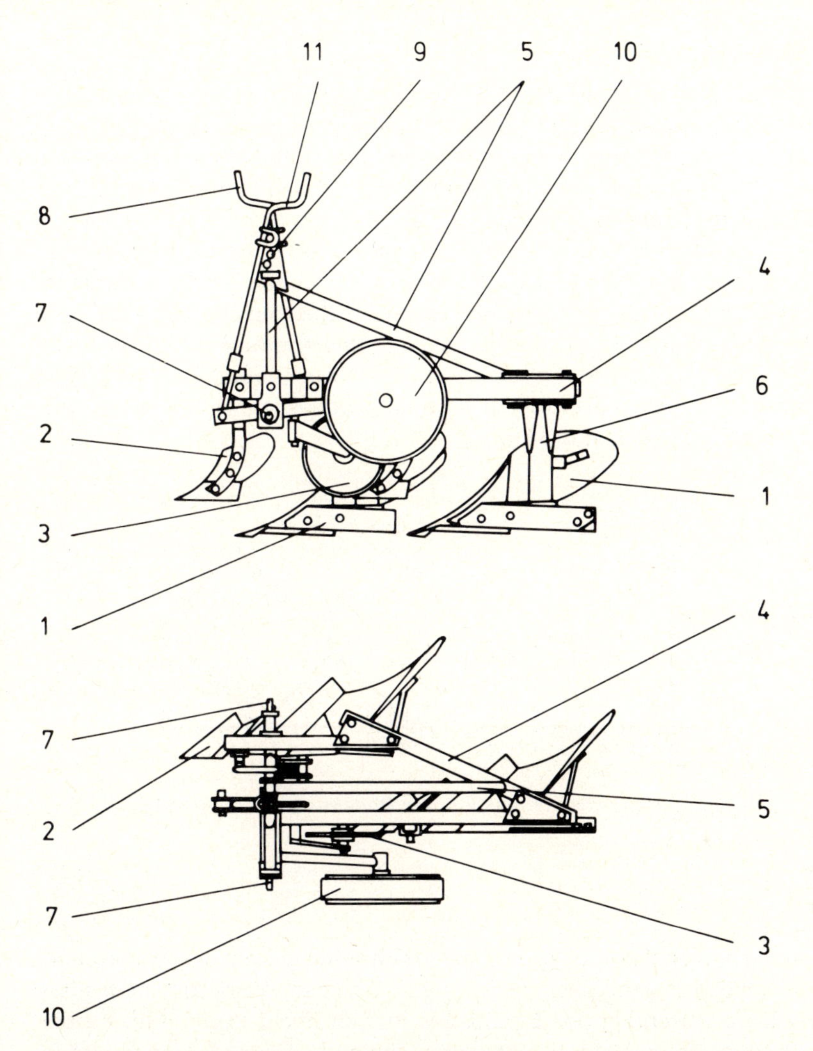


*Abb. 12 Streichblechflug für Dreipunktanbau (Beetpflug) nach Bernacki*

*Arbeitswerkzeuge: 1. Pflugkörper,*
*2. Vorschäler,*
*3. Messersech.*
*Tragende Teile: 4. Rahmen,*
*5. Pflugturm mit Strebe,*
*6. Grindel.*
*Pflugkörper: 7. Welle mit Tragezapfen,*
*8. Spindel für die Einstellung*
*der Tragweite,*
*9. Anschluß für oberen Lenker,*
*10. Stützrad,*
*11. Spindel zum Einstellen des Stützrades.*

## 2. Arbeitsweise

Der Pflugkörper schneidet aus dem Boden einen Erdbalken heraus, dessen Höhen- zu Breitenverhältnis etwa 1 : 1,5 bis 1 : 1 beträgt. Dabei führt das Schar den waagerechten Schnitt durch, während der senkrechte Schnitt von Schar- und Streichblechkante ausgeführt wird (häufig durch ein Sech unterstützt).
Der Erdbalken wird dabei angehoben, schiebt sich am Streichblech hoch und wird je nach Streichblechform um 120°–150° gewendet, wobei bei entsprechender Fahrgeschwindigkeit ein Seitwärtstransport des Bodens um eine Furchenbreite stattfindet (Abb. 13). Durch dieses Anheben, Zusammendrücken, Biegen und Verdrehen des Erdbalkens treten Längs- und Querrisse auf. Durch den freien Fall beim Wenden unterstützt, kommt es zu einer Krümelung des Bodens. Eine Streichschiene unterstützt die Arbeit des Streichbleches und verhindert das Zurückfallen des Erdbalkens in die Furche.

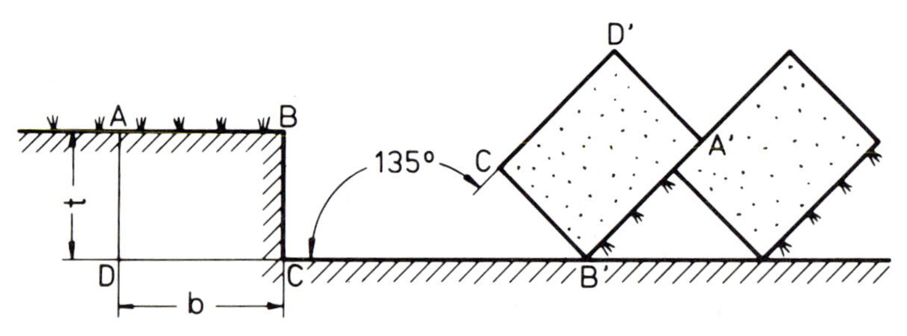


*Abb. 13* *Wendung und Seitwärtstransport des Bodenbalkens beim Pflügen.*

Die Krümelung und Lockerung des Erdbalkens ist abhängig von der Pflugkörperform, der Arbeitsgeschwindigkeit, der Bodenart und dem Wassergehalt des Bodens. Eine Durchmischung des Erdbalkens in sich findet kaum statt. An der Oberfläche befindliches Material (Pflanzenrückstände, Unkraut, Dung) wird in »Matten« an der Furchensohle und Balkenflanke abgelegt.
Vorwerkzeuge und Zusatzwerkzeuge unterstützen die Wirkung des Pflugkörpers. *Messer-, Scheiben- und Anlagesech* durchschneiden den Erdboden senkrecht vor der Scharspitze bzw. vor der Streichblechkante. Das Messersech besitzt eine schwertförmige Schneide. Das Scheibensech ist zwar teurer, neigt jedoch weniger zum Stopfen und ist leichtzügiger. Bei aufliegendem Pflanzenmaterial hat sich das gezahnte, gewellte Scheibensech besonders bewährt.

*Der Vorschäler* ist ein kleiner Pflugkörper. Er schält die Erdoberfläche flach in nahezu halber Arbeitsbreite vor dem Schar ab und stürzt sie seitlich in die Furche.

*Der Dungeinleger* ist ein steiler, gewölbter, abgerundeter Pflugkörper mit schmaler Schnittbreite, der den Stall- und Gründung an der Furchenkante ablegt, so daß er beim Wenden des Balkens nach unten gelangt.

*Das Einlegestreichblech* unterstützt die Wendung bei aufliegendem Pflanzenmaterial und mindert die Verstopfungsgefahr. Entscheidend für ein verstopfungsfreies Arbeiten des Pfluges, insbesondere wenn größere Mengen pflanzlicher Rückstände eingearbeitet werden müssen, sind der »Durchgang« (der Längsabstand aufeinanderfolgender Pflugkörper) und die Rahmenhöhe.

Es gibt zahlreiche Ausführungen und Sonderformen von Pflügen. Hier sei nur auf die wichtigsten eingegangen und unter anderem auf DIN 11050 verwiesen.

*Beetpflüge* haben nur einseitig wendende Körper, meistens nach rechts. Das bedingt zwei bestimmte Arbeitsmethoden: das Zusammenpflügen (Abb. 14) und das Auseinanderpflügen. Ist die Parzelle breiter als 60 m, ist es ratsam, sie in Beete zu unterteilen, die einzeln bearbeitet werden. Häufig verbleibt ein Damm (Zusammenschlag), oder eine Furche (Auseinanderschlag).

*Kehrpflüge* haben auf einer Drehachse spiegelbildlich rechts- und linkswendende Körper angebracht und legen dadurch gleichmäßig Furche an Furche, wobei in der jeweils letzten Furche zurückgefahren wird. Das Drehen oder Schwenken erfolgt mechanisch oder hydraulisch. Die Bodenoberfläche bleibt bei einem gut eingestellten Pflug eben.

Tab. 3 zeigt einen Vergleich von Beet- und Volldrehung.

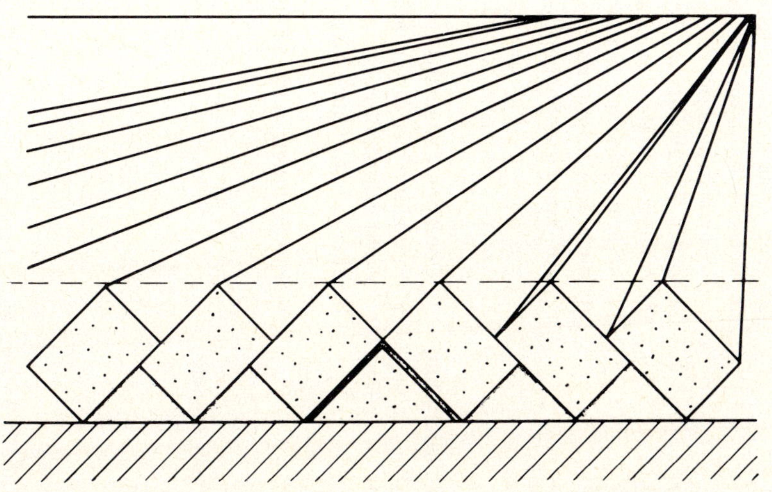

*Abb. 14 Arbeitsweise eines Beetpfluges beim Zusammenpflügen.*

| Pflugbauarten | Vorteile | Nachteile |
|---|---|---|
| Beetpflug | 1. billig in der Anschaffung<br>2. relativ leichte Einstellbarkeit<br>3. Verschleiß nur an den (auswechselbaren) Arbeitswerkzeugen<br>4. große Regelkräfte im Oberlenker<br>5. mehrere Geräte – Gespanne können gestaffelt hintereinander arbeiten<br>6. einfache Zuordnung von Kombinationsgeräten (Pflugnachläufer) | 1. Anpflügen erforderlich<br>2. genaue Feldeinstellung notwendig<br>3. Beetbreite nicht über 60 m<br>4. Nacharbeiten groß<br>5. Verlustteil hoch (Vorgewende)<br>6. Pflug setzt in trockenem Boden leicht aus<br>7. Hangpflügen in Schichtlinien nur begrenzt möglich |
| Volldrehpflug | 1. Deutliche Zeiteinsparung bei kleinen Parzellen<br>2. Einteilung der Ackerfläche nicht erforderlich<br>3. ebene Ackerfläche zu erzielen<br>4. Hangpflügen in Schichtlinien möglich | 1. teurer als Beetpflug<br>2. hohes Gewicht, dadurch stärkere Entlastung der Schleppervorderachse<br>3. durch Schwenkmechanismus höherer Verschleiß als bei Beetpflügen<br>4. volle Symmetrie der Einstellung schwer möglich<br>5. hohes Gewicht, begrenzt die Pflugkörperzahl |

(nach Wieneke)

Tabelle 3: Vergleich von Beet- und Lehrpflügen

## 3. Anbau und Antrieb

*Anhängepflüge* besitzen eigene Laufräder über die die Arbeitstiefe eingestellt wird. Sie sind unabhängig von der Schlepperhydraulik. Eine Zugstange stellt die Verbindung zum Schlepper her. Die zusätzliche Belastung der Schlepperhinterachse ist gering. An- und Abbau ist schnell und einfach, dagegen ist die Transportgeschwindigkeit gering, besonders auf kleinen Parzellen (im Bewässerungsfeldbau) bereitet die geringe Wendigkeit Probleme.

*Aufsattelpflüge* werden vorne im Dreipunktanbau oder an den Unterlenkern angebaut und hinten von einem meist hydraulisch betätigten Stützrad getragen. Aufsattelpflüge haben im allgemeinen vier und mehr Pflugkörper. Diese Anbauweise verhindert eine zu starke Entlastung der Schleppervorderachse bei schweren Pflügen mit großem Abstand der Pflugkörper und ermöglicht die Anbringung von mehr Pflugkörpern als beim Anbaupflug.

*Anbaupflüge* bis etwa fünf Pflugkörper sind heute vorwiegend durch Dreipunktanbau mit dem Schlepper verbunden. Die Ausrüstung mit Schnellkupplern ist möglich. Bei Schleppern mit Freiganghydraulik wird der Pflug beim Transport vom Schlepper getragen und in Arbeitsstellung zusätzlich durch ein Rad abgestützt. Bei Regelhydraulik wird der Pflug auch in der Arbeitsstellung ohne Stützrad vom Schlepper getragen. Dabei wird ein bedeutender Teil der am Pflug wirkenden Kräfte (einschließlich Pfluggewicht) auf die Schlepperhinterachse übertragen (weniger Schlupf). Dabei muß jedoch darauf geachtet werden, daß die Lenkfähigkeit des Schleppers nicht durch eine zu starke Entlastung der Vorderachse beeinträchtigt wird. Die Zugwiderstandsregelung erfolgt über den oberen oder die Unterlenker. Sie garantiert keine konstante Arbeitstiefe sondern einen nahezu konstanten Zugwiderstand, d. h. gleichmäßige Auslastung des Schleppers. Das Ausheben des Pfluges verlangt hohe Hubkräfte (ca. dreimal das Pfluggewicht), so daß die Anzahl der Körper beschränkt ist.
Große Pflüge, bei denen die Arbeitsbreite die Breite des Schleppers überschreitet, werden teilweise so hinter dem Schlepper angelenkt, daß ein Fahren außerhalb der Furche möglich ist (keine Schleppersohle, keine erneute Verdichtung des gerade gelockerten Bodens durch breite Reifen). Wesentlich ist, daß kein schräger Zug auf den Schlepper wirkt. Das Fahren außerhalb der Furche erfordert sehr viel mehr Aufmerksamkeit vom Fahrer.
Kehrpflüge erfordern zusätzlich einen bzw. zwei Hydraulikanschlüsse, je nach Wendemechanismus mit einfach- oder doppelt wirkendem Hydraulikzylinder. Wesentlich für eine einwandfreie Arbeit ist die richtige Zuordnung von Schlepper und Pflug. Der Leistungsbedarf ist abhängig vom spezifischen Bodenwiderstand, dem Furchenquerschnitt, der Pflugkörperform und der Arbeitsgeschwindigkeit. Ein wesentlicher Nachteil des Pfluges ist, daß der gesamte Leistungs-Bedarf in Form von Zugleistung über die Triebräder auf den Boden übertragen werden muß. Schlepperpflüge haben bei einer mittleren Geschwindigkeit von

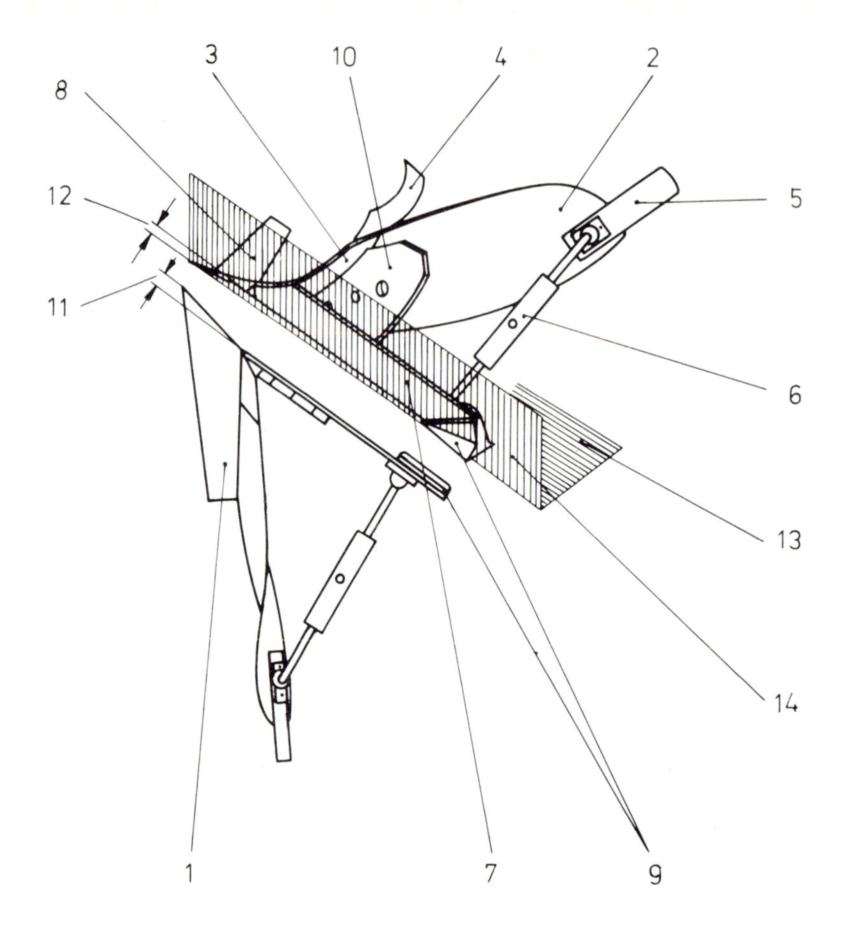


*Abb. 15* *Bezeichnung am Pflugkörper:*

*1. Schar,*
*2. Streichblech,*
*3. Scharbrust,*
*4. Leitblech,*
*5. Streichschiene,*
*6. verstellbare Stütze,*
*7. Anlage,*
*8. Anlegensech,*
*9. Schleifsohle,*
*10. Rumpf,*
*11. Seitengriff,*
*12. Untergriff,*
*13. Furchenwand,*
*14. Furchensohle.*

6 Km/h, einer mittleren Arbeitstiefe von 25 cm bei mittelschwerem Boden einen Zugleistungsbedarf von 15-22,5 kW (20-30 PS) pro Pflugköärper. Unter besonders schwierigen Bedingungen kann der Leistungsbedarf bis auf 30 kW je Pflugkörper ansteigen.

## 4. Geräte und Werkzeugbeschreibung

Die Streichblechpflüge werden nach Beet- und Kehrpflügen unterteilt. Je nach Bauart und Ankopplung wird weiter unterschieden in Anhänge-, Aufsattel- und Anbaupflüge (siehe DIN 11050).

Der Pflug kann im wesentlichen in drei Baugruppen unterteilt werden: (s. Abb. 12)

- die Arbeitswerkzeuge (Pflugkörper und Vorwerkzeuge)
- tragende Teile (Grindel, Rahmen)
- der Pflugkopf (Turm für Dreipunktanbau, Dreheinrichtung für Kehrpflüge)

*Die Arbeitswerkzeuge*

Der Pflugkörper Abb. 15 besteht aus Rumpf, Schar, Anlage und Streichblech (mit Streichschiene). Er ist mit dem Rumpf am Grindel befestigt.

*Das Pflugschar*

Das Schar ist am Rumpf befestigt. Es unterliegt großer Beanspruchung und einem starken Verschleiß und muß deshalb außen aus hartem, innen aber aus elastischem Material (CO-Gehalt 0,5-0,9 %) gefertigt sein. Es werden verschiedene Formen angeboten (Abb. 16).

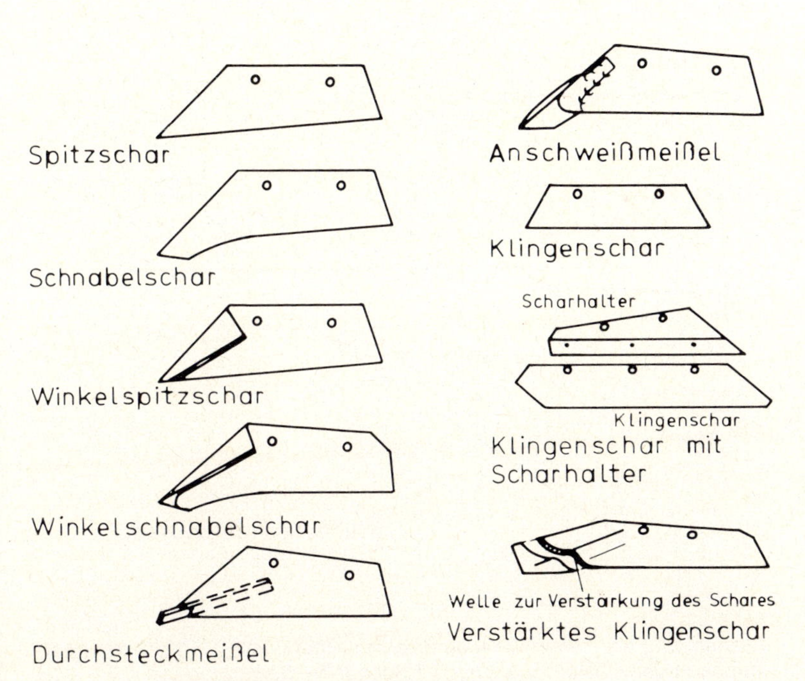


*Abb. 16 Verschiedene Scharformen.*

*Spitzschar:* für leichte Böden, gerade Schneide, verstärkte Spitze zum Nachschärfen und Nachschmieden.

*Schnabelschar:* für mittlere bis schwere Böden. Bewirkt besseres Aufbrechen des Bodens, besseren Einzug und Sitz, längere Verschleißperiode, weniger steinempfindlich als Spitzschar, nachschärf- und ausschmiedbar.

*Winkelschar:* die schnabelförmige Scharspitze und die Schneidkante werden durch einen abgewinkelten, keilförmigen Flansch gestützt, der gleichzeitig als Reservematerial zum Ausschmieden dient. Es ist besonders stabil und verschleißfest, für schwierige Verhältnisse.

*Meißelschar:* für sehr schwere oder steinige Böden, vergleichbar mit Schnabelschar, jedoch anstatt der ausschmiedbaren Schnabelspitze wird ein doppelseitig verwendbarer, nachstellbarer Meißel eingesetzt.

*Klingenschar:* (Einwegschar), selbstschärfend, für leicht bis mittlere, steinfreie Böden, hohe Standzeit aber nicht ausschmiedbar, da schmal und dünn, Universalform, durch Abnutzung Verlust des Untergriffes.

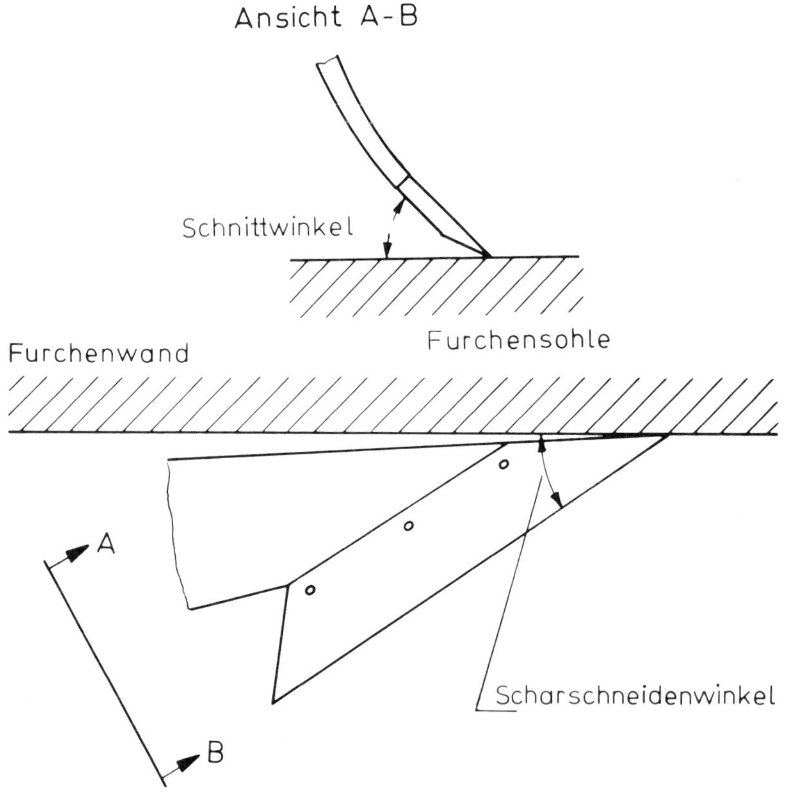


*Abb. 17 Benennung der Scharwinkel an Streichblechpflügen unten in der Aufsicht und oben im Schnitt A – B, d. h. von hinten gesehen.*

Die Stellung des Schares ist im allg. vorgegeben. Sie muß so angepaßt sein, daß ein *Seitengriff* (Scharspitze ca. 10 mm in die Furchenwand) und ein *Untergriff* (Scharspitze ca. 10-50 mm tiefer als Anlage) entsteht. Dadurch erhält der Pflugkörper guten Einzug und eine feste Führung. Wichtige Größen dazu sind *Scharschneidenwinkel* (Anstellwinkel der Scharschneide zur senkrechten Furchenwand, 20-30°) und der Scharschnittwinkel (Anstellwinkel der Scharschneide zur waagerechten Furchensohle, 35-50°) Abb. 17.

Für leichte Böden oder geringe Arbeitsgeschwindigkeit (Gespannpflug) eignen sich größere Winkel, für schwere Böden oder hohe Arbeitsgeschwindigkeit spitzere Winkel. Die verschiedenen Scharformen und Anstellwinkel müssen immer im Zusammenhang mit den entsprechenden Streichblechformen stehen. Das Streichblech ist mit Versenkschrauben am Rumpf befestigt und oft noch durch eine Strebe mit ihm verbunden. Es muß stabil, verschleißfest, elastisch, mit möglichst geringem Reibungswinkel auf der Oberfläche konstruiert sein.

Diese Eigenschaften verbindet am besten das Dreilagenmaterial. Die beiden äußeren Lagen sind aus sehr hartem, verschleißfestem Stahl. Die mittlere, zähe Schicht ist aus weicherem Stahl und stützt die äußeren Lagen gegen Brüche ab. Die Wölbung des Streichbleches, zusammen mit den verschiedenen Scharstellungen (Angriffswinkel), ergibt die folgenden Grundformen der Pflugkörper (Abb: 18).

| | |
|---|---|
| *steil* | für leichte, sandige Böden, geringe Wendung, langsame Arbeitsgeschwindigkeit. |
| *steil, kurz* | für leichte, klebende Böden, geringe Wendung, langsame Arbeitsgeschwindigkeit. |
| *mittelsteil* | für mittelschwere Böden, mittlere Wendung, mittlere Arbeitsgeschwindigkeit. |
| *liegend* | für mittelschwere und schwere Böden, mittlere bis starke Wendung, mittlere bis hohe Arbeitsgeschwindigkeit. |
| *wendel* | für schwere, verwachsene Böden, fast vollständige Wendung, mittlere bis hohe Arbeitsgeschwindigkeit. |
| *universal* | für alle Bodenarten, außer Extremen, mittlere Wendung, mittlere Arbeitsgeschwindigkeit. |
| *Schraubenform* | für schwerste Böden, Graslandumbruch vollständige Wendung, hohe Arbeitsgeschwindigkeit, auch für Hanglagen geeignet. |
| *geschlitzt* | für stark klebende Böden. |

Nach einer anderen Einteilung werden die Körper unterschieden in:

| | |
|---|---|
| *Kulturform* | (zylindrisch) für leichten bis mittleren Boden, |
| *Universalform* | (leicht gewunden) für fast alle Bodenarten, |
| *Wendelform* | (gewunden, lang) für schweren Boden und am Hang, |
| *Schraubenform* | (gewunden, flach, lang) für Grünlandumbruch. |

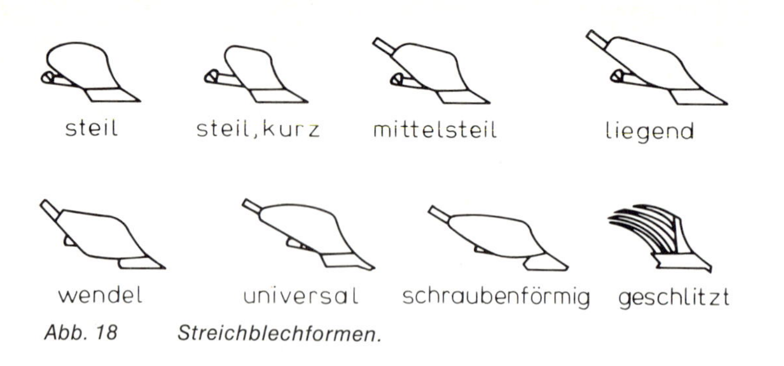


*Abb. 18 Streichblechformen.*

Die Wahl der Pflugkörper richtet sich nach der Bodenart, der Topographie, der gewünschten Bodenwendung und der Arbeitsgeschwindigkeit. Je nach Ausführung können Arbeitsbreiten bis 42 cm und Arbeitstiefen bis 35 cm je Pflugkörper erreicht werden (außer Tiefpflüge). Weit verbreitet sind inzwischen Pflugkörper mit geteiltem Streichblech (Shin). Das Hauptverschleißteil, das Shin, kann einzeln ausgetauscht werden. Der *Rautenpflugkörper* (s. Abschnitt 3.1.1) zeichnet sich durch ein größeres Furchenprofil (weniger Verdichtung bei breiten Reifen) aus. Weitere mögliche Vorteile (kürzere Bauweise, geringerer Zugkraftbedarf) bedürfen einer endgültigen Klärung.

*Die Streichschiene*

Sie dient zur Unterstützung der Wendung und Krümelung des Bodens. Die Streichschiene ist am oberen Ende des Streichbleches angeschraubt und kann der Arbeitstiefe angepaßt werden.

*Anlage, Schleifsohle*

Die Anlage ist am Rumpf angeschraubt und nimmt insbesondere bei Freiganghydraulik die horizontalen Kräfte gegen die Furchenwand und die vertikalen Kräfte gegen die Furchensohle auf. Der hintere, aufliegende Teil der Anlage ist durch den Schleifklotz vor Verschleiß geschützt, die bei Regelhydraulikpflügen gelegentlich gefedert ausgebildet ist. Am Hang und beim flachen Pflügen ist eine Anlagerolle vorteilhaft, ein um etwa 45° gegen die Furchenwand angestelltes, in der Furche laufendes Rad. Am vorderen Teil der Anlage kann bei einzelnen Fabrikaten ein Anlagesech angebracht werden, das billiger ist als ein Messersech und Stopfen verhindert.

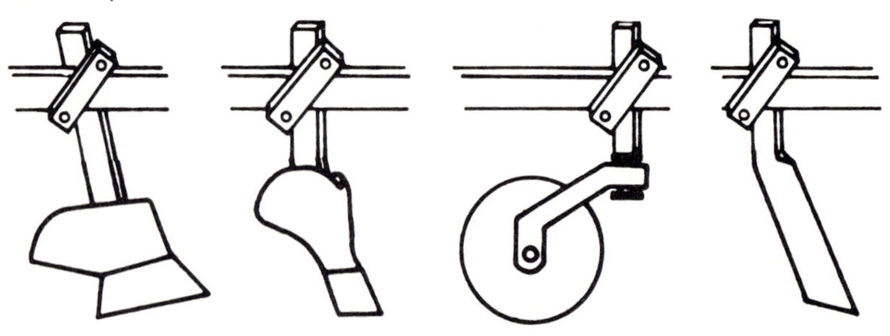

*Abb. 19 Vorwerkzeuge, v. l. u. r. Vorschäler, Düngereinleger, Scheibensech, Messersech.*

*Der Rumpf*

Der Rumpf ist einer hohen Beanspruchung gegen Verbiegen und Verdrehen ausgesetzt. An ihm sind Schar, Streichblech und Anlage befestigt. Er verbindet die Bodenbearbeitungswerkzeuge fest mit den Teilen des Pfluges, die die Zugkräfte aufnehmen und übertragen.

*Vorwerkzeuge, Zusatzwerkzeuge*

Vorwerkzeuge sind vor dem Pflugkörper am Grindel oder Rahmen verstellbar angeflanscht und tragen zur Verbesserung der Arbeitsqualität bei. (Abb. 19) ebenso wie Zusatzwerkzeuge (Abb. 20).

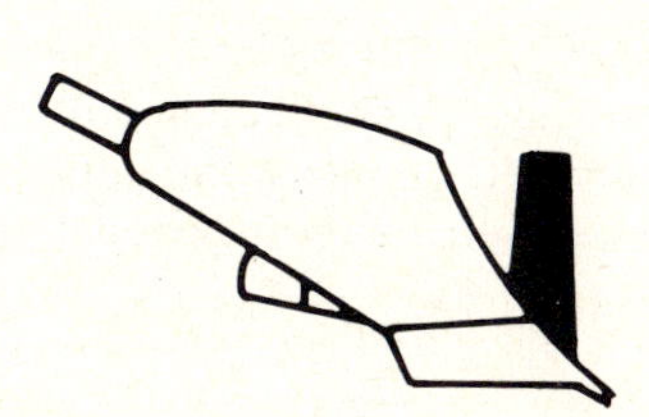

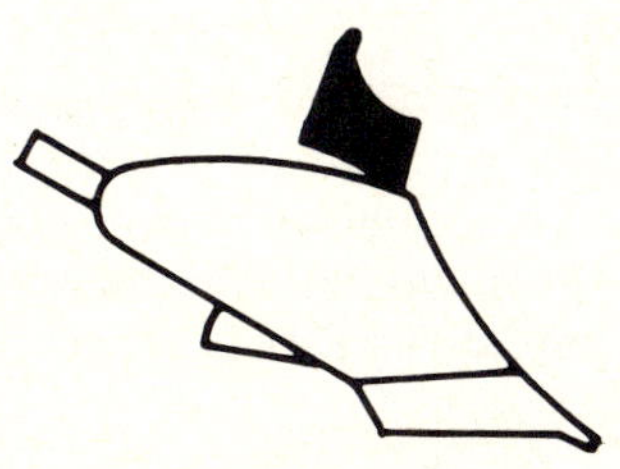

*Abb. 20 Zusatzwerkzeuge, links Anlagensech, rechts Einlegestreichblech.*

Messer-, Scheiben- und Anlagensech trennen den Pflugbalken senkrecht vom ungepflügten Boden ab. Vorschäler, Dungeinleger und Einlegestreichblech dienen zum sauberen Unterbringen von Pflanzenresten oder Dung.

*Tragende Teile*

Die tragenden Teile des Pfluges bestehen aus dem Rahmen und den Grindeln. Die Grindeln sind entweder fest mit dem Rahmen verbunden oder gegen Überlastung (Steine, Wurzeln) abgesichert.

Erwähnt seien die verschiedenen technischen Lösungen der *Steinsicherung* vom Scherbolzen bis zur vollautomatischen, mechanischen, hydraulischen oder pneumatischen Ausführung. Sie können auch unter schwierigen Bedingungen Bruch von Pflugkörper oder Grindel sicher verhindern und ein unterbrechungsfreies Arbeiten ermöglichen. Wie in (Abb. 21) gezeigt, weicht der Pflugkörper vor dem Hindernis aus und kehrt danach automatisch in seine Arbeitsstellung zurück.

*Abb. 21 Steinsicherung für einen Streichblechpflug.*

Die Rahmenbauweise mit längs- und querverstrebtem Federstahl-Flachrahmen ergibt eine gute Elastizität des gesamten Pfluges. Die heute meist verwandte Holmbauweise mit Profilstahl-Schrägträgern erleichtert die Veränderung der Pflugkörperzahl im Baukastenprinzip. Je nach Bauart wird der Rahmen von dem Pflugkopf getragen oder durch Räder ganz oder teilweise abgestützt (Anbau-, Aufsattel-, Anhängepflug). Die Rahmenhöhe und der Körperlängsabstand müssen beim Einarbeiten von Pflanzenresten genügend groß sein, um Verstopfungsgefahr zu vermeiden. Den Straßentransport von Anhängepflügen gestattet eine Aushebevorrichtung.

*Der Pflugkopf*

Der Pflugkopf wird beim Anbaupflug durch den Turm gebildet. Seine Abmessungen (Kupplungspunkte für untere und oberen Lenker) haben wesentlichen Einfluß auf die Führung des Pfluges und sind nach DIN und ISO genormt. Bei Volldrehpflügen gehört zum Kopf auch die Drehrichtung, die entweder halb- oder vollautomatisch arbeitet.

## 5. Einstellmöglichkeiten, Handhabung

Bei der Pflugarbeit muß der Rahmen des Pfluges, in Längs- und Querrichtung gesehen, waagerecht sein, damit alle Pflugkörper auf gleicher Tiefe stehen. Die Einstellung erfolgt bei Dreipunktanbau durch Verstellen des Oberlenkers und einer Hubstange zum unteren Lenker.

### 5.1. Arbeitstiefe

Bei Anhängepflügen erfolgt die Tiefeneinstellung durch Verstellen der Stützräder, bei Aufsattelpflügen durch die Unterlenker und das Stützrad (bei Zugkraftregelung), bei Anbaupflügen durch Verstellen des Oberlenkers (Schwimmhydraulik) oder durch die Regelhydraulik. Die Querneigung kann bei Anbaubeetpflügen mit Hilfe der Spindelverstellung an den Hubstangen, bei Anbauvolldrehpflügen mit Hilfe einer Spindel am Pflugturm ausgeglichen werden.

### 5.2. Die Arbeitsbreite

Die Arbeitsbreite des Pfluges ist durch Anzahl der Körper und Schnittbreite des einzelnen Körpers weitgehend vorgegeben. Bei einigen Pflügen kann sie in geringem Maße und in ihrer relativen Lage zum Schlepper verändert werden. Die gesamte Arbeitsbreite kann bei einigen Pflügen durch An- und Abbau von Pflugkörpern variiert werden.

### 5.3. Bearbeitungsintensität

Die Bearbeitungsintensität hängt ab von der Fahrgeschwindigkeit, der Pflugkörperform und der Arbeitstiefe. Sie kann durch Verwenden von Vorwerkzeugen oder Nachlaufgeräten (Packer, Krümler) verbessert werden.

### 5.4. Einstellung der Vorwerkzeuge

| | |
|---|---|
| *Das Messersech:* | 0-30 mm vor, 10-30 mm neben, ca. 25 mm über der Scharspitze. |
| *Das Scheibensech:* | so tief wie möglich (Sechachse 50 mm über dem Boden) ca. 10-20 mm ins ungepflügte Land. |
| *Der Vorschäler:* | flacher Anstellwinkel, 40-80 mm tief, 10-20 mm neben und ca. 250 mm vor der Scharspitze oder Arbeitsbreite gleich 0,3-0,7 mal Pflugkörper, Arbeitstiefe 0,3-0,5 mal Pflugkörper. |

### 5.5. Handhabung

Der Anbau und die Einstellung von Pflügen können von einem Mann durchgeführt werden, sind jedoch nicht ganz einfach. Die Einstellung erfordert einiges technisches Verständnis. Besonders die Pflugarbeiten stellt hohe Anforderungen an die Geschicklichkeit und das können des Fahrers. Unter ungleichmäßigen Bodenverhältnissen ist ein häufiges Nachstellen des Pfluges erforderlich.

## 6. Technische Daten

| | |
|---|---|
| Arbeitsbreite/Körper: | bis 42 cm |
| Arbeitstiefe: | bis 35 cm (Sonderpflüge tiefer) |
| Körperanzahl: | bis 12 (Drehpflüge bis 24) |
| Rahmenhöhe: | bis 90 cm |
| Körperlängsabstand: | bis 110 cm |
| Masse: | bis 350 kg/Pflugkörper |
| Sicherheitselemente: | Steinsicherung durch Scherbolzen, Spiralfeder, Hydraulikzylinder und pneumatisch, Überlastsicherung an Ankopplung |
| Leistungebedarf: | 15–25 kW/Körper (20–35 PS/Körper) |

## 7. Literatur


| | |
|---|---|
| Böhm, E. u. J. A. Hansen: | Agrartechnische Lehrbriefe,<br>Landmaschinen 212–1<br>(Beilage zur Agrartechnik International)<br>Verlag Vogel 1977 |
| DIN: | Schlepperpflüge DIN 11051<br>(siehe ISO/OP 3339/III)<br>Pflugkörper DIN 11118<br>Beuth-Vertrieb Berlin |
| DLG-Prüfberichte: | Pflüge |
| DLZ-Typentabelle: | Pflüge – DLZ 9/78 S. 1036–1065 |
| Firmenprospekte<br>verschiedener Hersteller | |
| HOLWAY, v.: | Abschied vom Pflug? – Entwicklung<br>und Zusammenarbeit 4 (1974) S. 15/16 |
| Krause, R.: | Die Zuordnung von Schlepper und Pflug-Grund-<br>lagen der Landtechnik 16 (1966) 6 S. 229–235 |

# Der Scheibenpflug (Disc Plough)

## 1. Verwendungszweck und Beurteilung

Der Scheibenpflug Abb. 22 wird vorwiegend in tropischen und subtropischen Gebieten für folgende Arbeiten eingesetzt:

- Neulandumbruch
- Primärbodenbearbeitung
- Pflügen steiniger und stark durchwurzelter Böden
- Herrichten der Saatfurche
- tiefe Bodenbearbeitung zwischen Baumreihen
- Einarbeiten hoher Pflanzenrückstände
- Pflügen in erosionsgefährdeten Gebieten
- Pflügen auf klebrigen, wachsigen und pflugsohlenanfälligen Böden

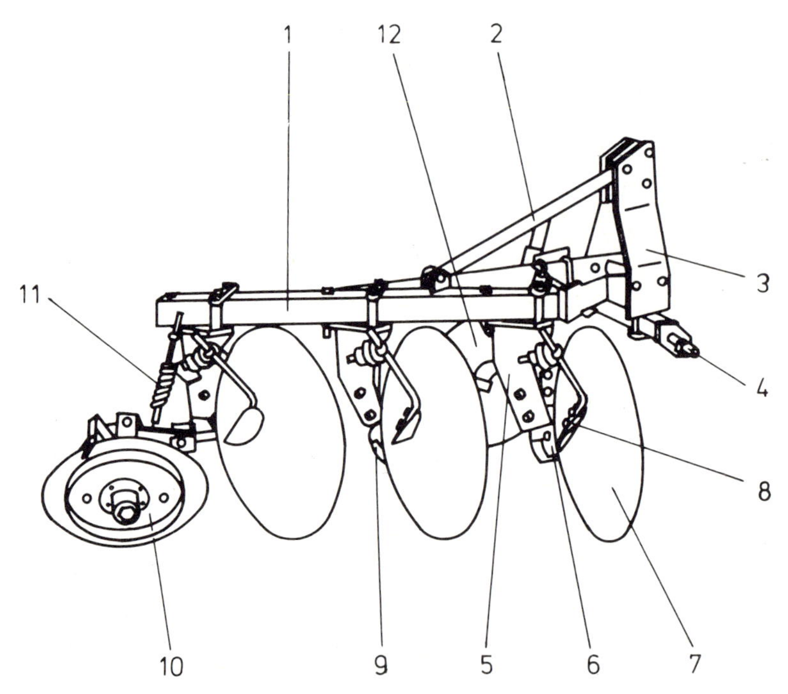


*Abb. 22 Scheibenpflug mit den Elementen:*
*1. Rahmen, 7. Scheibe,*
*2. Strebe, 8. Abstreifer,*
*3. Pflugkopf, 9. Vorschäler,*
*4. Tragachse, 10. Furchenrad,*
*5. Grindel, 11. Feder,*
*6. Lager, 12. Landrad.*

Die *Unterschiede* zwischen Schar- und Scheibenpflug (Abb. 23) hinsichtlich
- Effekt (Auswirkung auf Pflanzenertrag)
- Handhabung
- Funktionssicherheit
- Zugleistungsbedarf
- Gesamtkosten für die Bodenbearbeitung

| Werkzeug / Bewertungs-merkmale | (Scheibe) | (Schar) |
|---|---|---|
| Wenden | mäßig | gut |
| Mischen | mäßig | kaum |
| Krümeln | mäßig bis gut | mäßig |
| Einbringen von langem Halmgut | ungenügend | gut |
| Pflugsohlen-verdichtung | gering | durch Schleifsohle u.i.geringem Maße durch Schar |
| Empfindlichkeit gegen Steine und Wurzeln | gering | größer |
| Einsatzmöglichkeiten | schwere, trockene und steinige Böden, Forst | Kulturböden |
| Standzeit | hoch | mäßig |
| Gewicht | hoch | geringer |
| Zugleitungsbedarf | hoch | hoch |

*Abb. 23 Unterschied zwischen Schar- und Scheibenpflug nach Wienke*

sind relativ gering. Auf trockenen, schweren Böden bereitet das Eindringen des Scheibenpfluges Schwierigkeiten und kann nur durch entsprechend hohes Gewicht pro Scheibe (bis 500 kg durch Zusatzgewichte) erreicht werden. Andererseits werden Wurzeln und Steine überrollt, so daß es zu keinen Werkzeugbeschädigungen kommt, was beim Scharpflug nur durch Steinsicherungen und entsprechende Schare erreicht werden kann. Eine konstante Arbeitstiefe ist nur schwer einzuhalten. Auch das Einhalten der Arbeitsrichtung bereitet häufig Schwierigkeiten. Im allgemeinen wird der Boden weniger intensiv bearbeitet und weniger vollständig gewendet als beim Streichblechpflug. Klebende Böden bereiten weniger Probleme. Die Scheiben müssen selten nachgeschärft oder ausgewechselt werden, da durch die Rotation eine lange Schneidkante zur Verfügung steht.

Vorteile des Scheibenpfluges sind:

- unvollkommene Wendung, so daß die an der Oberfläche verbleibenden Pflanzenreste die Erosionsanfälligkeit und Austrocknung vermindern,
- Mischwirkung auf lockeren Böden,
- Hinwegrollen über Hindernisse, kaum Werkzeugbruch
- geringe Verstopfungsgefahr (Zuckerrohr, Baumwolle, Mais)
- weniger Probleme mit klebenden Böden
- kaum Pflugsohlenverschmierung
- Materialverschleiß auf dem gesamten Scheibenumfang (bei 65 cm Durchmesser 2 m Schneidlänge) verteilt
- Selbstschärfung der Scheiben
- Pflugeinstellung einfacher als beim Scharpflug.

Nachteile des Scheibenpfluges sind:

- Einzug auf harten Böden problematisch
- hohes Gewicht (und dadurch hoher Preis) erforderlich
- großes Hubvermögen der Schlepperhydraulik erforderlich
- Stützrad zur Tiefen- und Seitenführung erforderlich
- in der Regel Hanguntauglichkeit wegen des hohen Seitendrucks
- Anbringen von Vorschälern zum vollständigen Einarbeiten von organischem Material nicht möglich
- Unkrautbekämpfung weniger effektiv als beim Scharpflug.

## 2. Arbeitsweise

Im Gegensatz zum Scharpflug zieht der Scheibenpflug nicht selbst in den Boden, sondern muß durch sein Eigengewicht (bzw. Zusatzgewichte, bis 500 kg/Scheibe) in der Lage sein, in den Boden einzudringen und die Arbeitstiefe einzuhalten. Steine, Wurzeln und sonstige Hindernisse werden überrollt. Auf der Scheibe entsteht nicht wie beim Schar eine Relativbewegung des Bodens und damit ein Schereffekt, sondern die Scheibe wird vom Boden mitgenommen und gedreht. Dadurch wird der Boden hochgehoben und nicht schraubenförmig, sondern überstürzend, Schüttend abgelegt. Diese Tatsache und die unterschiedliche Beschleunigung, die der Boden auf der Scheibe, von der Scheibenmitte nach außen zunehmend erfährt, führt bei krümeligem Bodenzustand zum Losreißen der Teilchen voneinander, zur Durchmischung und Lockerung. bei bindigen Böden führt diese Arbeitsweise jedoch zur Ablagerung von Querschollen und damit zur Bildung der unerwünschten »Hasenlöcher«. Die bei kohärenten Böden entstehenden Bodenbalken lassen sich in der Sekundärbearbeitung nur schwer zerkleinern. Die Bearbeitungsgüte ist also stark von Bodenart und Bodenzustand abhängig. Der Scheibenpflug hinterläßt ähnlich wie der Streichblechpflug eine offene Furche.

Die Möglichkeit der Pflugsohlenbildung wird durch folgende Eigenschaften wesentlich verringert:

a) der Scheibenpflug rupft mehr als er schneidet, dadurch kann keine Schnittfläche entstehen;
b) er hat keine Anlage und Schleifsohle wie der Scharpflug, die einen zusätzlichen Schmier- und Verdichtungseffekt mitbringen.

Große Scheiben haben einen geringeren Zugkraftbedarf und durchschneiden Pflanzenrückstände besser.

### 3. Anbau und Antrieb

Scheibenpflüge werden als Anhänge-, Aufsattel- und Anbaugeräte gebaut. Bei größeren Ausführungen wird das schwere Gerät mit Hilfe von Stützrädern hydraulisch ausgehoben. Der Antrieb der Scheiben erfolgt durch die Bodenreibung und -bewegung.
Wegen seines hohen Gewichtes ist der Zugkraftbedarf des Scheibenpfluges (bezogen auf das bearbeitete Bodenvolumen) trotz rollender Reibung etwa gleich dem des Scharpfluges. Für einen ausreichenden Einzug sollte der Anlenkpunkt gezogener Pflüge am Schlepper so tief wie möglich sein, bei Anbaupflügen soll der obere Lanker nur leicht nach vorne abfallen. Werden zur Verbesserung der Krümelung des Bodens stärker gewölbte Scheiben verwendet, so erhöht sich der Zugkraftbedarf mit zunehmender Scheibenwölbung. Der Zugleistungsbedarf entspricht in etwa dem von Scharpflügen. Er ändert sich natürlich stark mit den Bodenverhältnissen und liegt in der Regel bei 15 bis 20 kW je Pflugkörper. Bei 5,5 km/h kann man pro Meter Arbeitsbreite eine Stundenleistung von 0,4 ha erwarten.

### 4. Geräte- und Werkzeugbeschreibung

Analog zu den Streichblechpflügen gibt es auch bei den Scheibenpflügen Beet- und Kehrpflüge sowie Anhänge-, Aufsattel- und Anbaupflüge. Eine elegante Möglichkeit, die Doppelbestückung mit Scheiben bei einem Kehrpflug zu vermeiden, ist das Prinzip des Scheibenschwenkpfluges, wobei die Scheiben um senkrechte Achsen in entgegengesetzte Wenderichtung geschwenkt werden.
Scheibenpflüge (s. Abb. 22) sind sehr schwere Geräte, die mit ein bis acht gewölbten Scheiben ausgerüstet sein können. Ihre Arbeitstiefe liegt zwischen 25 und 40 cm. Unter einem schräg zur Fahrtrichtung gestellten, starken Stahlrahmen, der möglichst einige Zentimeter Freiraum gegenüber den Scheiben haben soll, ist jede Scheibe auf einem eigenen Arm und einem eigenen Achsstummel montiert. An ihm werden der Scheibenneigungswinkel und der Scheibenrichtungswinkel eingestellt und damit den jeweiligen Verhältnissen angepaßt (Abb. 24). Die Scheiben haben Durchmesser zwischen 560 und 810 mm. Die Einpreßtiefe der Mitte gegenüber dem Rand beträgt bei diesen konkaven Scheiben 60 bis 120 mm. In der Mitte sind sie mit einem Loch für das Kegelrollenlager versehen,

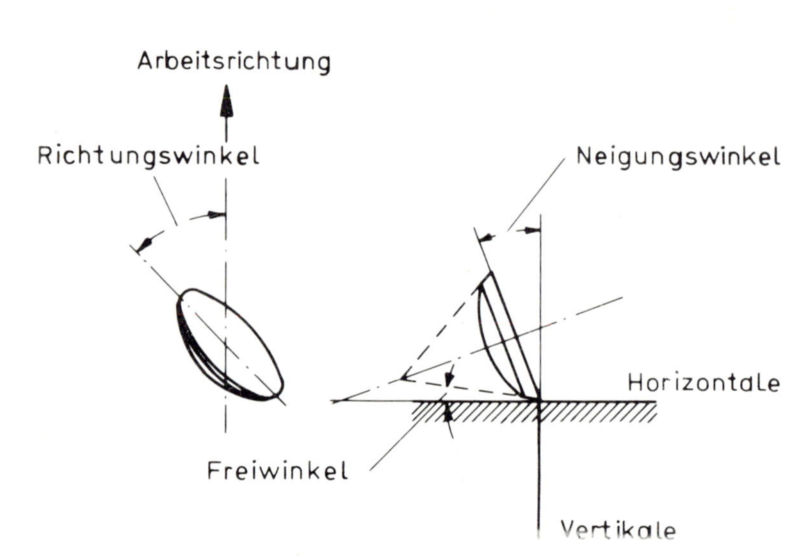


*Abb. 24 Bezeichnungen der Anstellwinkel an einen Scheibenpflug, links die Scheibe von oben gesehen, rechts in der Seitenansicht.*

das mit einer Kronenmutter annähernd spielfrei eingestellt wird. Ihre Abmessungen werden von amerikanischen Zollmaßen bestimmt und stehen in verschiedenen Beziehungen zueinander:

| Scheiben-durchmesser | Scheiben-dicke | Arbeitstiefe | Verwendung |
|---|---|---|---|
| 660 mm | 5,0 – 6,5 mm | 10 – 30 cm | Saatpflug |
| 710 mm | 6,5 – 7,5 mm | 10 – 35 cm | Saat- und Tiefpflug |
| 810 mm | 8,0 mm | 10 – 45 cm | Tiefpflug |

Die Scheiben bestehen aus spezialbehandelten, hochverschleißfesten Mangan-Silizium-Stählen. Die Härte ist vergleichbar mit der Härte von Pflugscharen und beträgt bis zu 600 HV (Härte Vickers). Dreischichtstähle haben sich als nachteilig erwiesen, da beim Verschleiß am Scheibenumfang die einzelnen Schichten aufgedeckt werden und es dann zu Ausbrüchen kommt.

Die Drehrichtung der Scheiben liegt stets in Fahrtrichtung, und der Antrieb erfolgt über die an der konkaven Scheibeninnenseite vorbeigleitenden Bodenbalken. Durch Abstreifer, deren Form und Wirkungsweise an kleine Streichbleche erinnern (Abb. 25), wird der Boden unter verbesserter Wendewirkung von den Scheiben abgenommen und abgelegt. Anbaupflüge sind im allgemeinen mit einem hinteren Furchenrad ausgerüstet.

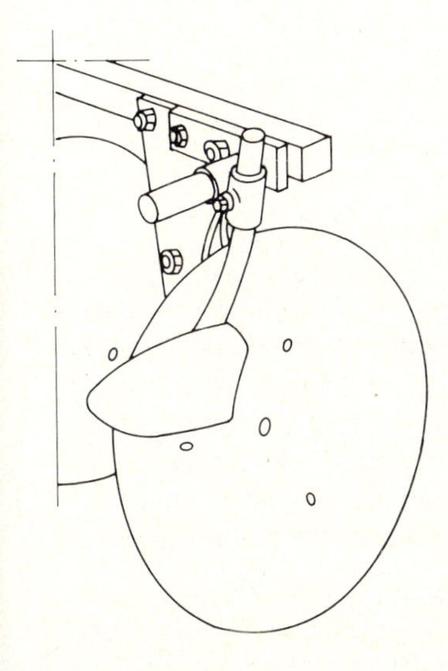

*Abb. 25 Vorscheibe mit Abstreifer.*

Jeder angehängte Scheibenpflug hat ein Landrad, auf das sich die hintere Aushebevorrichtung stützt und ein vorderes und hinteres Furchenrad, wobei das hintere Furchenrad und das hintere Stützrad mit den Einstellvorrichtungen die hintere Brücke bilden. Die Furchenräder sind bis zu 45° zur Bodenoberfläche geneigt und haben Spurringe auf ihrem Umfang. Durch sie wird zumindest teilweise der seitliche Druck des Bodens aufgefangen. Bei einer derartigen Anordnung der Räder würde ein angehängter Pflug bei einer Rechtswendung umkippen. Aus diesem Grund muß der Pflug stets nach links gewendet werden. Erwähnenswert ist die zusätzliche Belastbarkeit an den Rädern, am Rahmen oder mittels Belastungskästen und Zusatzgewichten.

## 5. Einstellmöglichkeiten, Handhabung

### 5.1. Arbeitstiefe

Die Einhaltung der Arbeitstiefe wird hauptsächlich durch das Gewicht des Scheibenpfluges ermöglicht. Sie wird jedoch auch entscheidend von Scheibenneigungs- und -richtungswinkel beeinflußt, die den Bodenverhältnissen angepaßt werden müsen (s. Abb. 24).

Man wählt:

| Boden | Neigungswinkel | Richtungswinkel |
|---|---|---|
| hart | 3 – 20° | 45 – 50° |
| bindig | 10 – 25° | 43 – 48° |
| weich | 15 – 30° | 40 – 45° |

Der Scheibenrichtungswinkel kann bei allen Pflügen, häufig stufenweise, verändert werden, bei vielen Pflügen auch der Neigungswinkel. Bei der Einstellung des Neigungswinkels sollte immer ein Freiwinkel belassen werden, da sonst die rupfende Wirkung der Scheibe aufgehoben wird und es zum Verschmieren feuchten Bodens kommen kann (siehe Abb. 24). Je größer der Scheibenneigungswinkel gewählt wird, umso weniger Freiheit ergibt sich für den Scheibenrichtungswinkel, da sonst die Scheibenwölbung mit ihrer Rückseite an der Furchenkante reibt (erhöhter Leistungsbedarf, Verschleiß).

### 5.2. Arbeitsbreite

Die Arbeitsbreite läßt sich geringfügig verändern. Ihre Einstellung kann erfolgen durch:

- Veränderung des Winkels des Hauptträgers zur hinteren Brücke und des Vorderwagens bzw. Dreipunktanbaus,
- Verstellen der Stützräder,
- Verstellen der Scheibenhalterungen auf dem Rahmen.

Die Schnittbreite der einzelnen Scheiben läßt sich durch Verstellen des Richtungswinkels verändern.
Die horizontalen Seitendruckkräfte müssen von den schräggestellten Furchenrädern, von auf dem Ungepflügten laufenden Stützrädern bei angehängten Pflügen und in möglichst geringem Maße vom Schlepper (Schrägzug) aufgenommen werden. Dabei wird mit Hilfe von Spurkränzen auf den Furchenrädern eine bessere Führung des Pfluges erreicht. Durch Ausgleich der waagerechten Kräfte vermindert sich auch die Reibung der Scheiben an der Furchenwand, der Verschleiß wird vermindert. Außerdem verlagert sich dabei der ideelle Zugpunkt zur Furche hin und erübrigt Gegenlenken. Die für die Führung des Pfluges erforderliche Anpreßkraft des Furchenrades kann häufig durch Verstellen der Achse und Federspannung erreicht werden. Zur Ausrichtung des Scheibenpfluges hinter dem Schlepper kann die Tragachse seitlich verschoben und verdreht werden.

### 5.3. Handhabung

Der Anbau des Scheibenpfluges ist vergleichbar mit dem des Streichblechpfluges und kann von einem Mann bewerkstelligt werden. Die Anzahl der Einstellmöglichkeiten ist geringer als beim Scharpflug. Die Einstellung und Handhabung ist daher einfacher, erfordert aber dennoch eine gute Einweisung des Benutzers.

## 6. Technische Daten

| | |
|---|---|
| Scheibenzahl: | 2 – 8 |
| Scheibendurchmesser: | 560 – 810 mm |
| Arbeitsbreite: | 50 – 200 cm |
| Arbeitstiefe: | 20 – 40 cm |
| Rahmenhöhe: | 65 – 80 cm |
| Scheibenabstand: | 50 – 75 cm<br>teilweise variabel |
| Auf die einzelne Scheibe bezogene Gerätemasse: | 150 – 250 kg |
| Zugleistung je Scheibe: | 15 – 20 kW<br>(10 – 30 PS) |

## 7. Literatur


Spaer, A. v.: Some factors influencing the chair of disc and moulboard ploughs in Rhodesia – Soil Tillage in the Tropics, Some factors influencing the choice June 1968, pp 17 to 32

## 2.1.2 Der Grubber (Chisel Plough)

## 1. Verwendungszweck und Beurteilung

- Stoppelbearbeitung
- Einarbeiten von Häckselstroh, Ernterückständen
- mechanische Unkrautbekämpfung (besonders Wurzelunkräuter)
- Tiefenbearbeitung (Pflugersatz)
- Lockern harter, trockener Böden vor dem Pflügen
- Aufbrechen von harten Schichten unter der normalen Pflugtiefe (hard pan, plough sole)
- Einarbeiten von Dünger

*Abb. 26 Dreibalkiger Grubber mit Steinsicherung*

Grubber (Abb. 26) eignen sich für die Primärbodenbearbeitung in den Tropen und Subtropen wegen der nichtwendenden Arbeitsweise, die den Boden genügend lockert und mischt, ohne ihn stark zu krümeln. Auch bei der Stoppelbearbeitung und Stroheinarbeitung bleibt die Oberfläche noch mit genügend Pflanzenmaterial bedeckt, um Wind- und Wassererosion einzudämmen. Die Bearbeitung zu feuchten Bodens sollte vermieden werden. Abb. 27 und Tab. 4 zeigen einige Kriterien zur Auswahl und zum Einsatz des Grubbers. Hier sei besonders auf die Kombination Grubber-Nachläufer hingewiesen (Kap. 2.6.1).

**Vorteile:**

- vielseitig in der Anwendung (Stoppelbearbeitung, mulchen, Primärbearbeitung für Saatbettherstellung, tiefes Lockern, Pflugsohle beseitigen); kann den Pflug auf bestimmten Standorten vollständig ersetzen;
- für den Einsatz in den Tropen geeignet: Lockern ohne zu wenden, dadurch verminderter Abbau der organischen Substanzen; feuchter Boden wird nicht nach oben transportiert; die Bodenoberfläche bleibt noch mit genügend Pflanzenmaterial bedeckt (Wind- und Wassererosion);
- Einsatz auf extrem schweren Böden möglich, wo die Qualität und Flächenleistung der Pflugarbeit unbefriedigend ist;
- hohe Flächenleistung bei niedriger Rüstzeit, damit große Schlagkraft;
- im Vergleich zum Streichblechpflug wesentlich niedrigere Arbeitszeiten nötig;
- Leistungsbedarf (bezogen auf den bearbeiteten Querschnitt) niedriger als beim Pflug;
- relativ geringerer Hubkraftbedarf; Kombination mit Nachlauf- und Sägeräten möglich;
- Wurzelunkräuter werden herausgerissen;
- hohe Betriebssicherheit.

**Nachteile:**

- hohe Fahrgeschwindigkeit notwendig (8-10 km/h), wenn Ernterückstände eingearbeitet werden sollen, dadurch beim Quergrubbern hohe Anforderungen an Fahrer und Schlepper;
- zur Primärbearbeitung sehr häufig zweimaliges Grubbern (mit steigender Arbeitstiefe, kreuzweise) erforderlich;
- um gute Arbeit leisten zu können, sind die Arbeitsbreite und die Arbeitsgeschwindigkeit auf Mindestwerte beschränkt, dadurch großer Schlepper erforderlich (mind. 45 kW), für Kleinbetrieb nur im überbetrieblichen Einsatz tragbar;
- kann der Grubber den wendenden Pflug nur bedingt ersetzen, sind zwei Geräte (Pflug und Grubber) erforderlich;
- auf leichten Böden ist die Mischwirkung beim Einarbeiten von Stroh häufig nicht ausreichend.

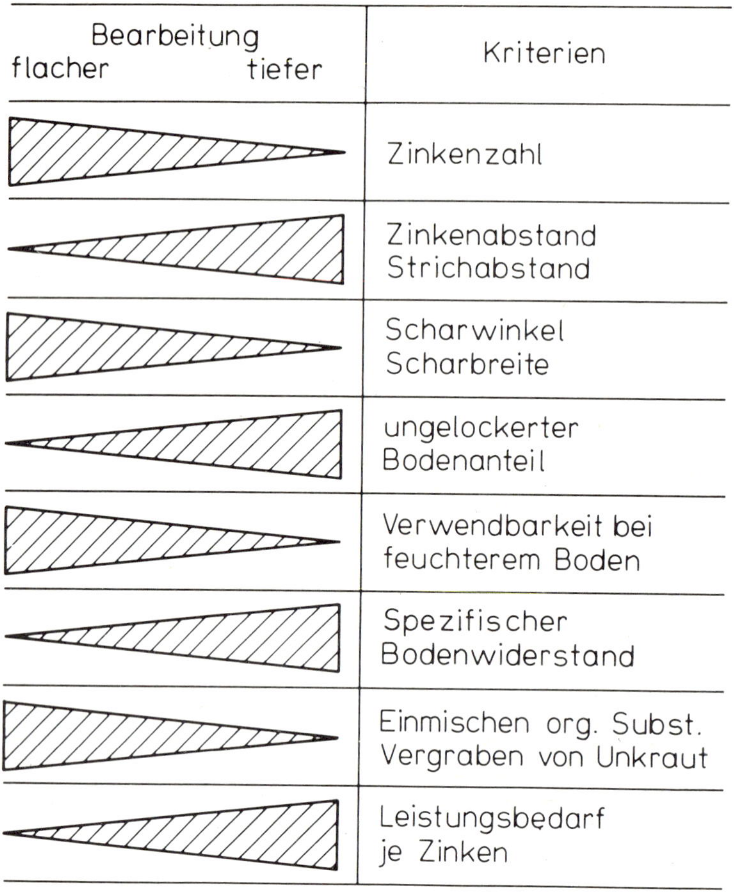

| Bearbeitung flacher — tiefer | Kriterien |
|---|---|
| | Zinkenzahl |
| | Zinkenabstand Strichabstand |
| | Scharwinkel Scharbreite |
| | ungelockerter Bodenanteil |
| | Verwendbarkeit bei feuchterem Boden |
| | Spezifischer Bodenwiderstand |
| | Einmischen org. Subst. Vergraben von Unkraut |
| | Leistungsbedarf je Zinken |

nach Estler

*Abb. 27 Kriterien zur Auswahl und Beurteilung eines Grubbers*

### 2. Arbeitsweise

Der Grubberzinken durchschneidet den Boden lotrecht, läßt ihn an seinen Scharflanken hochwandern und bricht ihn durch Biegungsbeanspruchung, wobei infolge der seitlichen, sich nach der Oberfläche zu verbreiternden Sprengwirkung trotzdem noch bis zu einer gewissen Tiefe eine durchgehende Lockerung erzielt wird.
Nach Feuerlein läßt sich der vom Grubber bearbeitete Querschnitt vereinfachend als Dreieck darstellen (Abb. 28). Der Grubber hinterläßt damit einen waschbrettartigen Bearbeitungshorizont. Bei breiten Gänsefußscharen sind die zwischen den Scharen verbleibenden Dämme deutlich kleiner.

Bei einem relativ trockenen Boden ist ein einwandfreies Mischen und Lockern garantiert, wobei der Boden in der senkrechten Ebene quer zur Arbeitsrichtung unter einem Winkel $\alpha$ von etwa 50° aufbricht. Je höher die Bodenfeuchtigkeit wird, desto größer wird der Winkel und damit die bearbeitete Fläche kleiner. Bei sehr feuchtem Boden kann der Winkel 90° erreichen, so daß der Zinken nur noch eine Rille durch den Boden zieht und einen wurstförmigen Streifen herausschmiert, der an der Luft sehr schnell verhärtet und von den nachfolgenden Geräten kaum zu zerkleinern ist. Dieses Rillenziehen kann auch bei trockenerem Boden auftreten, wenn die Arbeitsgeschwindigkeit zu gering, d. h. unter 6 km/h, ist.

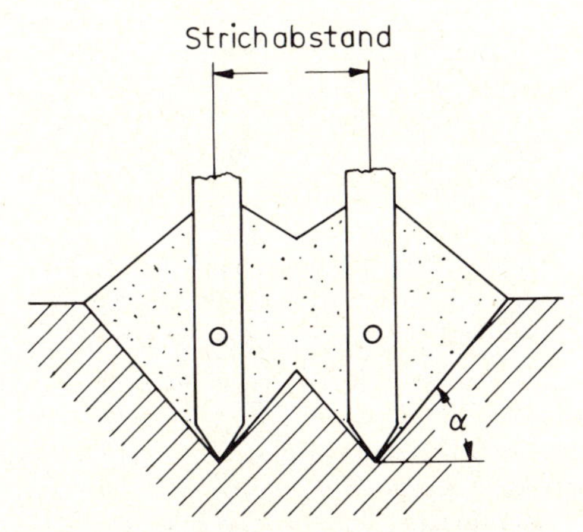


*Abb. 28 Bearbeitete Querschnittsfläche: zwei Zinken, relativ trockener Boden.*

Der Vorteil des federnden Grubberzinkens gegenüber dem starren Zinken liegt in dem Ausweichen vor Hindernissen, in einer besseren Selbstreinigung, unter bestimmten Umständen auch in einer stärkeren Zertrümmerung harter Schollen. Der Nachteil ist, daß der Zinken beim Zurückfedern nicht nur nach rückwärts und zur Seite, sondern auch nach oben ausweicht. Anstellwinkel und Tiefgang ändern sich, die seitliche Sprengwirkung wird verringert, so daß ungelockerte Streifen liegenbleiben. Bei zu feuchtem Boden wird das Heraufholen von »Erdwürsten« durch den gefederten Zinken gefördert. Der gefederte Zinken eignet sich weniger für tiefe Bearbeitung. Als günstiger Kompromiß zwischen starren und gefederten Zinken hat sich der halbstarre Zinken erwiesen.
Die normalen Tiefgrubber sind in der Regel mit Spitzscharen bzw. Wechselscharen ausgerüstet, die es in mehreren Größen gibt und die beidseitig verwendbar sind. Das gewundene Grubberschar wendet den Boden besser. Um die auftretenden Seitenkräfte auszugleichen, werden rechts- und linkswendende Schare verwendet.

| | Schälgrubber | Pfluggrubber (chisel plough) | Tiefgrubber Sohlenbrecher |
|---|---|---|---|
| Aufgabe | flache Stoppelbearbeitung | Lockern auf Pflugtiefe | Lockern und Unterfahren der Pflugsohle |
| Scharform | breit bis mittel (Gänsefuß, Doppelherz) | mittel bis schmal (Doppelherz, Meißel) | schmal bis mittel (Doppelherz, Meißel) |
| Zinkenart | federnd, halbstarr oder starr | halbstarr oder starr | starr |
| Scharwinkel | bis 60° | 30° | 30° |
| Abstand der Zinkenreihen | mind. 55–60 cm | mind. 70 cm | mind. 75 cm |
| Strichabstand | ca. 20 cm | 25 – 30 cm | 30 – 50 cm |
| erforderliche Rahmenhöhe | 70 cm | 70 – 80 cm | 70 – 90 cm |
| Nachlaufgerät | nötig | erwünscht | erwünscht |
| Arbeitstiefe | 5 cm – 15 cm | 15 cm – 30 cm | 30 cm – 50 cm |

*Tabelle 4 Kriterien zur Auswahl eines Grubbers*
*Quelle: Zeltner*

Zur flachen Bearbeitung (Stoppelbearbeitung und Unkrautbekämpfung) werden oft Doppelherz- und Gänsefußschare in verschiedenen Größen benutzt. Damit alle Wurzeln durchgeschnitten werden, arbeiten die Gänsefußschare so dicht nebeneinander, daß sich ihre Arbeitsbreiten überdecken. Sie sind in mehreren Reihen hintereinander gestaffelt angeordnet, um einen freien Durchgang zu gewähren. Wesentlich für den Effekt eines Grubbers und ein verstopfungsfreies Arbeiten sind Zinken-, Strich- und Balkenabstand (Abb. 29), sowie Rahmenhöhe.

Bei Spitzscharen überdecken sich die Arbeitsbreiten der einzelnen Werkzeuge nicht, weil durch die sich nach der Oberfläche zu verbreiternde Sprengwirkung bis zu einer gewissen Tiefe ohnehin eine durchgehende Lockerung erreicht wird. Je größer der Anstellwinkel des Zinkens (Scharwinkel), um so weniger wird der Boden nach oben gefördert; Schälgrubber sollten einen ausreichend großen Scharwinkel (bis 60° haben), um Unkräuter (besonders Wurzelunkräuter) an die

Oberfläche und Stroh und Unkrautsamen einzubringen. Für gutes Einbringen sind ferner kurze Stoppeln (< 10 cm) sowie eine gleichmäßige Verteilung erforderlich. Je kürzer das Häcksel, um so tiefer wird es eingearbeitet. In jedem Fall bleiben einige Prozent des Häcksels auf der Oberfläche.
Grundsätzlich muß festgestellt werden, daß Zinkenabstand, Rahmenhöhe und Fahrgeschwindigkeit von deutlich größerem Einfluß auf die Arbeitsqualität sind als Werkzeugform und -anstellung.

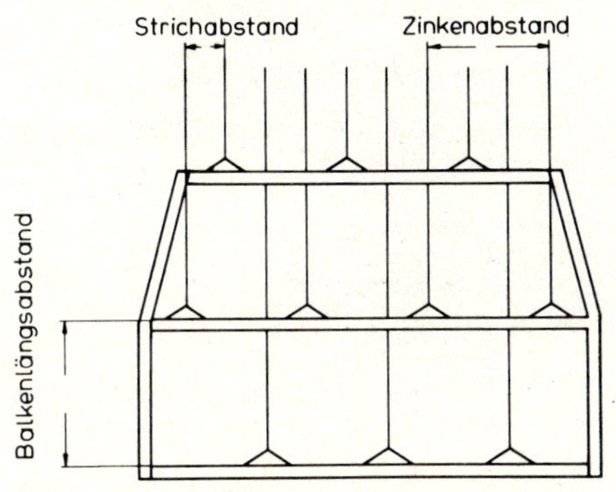


*Abb. 29 Dreibalkiger Rahmen eines Grubbers, mit Zinken-, Strich- und Balkenabstand.*

Tab. 5 zeigt die Krümelwirkung eines »Meißelpfluges« (Abb. 30), einer besonderen Grubberbauart für schwere Bedingungen, harte, ausgetrocknete Böden, im Vergleich zu einem Streichblechpflug.
Zur Primärbodenbearbeitung muß der Grubber im allgemeinen zweimal, möglichst kreuzweise, mit steigender Arbeitstiefe eingesetzt werden. Die Wirkungsweise des Grubbers wird durch Nachläufer wesentlich unterstützt. Dabei kommen Geräte zum Lockern, Krümeln, Einebnen, Mischen und Rückverdichten zum Einsatz, die sehr häufig auch die Tiefenführung des Grubbers übernehmen (s. Abschn. 2.6.1, Abb. 117).

| Gerät | Fahr-geschwin-digkeit | Gewichtsanteil der Bodenfraktionen über 80 mm | 40 bis 80 mm | 20 bis 40 mm | 2 bis 20 mm | unter 2 mm |
|---|---|---|---|---|---|---|
| | km | % | % | % | % | % |
| VICON-Meißelpflug, Jumbo-buster | 6,7 | 18,1 | 19,2 | 19,3 | 34,7 | 8,7 |
| Vergleichspflug | 6,1 | 48,4 | 17,6 | 12,2 | 18,3 | 3,5 |

Quelle: DLG Prüfbericht 2447

*Tabelle 5 Gewichtsanteile der Bodenfraktionen . . .*

*Abb. 30 Grubber mit Meißelscharen*

### 3. Anbau und Antrieb

Die Grubber mit geringer Arbeitsbreite (2-6,5 m) sind meist für den Dreipunktanbau ausgestattet, wobei oft Schnellkuppler verwendet werden. Die großen Geräte (Arbeitsbreiten bis zu 20 m) werden aufgesattelt oder angehängt.
Das relativ geringe Gewicht des Anbaugrubbers und der geringe Schwerpunktabstand in Längsrichtung des Gerätes erfordern eine geringe Hubkraft der Schlepperhydraulik. Der Anbaugrubber bietet deshalb nicht nur von seiner Bauweise, sondern auch von den erforderlichen Hubkräften her günstige Voraussetzungen für Gerätekombinationen. Große Grubber benötigen schlepperseitig ein bzw. zwei Remote-Zylinder zum Ausheben und Einklappen auf Transportbreite.
*Der Leistungsbedarf* für einen Grubber hängt ab von Anzahl und Abstand der Zinken, der Arbeitstiefe, der Fahrgeschwindigkeit, der verwendeten Scharform, der Zinkenbauart (starr, halbstarr, gefedert), dem Anstellwinkel der Zinken, dem Bodenzustand und der Bodenart.
Anhand der in Abb. 31 gezeigten Modellwerkzeuge werden einige grundsätzliche Überlegungen angestellt. Theoretisch hat der in Abb. 31 A gezeigte, lotrechte Zinken den höchsten Zugkraftbedarf; außerdem wäre es bei dieser Zinkenform schwierig, das Gerät in den Boden zu ziehen und dort zu halten. Zinken C hat den günstigsten Zugkraftbedarf, würde aber den Boden ohne eine ausreichende Lockerung nur anheben. Zinken B hat zwar einen etwas höheren Zugkraftbedarf, dafür aber eine bessere Spreng- und Krümelwirkung auf den Boden.

Mit dem Grubber muß spurdeckend gearbeitet werden, also mindestens so breit wie der Abstand von Außenkante linkes bis Außenkante rechtes Schlepperrad. Neuerdings werden Streifengrubber angeboten, die zunächst einen Mittelstreifen unbearbeitet lassen – und damit weniger Zugleistung benötigen – und diesen Mittelstreifen bei der Gegenfahrt bearbeiten.

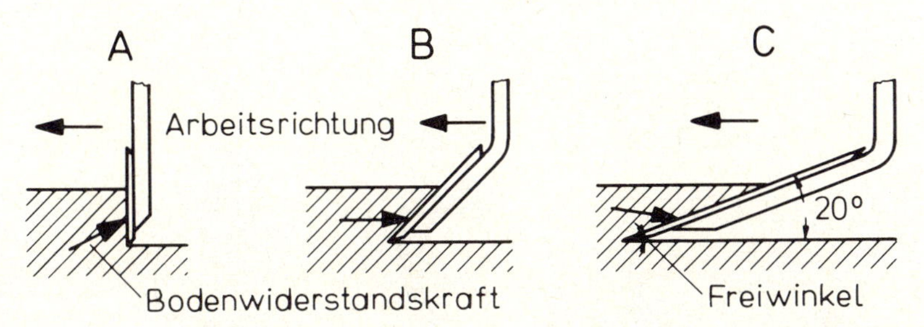


*Abb. 31* *Anstellwinkel von Modellzinken, Richtung der angreifenden Kräfte.*
*A lotrechte Anordnung*
*B steil angestellt*
*C flach angestellt*

Unter normalen, praktischen Verhältnissen und bei einer Fahrgeschwindigkeit von ca. 8 km/h beträgt die erforderliche Schlepperleistung für die Stoppelbearbeitung ca. 26 kW/m Arbeitsbreite (mit Nachläufer 30-35 kW) und die Tiefenbearbeitung (6 km/h) ca. 40 kW/m Arbeitsbreite (gelegentlich bis 60 kW/m). Günstige Scharwinkel liegen für Schwergrubber bei 30°, für Schälgrubber bis zu 60°.

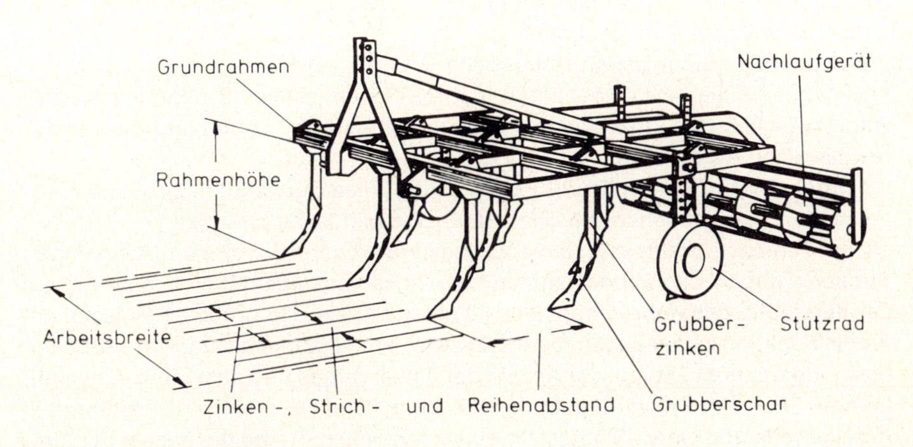


*Abb. 32* *Elemente eines Grubbers.*

## 4. Geräte- und Werkzeugbeschreibung

Der Grundrahmen (Abb. 32), eine Stahlrahmenkonstruktion aus Flachstahl, Profilstahl und Quadratstahlrohr gefertigt, trägt die starren, halbstarren oder gefederten Zinken. Sie sind entweder an fest angeschweißten Stahltaschen oder an verstellbaren Flanschen, in 2-4 Reihen versetzt, hintereinander angebracht. Stützräder und/oder Nachläufer dienen der Tiefenregulierung.

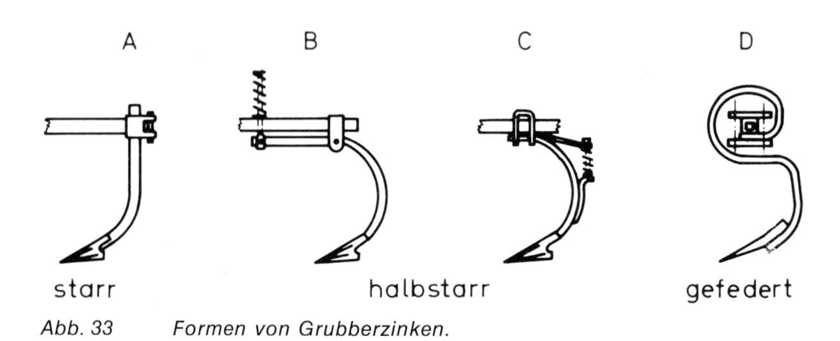


*Abb. 33 Formen von Grubberzinken.*

Die starren Zinken (Abb. 33 A), oft mit einem Scherbolzen als Steinsicherung versehen, sind aus hochkarbonhaltigem Stahl gefertigt, gerade oder leicht gebogen und kantig, um einen Hackeffekt zu erzielen. Starre, stark winkelig angebaute Zinken sind besonders für die tiefe Bearbeitung geeignet.
Die flexiblen Zinken (Abb. 33 D), meist aus einer wärmebehandelten Stahl-Nickel-Legierung gefertigt, sind abgeflacht und verlaufen in einer gradualen Kurve, um eine Federung zu ermöglichen. Sie eignen sich im allgemeinen weniger für tiefe Bearbeitung. Halbstarre Zinken (Abb. 33 B u. C) sind beweglich, mit Spiralfederunterstützung, am Rahmen befestigt.
Die wichtigsten technischen Daten beim Grubber sind:
Anzahl der Zinken, Anzahl der Zinkenreihen, Zinkenabstand, Strichabstand, Abstand zwischen den Zinkenreihen, Arbeitsbreite, Rahmenhöhe und die daraus resultierende Arbeitstiefe.
Als Strichabstand werden in der Praxis häufig 25 cm verwandt (je größer die Arbeitstiefe, desto größer der Strichabstand). Die Mindestarbeitsbreite muß größer als die Schlepperbreite sein, um spurdeckend arbeiten zu können (Ausnahme: Streifengrubber). Der Mindestabstand der Zinken auf einem Balken muß wegen der Verstopfungsgefahr mindestens 60 cm groß sein (Tiefgrubber). Wesentlich für die Funktion ist der Zusammenhang zwischen der Zinkenanzahl, der Arbeitsbreite, dem Strichabstand, der Anzahl der Zinkenreihen und dem Zinkenabstand (s. Abb. 29 u. 32). Bei vorgegebenem Strichabstand (25 cm), einer bestimmten Arbeitsbreite und einem Mindestzinkenabstand (60 cm) sind die Anzahl der Zinken, die der Zinkenreihen und der effektive Zinkenabstand festgelegt. Bei einem

Strichabstand von 25 cm muß der Tiefgrubber drei Zinkenreihen haben, damit keine Verstopfungen wegen zu geringen Zinkenabstandes auftreten können. Bei einer Arbeitsbreite von 3,25 m ergeben sich dann 13 Zinken. Wesentlich ist eine symmetrische Anordnung der Zinken im Rahmen, um schrägen Zug zu vermeiden.

Um freien Durchgang zu gewährleisten, sollte der Abstand zwischen den Zinkenreihen mindestens 70 cm betragen und die Mindestrahmenhöhe ebenfalls 70 cm nicht unterschreiten. Stützräder, die zwischen den Zinken angebracht sind, können zu Verstopfungen führen und sollten deshalb außen am Rahmen befestigt sein oder mit genügendem Abstand vor den Zinken auf unbearbeitetem Boden laufen.

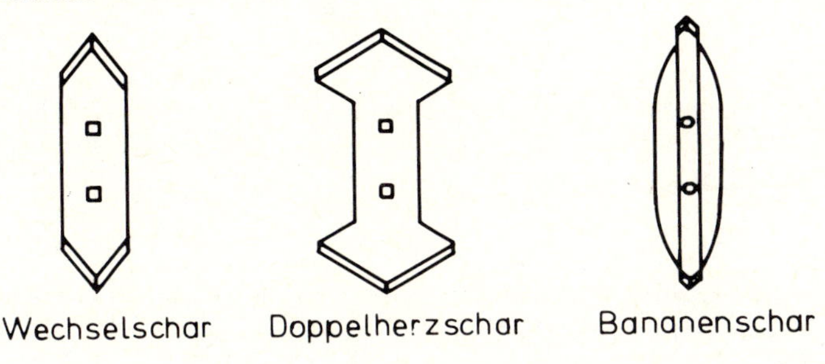


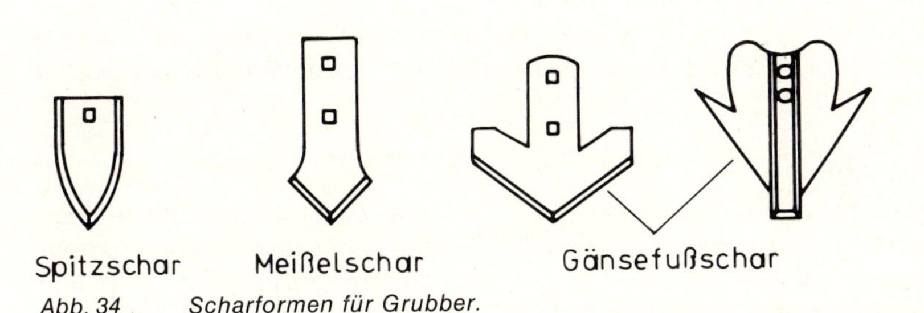


*Abb. 34 Scharformen für Grubber.*

Je nach Einsatz sind die Zinken mit verschiedenen Scharen ausgerüstet (Abb. 34). Steinsicherungen nach Abb. 35 sollen den Bruch auf steinreichen oder extrem harten Böden verhindern und bewirken einen besseren Sitz des Grubbers, da nur einzelne Werkzeuge, nicht aber der ganze Rahmen bei Hindernissen ausweichen.

Grubber sind je nach Größe als Anhänge-, Aufsattel- oder Anbaugeräte ausgeführt. Die Arbeitsbreiten der Anbaugeräte liegen zwischen 2–6,5 m. Die angehängten, leichten Geräte erreichen Arbeitsbreiten bis zu 12 m und darüber, wobei der Grundrahmen aus mehreren Teilen besteht, die gelenkig miteinander verbunden sind, eigene Stützräder haben und hydraulisch hochgeklappt werden können (Transportstellung). Je nach Ausführung werden Arbeitstiefen bis zu 35 cm bei Spezialgeräten bis 60 cm erreicht.

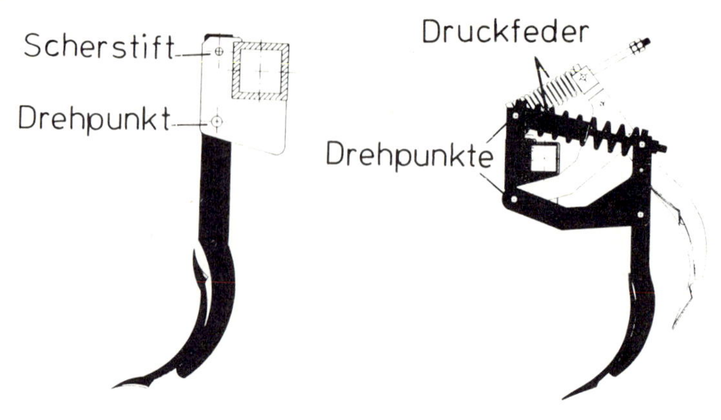


*Abb. 35 Steinsicherungen, links Scherstift, rechts Druckfeder*

## 5. Einstellmöglichkeiten, Handhabung

### 5.1 Grubberschare

Bei den meisten Geräten können die Grubberschare je nach Einsatzbedingungen ausgetauscht, häufig nach Verschleiß auch umgedreht werden.

### 5.2 Zinkenabstand/Strichabstand

Bei einigen Geräten sind die Zinken durch verstellbare Flansche an dem Grundrahmen befestigt, wodurch man Zinken- und Strichabstände beliebig variieren kann.

### 5.3 Arbeitstiefe

Die Einstellung der Arbeitstiefe erfolgt meistens über die Stützräder (bei leichten Geräten vorwiegend durch Umstecken von Bolzen, bei großen Geräten (hydraulisch) oder über Nachläufer. Die Verwendung der Regelhydraulik (bei Verzicht auf Stützräder) hat sich nicht bewährt. Die Arbeitstiefe wird durch die Rahmenhöhe begrenzt (genügend freier Durchgang).

### 5.4 Bearbeitungsintensität

Die Bearbeitungsintensität hängt ab von der Fahrgeschwindigkeit, dem Verhältnis von Strichabstand zur Arbeitstiefe, der Zinkenbauart (starr, halbstarr, gefedert), dem Anstellwinkel und der verwendeten Scharform. Sie kann durch zweimaliges, kreuzweises Bearbeiten und durch Kombination mit Nachlaufgeräten bedeutend gesteigert werden.

Durch die Kombination mit Nachlaufgeräten (einebnen, krümeln; teilweise sogar mit angetriebenen Geräten) und einem Sägerät, kann der Grubber, unter günstigen Bodenverhältnissen auch für die Direktsaat eingesetzt werden. Bei einigen Grubbertypen (Chisel Plough) kann an die letzte Zinkenreihe ein Rod-Weeder zur besseren Unkrautbekämpfung montiert werden.

### 5.5 Handhabung

Anbaugeräte können mit Schnellkupplern ausgerüstet werden; die Bedienung kann durch einen Mann erfolgen. Die Handhabung ist einfach. Zu allen Einstellungen am Grubber selbst muß vom Schleper abgestiegen werden. Tiefgrubber sowie Standard-Grubber sind stabil gebaut und wenig reparaturanfällig. Verschleiß tritt, abgesehen von den Scharen, auch an Steinsicherungen auf. Der Wartungsaufwand ist gering und beschränkt sich auf die Schmierung der Stützräder und die eventuellen Einstellvorrichtungen für Nachlaufgeräte.

## 6. Technische Daten

*schwere Grubber*

| | |
|---|---|
| Rahmenhöhe: | 60 – 90 cm |
| Arbeitsbreite: | bis 14 m |
| Arbeitstiefe: | bis 60 cm |
| Leistungsbedarf: | 20 – 60 kW/m (27 – 82 PS/m) |
| | 5 – 10 kW/Zinken |
| Strichabstand: | 20 – 37,5 cm |
| Zinkenabstand: | 55 – 90 cm |
| Zinkenanzahl: | 5 – 39 |
| Anzahl der Zinkenreihen: | 1 – 4 |
| Abstand zwischen den Zinkenreihen: | bis 90 cm |
| Steinsicherung: | Scherbolzen, Spiralfeder |
| Masse: | 120 – 450 kg/m |

*Leichte Grubber*

| | |
|---|---|
| Rahmenhöhe: | ab 30 cm |
| Arbeitsbreite: | bis 20 m |
| Arbeitstiefe: | 15 – 20 cm |
| Leistungsbedarf: | 7,5 – 11,5 kW/m (10 E 15 PS/m) |

## 7. Literatur


| | |
|---|---|
| DIN: | Grubberzinken DIN 11130 – Beuth – Vertrieb, Berlin |
| DLG: | Prüfberichte |
| Estler, M.: | Schwergrubber Universal- oder Spezialgerät – Agrartechnik International, Jan. 78 S. 10/11 |
| Köller, K. und Seufert, A.: | Vieles spricht für den Tiefgrubber – Mitteilungen der DLG 90 (1975) 8 S. 458 – 65 |
| Kromer, K.-H., Perwanger, A. und H. Mitterleitner | Konzeption der Schwergrubber – Landtechnik 30 (1975) 9 S. 374 – 377 |
| Köller K.: | Möglichkeiten des Pflugersatzes in der Primärbodenbearbeitung – Berichte über Landwirtschaft Bd 56 (1978) H. 2 – 3, S. 415 – 430 |
| Perwanger, A.: | Einarbeiten von Stroh – Berichte über Landwirtschaft Bd 56 (1978) H. 2 – 3, S. 415 – 430 |
| Reich, R.: | Bodenwiderstand und Arbeitseffekt eines Grubberwerkzeuges – Grundlagen der Landtechnik 27 (1977) 4 S. 128 – 132 |
| Steinkampf, H. und Zach, M.: | Leistungsbedarf und Krümelungseffekt von gezogenen und zapfwellengetriebenen Geräten zur Saatbettbereitung. – Landbaufo. Völkenrode 24 (1974) 1 S. 55 – 62 |
| Stroppel, A. und K. Köller: | Der Tiefgrubber in der Primärbodenbearbeitung – Landtechnik 8, Mitte August 1974 S. 330 – 336 |
| Firmenprospekte: | |
| Zeltner, E.: | Bevor Sie sich einen Schwergrubber kaufen . . . Top Agrar (1974) 7 S. 33 – 35 |
| Verschiedene | |

## 2.1.3 Die Fräse (Rotary Tiller)

## 1. Verwendungszweck und Beurteilung

Die Bodenfräse dient zur

- Stoppelbearbeitung (insbesondere für Zwischenfrüchte) einschl. Stroh einarbeiten (mulchen),
- Einarbeiten von organischem Material (Gründüngung),
- Einarbeiten von Dünger,
- mechanische Unkrautbekämpfung,
- Saatbettbereitung,
- »Puddling« im Naßreisbau,
- in Verbindung mit Drillgeräten für die Frässaat (Zwischenfrucht und Getreide mit und ohne Pflugfurche, z. B. nach Mais und Zuckerrüben),
- Streifenbearbeitung bei Reihenkulturen (auch in Verbindung mit Häufler),
- Grün- und Ödlandumbruch,
- Instandsetzung von Wegen.

Grundsätzlich sollte die Fräse (Abb. 36) in den Tropen und Subtropen ganz besonders in Hanglagen wegen des starken Zerkleinerungseffektes und der damit verbundenen Verschlämmungs- und Erosionsgefahr, des schnellen Humusabbaus und der möglichen Austrocknung des Bodens mit großer Vorsicht eingesetzt werden. Im Bewässerungsfeldbau bestehen dagegen weniger Bedenken. Auf die besonderen Vorzüge der Fräse im Naßreisbau sei hier nur am Rande hingewiesen.

*Abb. 36 Fräse*

Die Fräse zeichnet sich durch folgende Vorteile aus:
- vielseitig in der Anwendung;
- durch Anpassen von Drehzahl und Fahrgeschwindigkeit kann in einem weiten Bereich von Bodenbedingungen die gewünschte Krümelung und Mischwirkung erzielt werden, häufig ist nur ein Arbeitsgang zum Herrichten des Saatbettes erforderlich (Zeitersparnis, termingerechte Bestellung, wenig Spuren);
- Wasseraufnahmevermögen des Bodens kann erhöht werden;
- besonders geeignet zum Einmischen organischen Materials, Einmulchen, Grünlandumbruch (Beschleunigung der Umsetzung);
- Stoppelbearbeitung auch auf festem Boden, wo Scheibenegge und Spatenegge nicht mehr in Frage kommen, noch möglich; jedoch mit hoher Beanspruchung von Gerät, Schlepper und Fahrer verbunden; hoher Verschleiß;
- kaum Bearbeitungs- und Verdichtungshorizonte;
- hoher Wirkungsgrad der Leistungsübertragung (ca. 80 %), da Zapfwellenantrieb (Pflug ca. 50 %), kaum Schlupf der Schleppertriebräder, dadurch auch Arbeit hangaufwärts möglich;
- geringe Entlastung der Schlepper-Vorderachse durch kurze Bauweise;
- Kombination durch Aufbausämaschinen möglich (besonders kurze Bestellzeit);
- hohe Betriebssicherheit.

**Nachteile:**
- Der Leistungsbedarf der Fräse, bezogen auf das bearbeitete Bodenvolumen, ist – verglichen mit Pflug und Grubber – wegen der intensiven Bearbeitung relativ hoch;
- zu intensive Bearbeitung (hohe Fräswellendrehzahl, niedrige Arbeitsgeschwindigkeit) kann zum Verschlämmen und Verkrusten sowie zur Wassererosion führen;
- es muß mit verstärktem Abbau organischer Substanz gerechnet werden;
- die Flächenleistung ist bei tiefer Bearbeitung nicht immer zufriedenstellend (für eine Arbeitsbreite von 2,75 m ca. 1 ha/h bei Stoppelbearbeitung);
- auf hartem, steinigem Boden werden Zapfwellen und Getriebe des Schleppers stark beansprucht;
- die Gelenkwelle muß nach Profil und Länge zu dem jeweiligen Schlepper passen (notfalls Übergangsstück, Verlängerung).

## 2. Arbeitsweise

Die um die Fräswelle rotierenden Werkzeuge der Fräse schlagen von oben in den Boden und schneiden durch den gleichzeitigen Vorschub eine Zykloidenbahn beschreibend (Abb. 37) keilförmige »Bissen« aus dem Boden, die nach hinten gegen die Abdeckhaube und den Schleppdeckel geworfen und dabei weiter zerkleinert werden. Bei Mittenantrieb verbleibt ein schmaler, unbearbeiteter Damm (eventuell Dammaufreißer erforderlich). Auch bei Seitenantrieb begrenzt der Schutzkasten den Tiefgang, im allgemeinen bis 15 cm (Spezialfräsen bis 30 cm). Bevorzugt liegt die Arbeitstiefe zwischen 5 und 15 cm. Zur Saatbettbereitung sollte jedoch nicht tiefer als 4-5 cm gearbeitet werden.

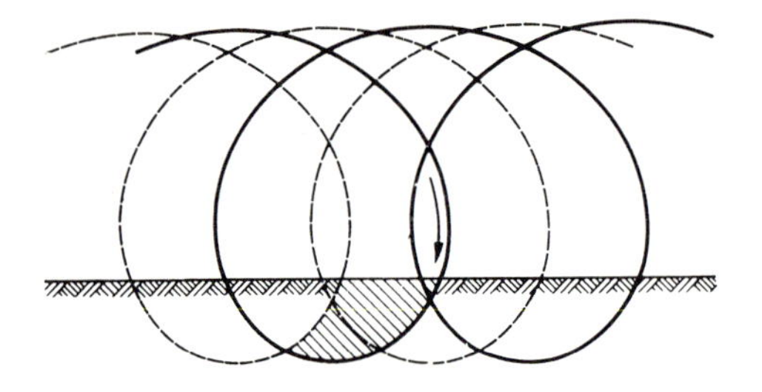

*Abb. 37*

*Zykloidenbahnen je eines Punktes auf der Schneide zweier aufeinanderfolgender Messer des gleichen Messerkranzes einer Fräse.*

Durch seitlich versetzten Anbau schmaler Fräsen oder durch spurüberdeckende Arbeitsbreite werden die Schlepperspuren unmittelbar gelockert.
Die Drehzahländerung der Fräswelle (100–300 $min^{-1}$) gestattet eine Anpassung an Vorschubgeschwindigkeit (bis ca. 6km/h) und Bodenzustand, so daß vielfach eine Saatbettbreitung in einem Arbeitsgang (zeitsparend, wenig Spuren) möglich ist, insbesondere in Verbindung mit einer Krümelwalze. Fräswellendrehzahl und Vorschub müssen auf die gewünschte Krümelung und so aufeinander abgestimmt sein, daß bei gegebener Messerform ein Freiwinkel zwischen Fräswalzentangente und Werkzeugoberkante (Abb. 38) verbleibt (kein Verschmieren der Schnittflächen). Je mehr Messer auf einem Kranz angeordnet sind (2-4-6), um so intensiver ist die Bearbeitung.

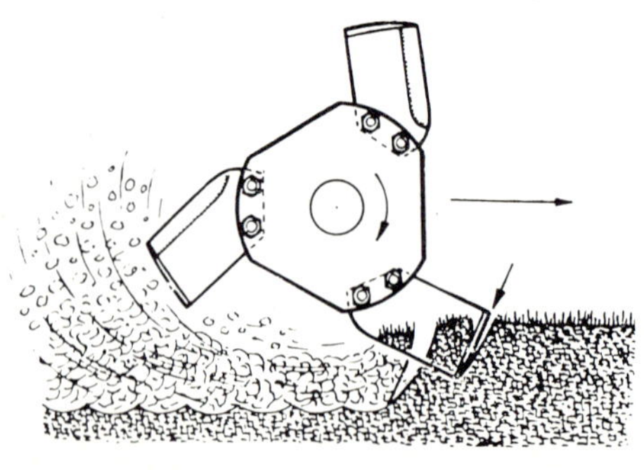

*Abb. 38* *Freiwinkel am Fräsmesser (durch Pfeil gekennzeichnet).*

Besonders hervorzuheben ist die mischende Wirkung der Fräse (s. Abb. 11), speziell bei Ausrüstung mit Universalmessern. Gleichmäßig auf der Oberfläche verteiltes, organisches Material kann sehr gut eingearbeitet werden. Bei Gefahr von Wind- und Wassererosion sowie von schnellem Austrocknen sollte nur flach eingemulcht werden.
Die Wasseraufnahmefähigkeit von Boden kann durch flache Bearbeitung erhöht werden, wenn auch der Unterboden aufnahmefähig ist und keine Sperrschicht (Bearbeitungsgrenze, Schleppersohle) vorliegt. Die intensive Lockerung des Bodens durch die Fräse bewirkt eine starke Umsetzung organischen Materials sowie eine starke Nitrifikation des im Boden vorhandenen Stickstoffes (wichtig bei dichter Fruchtfolge).
Durch Herausnehmen einzelner Fräsenkränze kann auch bandförmig zu Reihenkulturen (z. B. Kartoffeln) bearbeitet werden (Humusabbau und Erosionsgefahr vermindert), sowohl bei der Saat (Mais, Zuckerrübe, Baumwolle) wie auch bei Hack-, Häufel- und Pflegearbeiten.
Zur Unkrautbekämpfung kann bei trockenem Wetter mehrfach flach mit hoher Fräswellendrehzahl gearbeitet werden, so daß eine Vermehrung von Wurzelunkräutern durch Teilung von Rhizomen vermieden wird.
Bei Grünlandumbruch zeigt die Gegenlauffräse in Verbindung mit einem unter der Abdeckhaube angeordneten Schlagleistengitter eine ausreichende Bodenwendung und Krümelung in einem Arbeitsgang.
Durch die schiebende Wirkung der Fräse (nicht bei Gegenlauf) tritt kaum Schlupf an den Schleppertriebrädern (kein Verschmieren des Bodens) auf. Zur Einebnung und Verdichtung des Bodens, sowie zur besseren Tiefenführung der Fräse wird häufig eine angebaute Packerwalze verwendet.
Neuerdings werden Fräsen häufig mit Lockerungswerkzeugen (Sohlenbrecher) versehen, die, vor oder hinter der Fräswelle angeordnet, tiefer als diese arbeiten. So kann gleichzeitig eine flache Krümelung und tiefe Lockerung durchgeführt werden.

### 3. Anbau und Antrieb

Große Fräsen sind im allgemeinen für 3-Punkt-Anbau (je nach Leistungsbedarf: Kategorie I, II oder III), seltener als Anhängegerät ausgestattet. Die Fräsarbeit erfolgt in Schwimmstellung. Eine Regelhydraulik ist nicht erforderlich. Zwei verstellbare Stützräder oder Kufen bzw. ein Nachläufer übernehmen die Tiefenführung. Die Hubkraft an den unteren Lenkern des Krafthebers sollte in etwa dem doppelten Gerätegewicht entsprechen. Der Schwerpunkt ist nahe am Schlepper. Viele Fräsen bieten die Möglichkeit, seitlich gegen die Schlepperlängsachse versetzt angeordnet zu werden. Damit ist eine Anpassung an die Spurweite des Schleppers möglich (Abb. 39). Für die Arbeit in Plantagen gibt es eine Vorrichtung, mit deren Hilfe die Fräse an Bäumen seitlich ausweicht und danach in die Ausgangsposition zurückkehrt.

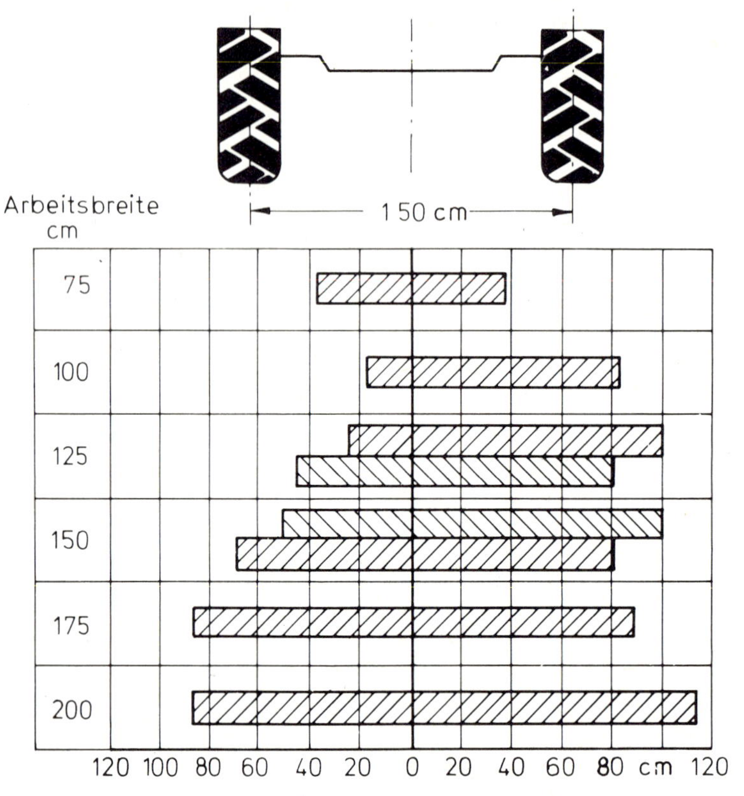


*Abb. 39* *Arbeitsbreiteverteilung gegenüber der Schleppermitte für Fräsen von 0,75 – 2,00 m Arbeitsbreite.*

Der Antrieb erfolgt über die Zapfwelle (540 oder 1000 $min^{-1}$), wobei die hohe Drehzahl Getriebe, Lager und Wellen schont und bei Fräsen großer Arbeitsbreite heute bereits üblich ist. Beim Übergang von 540 auf 1000 $min^{-1}$ müssen im allgemeinen die Zahnräder im Wechselgetriebe ausgetauscht werden.
Zu achten ist darauf, daß Zapfwellenstummel und Gelenkwelle das gleiche Profil und die Gelenkwelle die richtige Länge hat (in Arbeitsstellung sollten die Profilrohre mindestens 200 mm Überdeckung aufweisen, ausgehoben sollten wenigstens noch 20 mm zum weiteren Einschub verbleiben). Die Gelenke der Gelenkwelle sollten in der Arbeitsstellung nicht mehr als 30° abgewinkelt sein. Besonders auf harten, steinigen Böden ist die Verwendung einer Überlastsicherung dringend zu empfehlen. Der Leistungsbedarf von Fräsen (nahezu 100 % Zapfwellenleistung) für die Primärbearbeitung liegt für 3-4 km/h Arbeitsgeschwindigkeit bei 25-35 kW (ca. 35-45 PS) je Meter Arbeitsbreite, auf gepflügtem Boden bei 18-22 kW/m (ca. 25-30 PS/m).

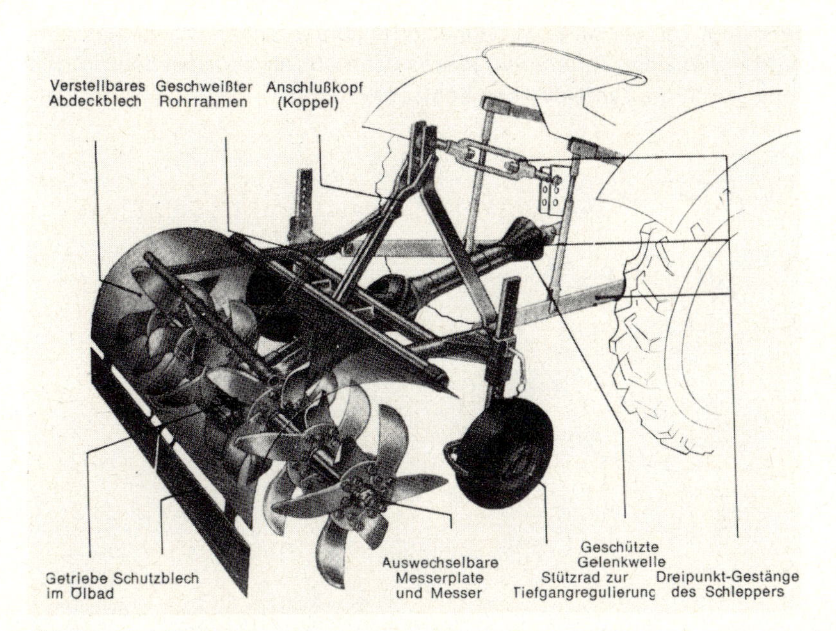


*Abb. 40* *Fräse*

## 4. Geräte- und Werkzeugbeschreibung

Ein *Rahmen* (Abb. 40) trägt die quer zur Fahrtrichtung angeordnete, beidseitig oder in der Mitte gelagerte Fräswelle. Die starren *Werkzeuge* (Abb. 41) sind je bis zu 6 Stück auf nebeneinanderliegenden Flanschen oder spiralförmig gegeneinander versetzten *Fräskränzen* angebracht (Abb. 42) (Abstand ≧ 20 cm), und zwar – abgesehen von den Außenkränzen – in gleicher Zahl (2-6) paarweise nach rechts und nach links. Sie bilden in ihrer Gesamtheit die *Fräswalze*. Der *Antrieb* der

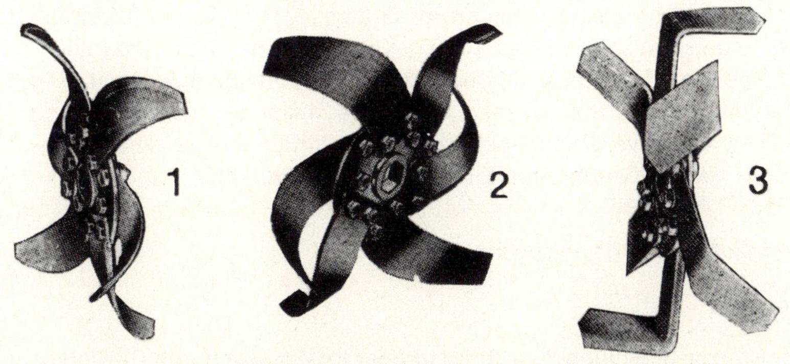


*Abb. 41* *Werkzeugkränze mit:*
*1. Hackmesser für leichte bis schwere Böden,*
*2. Krümelmesser für leichte bis mittlere Böden (Feinarbeit),*
*3. Mulchmesser zum Einarbeiten von Stroh, Stall- und Gründung*

*Fräswalze* erfolgt von der Mitte, von einer oder beiden Seiten (Winkelgetriebe) über *Gelenkketten* oder *Zahnräder, Wechselgetriebe, Überlastsicherung und Gelenkwelle* durch die *Zapfwelle* des Schleppers.

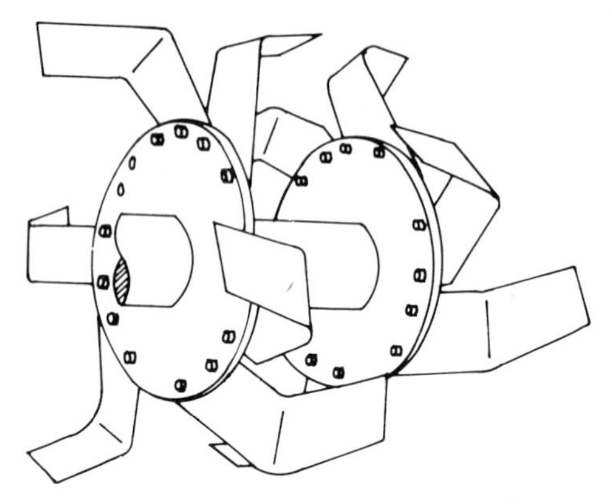

*Abb. 42 Fräskranz*

Die Drehrichtung ist im allgemeinen gleichsinnig wie die der Schlepperräder *(Gleichlauffräse)* Abb. 43 oben. Es gibt jedoch auch *Gegenlauffräsen* Abb. 43 unten. Eine *Abdeckhaube* dient der Nachzerkleinerung der Bodenaggregate sowie zur Vermeidung hoher und weiter Wurfbahnen, insbesondere von Steinen. Ein oder mehrere höhenverstellbare *Schleppdeckel* über die gesamte Arbeitsbreite dienen der Einebnung der Bodenoberfläche. Die Arbeitstiefe kann über *Stützräder* oder *Gleitkufen* eingestellt werden sowie mit Hilfe der Packerwalze. Durch ihre kurze Bauweise eignet sich die Fräse besonders zum Anbau von Nachläufern (Verdichten, Krümeln) sowie zum Aufbau von Sägeräten *Frässaat.* Die Fräswelle kann gegen einen Zinkenrotor (s. Abb. 71) zur Nachbearbeitung der Pflugfurche umgetauscht werden. Häufig wird die Fräse mit anderen Werkzeugen und Geräten zur Tiefbearbeitung kombiniert, vornehmlich mit starren Zinken (Kombination Tiefgrubber/Fräse), wobei die Zinken die tiefe Lockerung und die Fräse die intensive Oberflächenarbeit durchführen. Fräsen sind als Anbau-, Anhänge- oder selbstfahrende Einachsgeräte ausgeführt.

## 5. Einstellmöglichkeiten, Handhabung

### 5.1 Arbeitstiefe

Spindel oder Bolzenverstellung von Stützrad oder Kufe sowie durch Gewichtsübertragung auf die Packerwalze von 0-25 cm. Auf ausgetrockneten, harten Böden begrenzt der Schutzkasten des Antriebes die Tiefe. Sichelmesser arbeiten tiefer als Universalmesser. Die Seitenneigung kann durch die Hubstangenspindel korrigiert werden.

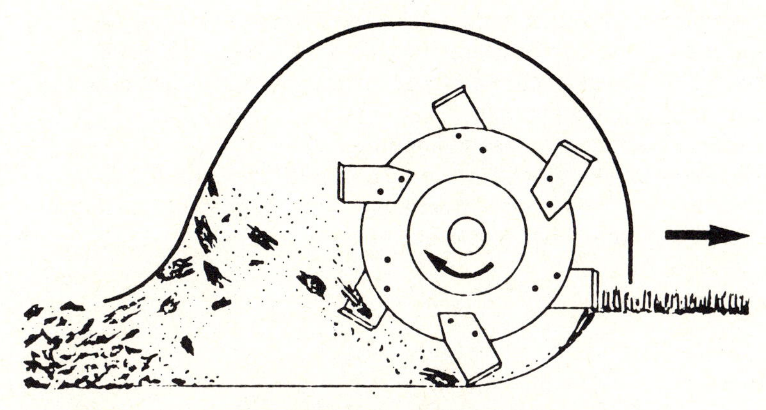


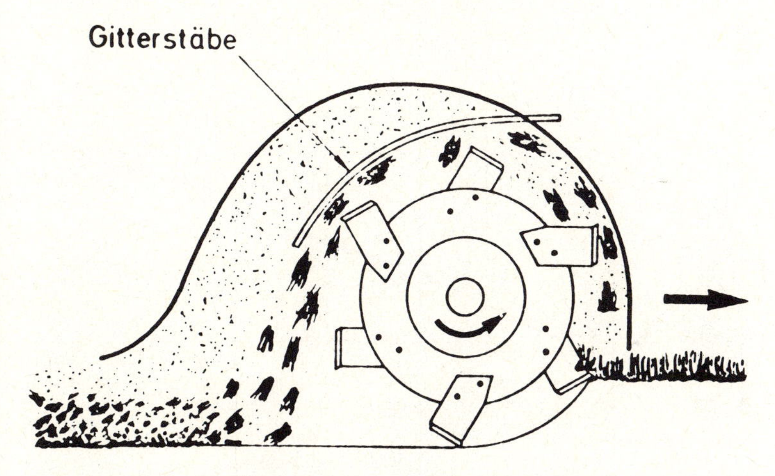


*Abb. 43 Gleichlauffräse oben und Gegenlauffräse unten. – Quelle: Heege*

### 5.2 Bearbeitungsintensität

Die Bearbeitungsintensität (Bissenlänge, Messereinschläge je Quadratmeter) hängt ab von der Drehzahl der Fräswelle (von 100-300 $min^{-1}$) sowie von der Arbeitsgeschwindigkeit (Abb. 44) d. h.:

- niedrige Drehzahl + hohe Fahrgeschwindigkeit = grobschollige, strukturschonende Arbeit;
- hohe Drehzahl + niedrige Fahrgeschwindigkeit (1,0 - 1,5 km/h) = Intensivbearbeitung;

– sehr hohe Drehzahl bringt einen hohen Bedarf an Zapfwellenleistung (Anstieg überproportional) sowie hohe Beanspruchung der Antriebsaggregate;
– die Umfangsgeschwindigkeit der Fräswalze sollte in etwa der dreifachen Vorschubgeschwindigkeit entsprechen;
– das Abdeckblech dient der Nachzerkleinerung;
– ganz abgelassener Schleppdeckel erhöht die Arbeitsintensität;
– Nachläufer dienen der Bodenverdichtung, der Tiefenbegrenzung, gelegentlich auch der Einebnung sowie der Nachzerkleinerung.

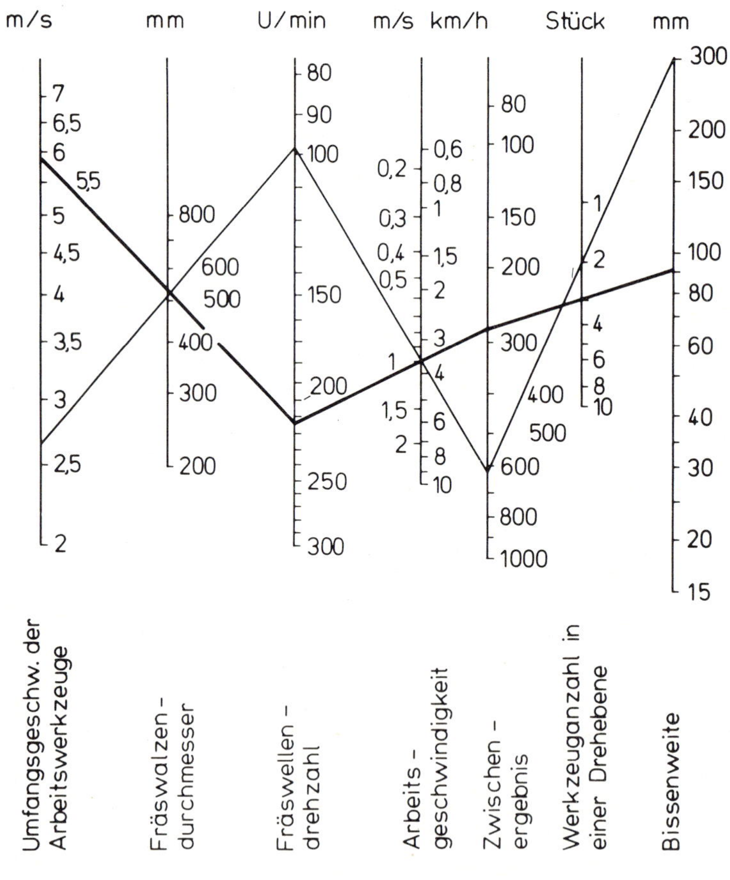


*Abb. 44* *Die Bissenweite als Funktion der Konstruktiven- und Einstellungsdaten einer Fräse. Ausgehend von der Bissenweite (rechter Bildrand) findet man die nötigen Einstelldaten. – Quelle: Glanze*

### 5.3 Handhabung

Der Anbau und die Einstellung von Anbau-Fräsen sind einfach und können von einem Mann durchgeführt werden, die Ausrüstung für Schnellkuppler ist möglich, das Arbeiten mit der Fräse stellt keine hohe Anforderungen an die Geschicklichkeit des Fahrers. Eine saubere Bearbeitung ist bei einer gewissen Überlappung (ca. 10 %) zu erzielen.

## 6. Technische Daten

| | |
|---|---|
| Arbeitsbreite: | bis 4,5 m |
| Arbeitstiefe: | 15 – 25 (30) cm |
| Drehzahl Zapfwelle: | 540/1000 $min^{-1}$ |
| Arbeitsgeschwindigkeit: | ≤ 6 km/h |
| Leistungsbedarf: | ab 20 kW (besser 30) je m Arbeitsbreite |
| Wechselgetriebe (Fräswellendrehzahl): | bis 10 Stufen |
| Umfangsgeschwindigkeit der Fräswalze: | 4,0 – 7,5 m/s |
| Messerzahl je Kranz/Insgesamt: | 2 – 6/bis ca. 132 |
| Messerkranzabstand: | ≧ 20 cm<br>zusätzlich Lockerungszinken<br>bis 45 cm |
| Masse: | 350 – 500 kg/m |
| Sicherheitselemente: | Rutschkupplung (Scheiben- oder Lamellenkupplung) |
| Packer – Krümel – Walze: | ∅ 400 m |

## 7. Literatur


DLG: Prüfberichte

Feuerlein, W.: Die Ackerfräse wieder gefragt – Übersicht 22 (1971) 4 S. 268 – 274

ÖNAL, I.: Research on the Mechanical Fundaments of the Sowing of Cotton Seeds and Sowing Organs. – Department of Farm Machinery, Ege Universität, Izmir Türkei

s. allgemeine Literatur: »Geräte und Verfahren zur Bodenbearbeitung« (Abschn. II 1.3)

## 2.2 Geräte zum Schälen, Mulchen, Einarbeiten und zur Unkrautbekämpfung

Im tropischen und subtropischen Klima hat diese Gerätegruppe eine besonders große Bedeutung. Auf die Vorteile des Mulchens zum Vermeiden von Erosion und zur Erhöhung des Wasseraufnahme- und -speichervermögens wurde mehrfach hingewiesen. Entscheidend ist auch eine gute mechanische Unkrautbekämpfung. Einerseits, da unter dem Einsatz produktionssteigernder Mittel (Wasser, Nährstoffe, Bodenbearbeitung) mit einem erhöhten Unkrautbefall zu rechnen ist und andererseits, um den Einsatz von Herbiziden aus ökologischen und Kostengründen auf ein Minimum beschränken zu können.
Im Prinzip stehen für die genannten Funktionen die in Tab. 6 gezeigten Bauarten zur Verfügung: *GRUBBER* und *FRÄSE* wurden bereits behandelt, wenngleich ihr Haupt-Einsatzbereich beim Stoppelumbruch liegt. Auch der Pflug wird häufig zum Stoppelumbruch verwendet und kann auch bei 12 cm Arbeitstiefe noch zufriedenstellende Arbeit liefern. Der *SCHÄLPFLUG,* als Spezialgerät zum Stoppelumbruch soll hier nicht noch einmal beschrieben werden, da er in seinen wesentlichen Bauarten und Elementen dem Pflug gleicht. Er ist nur leichter, die Pflugkörper sind kleiner. Er wird häufig mit einem Nachläufer ausgerüstet. Die Investition für einen speziellen Schälpflug ist selten gerechtfertigt. Eine Reihe von weiteren Geräten mit aktiven, rotierenden oder oszillierenden Werkzeugen bietet heute jedoch eine große Auswahl zum Schälen und Mulchen.

Lit.: Vogt, C.: Auf leichten Böden ist manches anders – Top Agrar 7/78, S. 52/53.

| Geräte mit passivem Werkzeug | Geräte mit aktivem Werkzeug | | |
|---|---|---|---|
| | Werkzeuge mit Bodenantrieb | Werkzeuge mit Fremdantrieb (Zapfwelle, Hydromotor) | |
| | | rotierende Werkzeuge | oszillierende Werkzeuge |
| Schälpflug<br>Grubber | Scheibenpflug<br>One – Way – Tiller<br>Scheibenegge<br>Spatenrollegge<br>Rotorhacke | Fräse<br>Zinkenrotor<br>Kreiselegge<br>Taumelwälzegge | Rüttelegge |

*Tab. 6 Geräte zum Schälen, Mulchen, Einarbeiten und zur Unkratbekämpfung*

## 2.2.1 Die Scheibenegge (Disc Harrow)

## 1. Verwendungszweck und Beurteilung

Die Scheibenegge (Abb. 45) dient:
- der Stoppelbearbeitung
- der Einarbeitung von langen und elastischen Pflanzenrückständen
- der Saatbettbereitung für Zwischenfrucht
- der Einarbeitung von Dünger
- der Saatbettbereitung nach grobscholliger Pflugfurche
- dem Einebnen
- der Zerstörung von Hohlräumen nach Zwischenfruchtumbruch
- dem Offenhalten der Bodenoberfläche
- der Grasnarbenbearbeitung vor Umbruch
- der Brachebearbeitung
- der Einarbeitung von Breitsaat

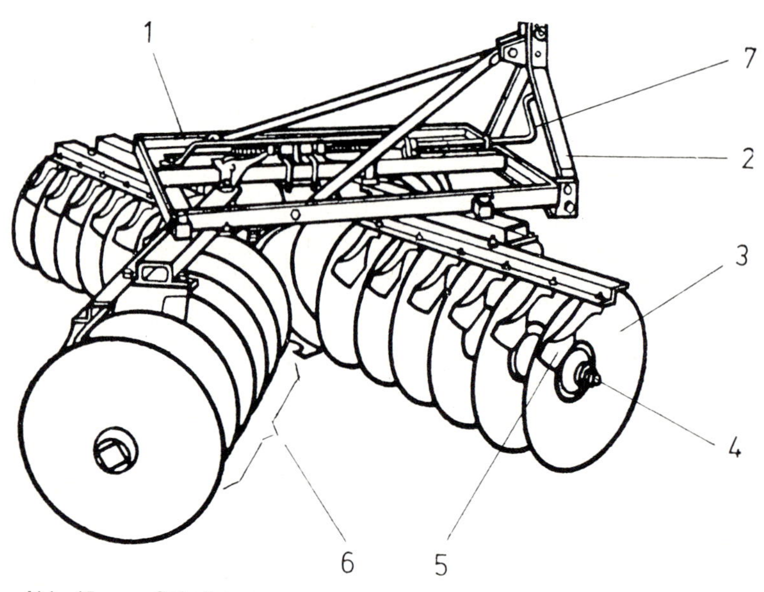


*Abb. 45* *Scheibenegge:*
*1. Rahmen*
*2. Gerätebock,*
*3. Scheibe,*
*4. Kugellager,*
*5. Abstreifer,*
*6. Scheibenbock,*
*7. Verstellvorrichtung für Scheibenrichtungswinkel (Schnittwinkel)*

Die Scheibenegge kann aufgrund ihrer Arbeitsweise und ihrer Einstellmöglichkeiten in der primären und sekundären Bodenbearbeitung eingesetzt werden.

Sie ist in ihrer vielseitigen Anpassungsfähigkeit kaum übertroffen und zeichnet sich durch folgende Vorteile aus:
- Eignung zur Einarbeitung organischen Materials bis zum Maisstroh;
- Erosionsverminderung durch Vermischen des Bodens mit Pflanzenrückständen (bei einem Arbeitsgang);
- kaum Verdichtungshorizonte;
- erhöhtes Wasseraufnahmevermögen;
- verminderte Kapillarverdunstung;
- einfache Handhabung, Wartung und Pflege;
- hohe Betriebssicherheit;
- Hinwegrollen über Hindernisse.

Diesen Vorteilen stehen auch Nachteile gegenüber:
- Vermehrung von Wurzelunkräutern;
- zu intensive Bearbeitung kann zu Verschlämmen, Verkrusten und Erosion führen;
- meistens mehrere Arbeitsgänge erforderlich;
- hoher Zugkraftbedarf;
- kaum kombinations- und erweiterungsfähig.

## 2. Arbeitsweise

Die Scheibenegge zieht sich wie alle Scheibengeräte nicht selbst in den Boden. Erst ihr Eigengewicht und eventuelle Zusatzgewichte sowie die Bodenwiderstandskraft unter einem bestimmten Scheibenrichtungswinkel ermöglichen die Tiefenhaltung. Wie beim Scheibenpflug wird die in Fahrtrichtung angewinkelte, gewölbte Scheibe vom Bodenwiderstand in eine Drehbewegung versetzt, die gleichsinnig mit den Schlepperrädern verläuft. Der Boden und die Pflanzenreste werden dabei hochgehoben und überstürzend abgelegt, wobei die Durchmischung durch eine folgende Einheit deutlich erhöht wird (Durchmischungseffekt). Die Scheiben wälzen den bearbeiteten Bodenabschnitt um eine Scheibenbreite in Richtung ihrer offenen Seite. Der nachlaufende Block schafft einen Ausgleich, indem er das Gleiche in die entgegengesetzte Richtung bewirkt. Da die Scheiben der nachlaufenden Einheit gegenüber dem Vorläufer um einen halben Scheibenabstand versetzt sind, werden bei einer Geschwindigkeit von 5 – 6 km/h die Dämme geglättet und der Bearbeitungshorizont ausgeglichen. Je größer die Scheiben sind, um so besser vermögen sie Hindernisse zu überrollen und mit Pflanzenresten an der Oberfläche fertig zu werden.
In der Regel wählt man glattrandige Scheiben. Für Moorböden werden gezackte Scheiben gewählt, da sie eine verminderte Reibungs- und Haftfläche bieten und leichter sauber zu halten sind. Diese Art wird auch bevorzugt, wenn erhöhte Schneidwirkung, z. B. für Oberflächenmaterial, erforderlich ist. Gezahnte Scheiben haben durch ihre Aussparungen mehr Schneidfläche, und die Ecken bewirken durch ihre hohe Aufprallgeschwindigkeit ein sicheres Durchtrennen des Pflanzenmaterials. Oft werden für die ersten Werkzeugreihen gezackte Scheiben

gewählt, die weniger mischen, aber besser schneiden und für die zweite Reihe glattrandige Scheiben, die nicht so gut schneiden aber stärker durchmischen. Auch die Konkavität beeinflußt die Bearbeitungsintensität stark. Ein kleiner Wölbungsradius bringt eine gesteigerte Durchmischung, dabei steigt der Zugkraftbedarf und der Seitendruck sinkt. Bei diesen Scheiben ist die Einstellmöglichkeit beschränkt. Bei zu groß gewähltem Scheibenrichtungswinkel schleift und schmiert die gewölbte Seite an der Furchenwand. Durch den Zug des Schleppers bei nach vorne geneigter Zugstange werden die hinteren Einheiten entlastet und die vorderen Scheiben beschwert. Deshalb müssen Gewichte immer hinter der Mitte angebracht werden. Die Arbeitsgeschwindigkeit liegt zwischen 5 und 6 km/h. Wird sie gesteigert, so sinkt die Bearbeitungstiefe.

### 3. Anbau und Antrieb

Scheibeneggen werden als gezogene, aufgesattelte und Anbaugeräte ausgeführt. Der Anbau erfolgt im Dreipunktgestänge (Kat. I., II. und III.), das Anhängen an der Ackerschiene oder am Zugpendel. Bei schweren Scheibeneggen besteht die Möglichkeit, zum einfachen Ankuppeln die Zugstange mit Hilfe der Hydraulik auf die Höhe des Zugpendels einzustellen. Transporträder werden hydraulisch ausgeklappt.

Eine spezielle Vorrichtung (Abb. 46) bewirkt eine horizontale Ausrichtung des Rahmens in allen Arbeitstiefen und nahezu vollständige Abstützung des gesamten Gerätegewichtes auf den Scheiben.

Der Zugkraftbedarf liegt je nach Geräteausführung, Einstellung und Gewicht zwischen 18 und 25 kW je Meter Arbeitsbreite, wobei Sonderbauarten eigene Anforderungen stellen. Die effektive Flächenleistung beträgt je Meter Arbeitsbreite bei 5 km/h 0,35 – 0,45 ha/h.

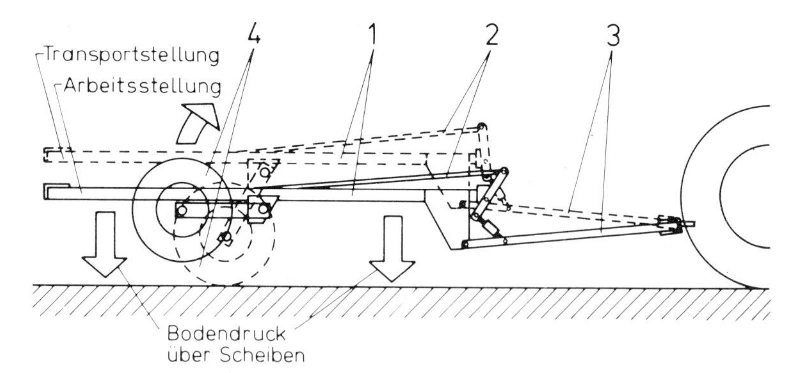


*Abb. 46* *Zugvorrichtung zur Abstützung des vollen Gerätegewichtes auf den Scheiben sowie zur horizontalen Führung.*
*1. Grundrahmen,*
*2. Verstellhebel,*
*3. Zugstange,*
*4. Stützräder.*

## 4. Einstellmöglichkeiten, Handhabung

Bodenart, Bodenzustand, Feuchtigkeitsgrad, Humusgehalt des Bodens, Steine und Wurzeln sowie Pflanzenrückstände auf der Oberfläche sind nicht einstellbare Faktoren, die die Bearbeitungsqualität beeinflussen. Die Arbeitstiefe und -intensität können geräteseitig durch eine Reihe fester und einstellbarer Geräte- und Einsatzparameter verändert werden:

1. Durchmesser der Scheibe
2. Form der Scheibe (glatter oder gezackter Rand)
3. Gewicht je Scheibe
4. Wölbung und Form der Scheiben
5. Schärfe der Schneidkante
6. Winkel der Einheiten zur Fahrtrichtung (Scheibenrichtungswinkel)
7. Arbeitsgeschwindigkeit

Bei allen Scheibeneggen stehen die Scheiben senkrecht. Es wird also nur der Scheibenrichtungswinkel verstellt und dabei immer ein ganzer Block und die zugeordnete Einheit verändert. Diese Winkel sind hydraulisch oder mechanisch zwischen 14 und 23° zur Zugrichtung veränderbar. Demnach bildet die Richtung der Schneidebene zur Fahrtrichtung einen spitzen Winkel (Abb. 47).
Durch gekoppelte Einstellmechanismen werden also zugeordnete Einheiten immer gleichmäßig verstellt. Ein kleiner Winkel führt zu einer besseren Schneidwirkung und größerer Arbeitstiefe (selten größer als 15 cm), während ein großer Winkel eine gesteigerte Krümelwirkung herbeiführt. Häufig ist der Scheibenrichtungswinkel nicht verstellbar; die Tiefe wird hydraulisch über die Transport- und Stützräder eingestellt. Eine Masse von 25 bis 50 kg je Scheibe wird am Boden abgestützt und kann durch Zusatzbelastung erhöht (100 kg/Scheibe), bzw. durch Abstützung mittels Transporteinrichtungen gesenkt werden. Die Schnittflächen sind selbstschärfend, so daß die Scheiben nur gelegentlich nachgeschliffen werden müssen. Die Handhabung ist einfach und kann von einem Mann durchgeführt werden.

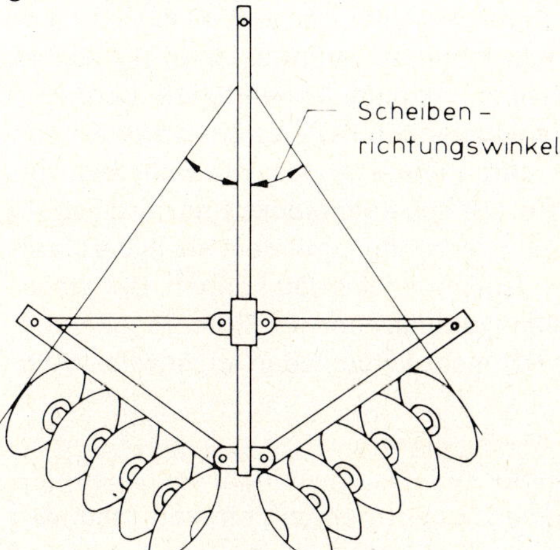


*Ab. 47*

*Scheibenrichtungswinkel zur Einstellung der Tiefe und Intensität der Bearbeitung.*

## 5. Geräte- und Werkzeugbeschreibung

Die Arbeitswerkzeuge von Scheibeneggen (Abb. 48) bestehen aus Stahlscheiben. Die scharfen, mit glattem oder gezacktem Rand versehenen Scheiben haben einen Durchmesser von 400 – 650 mm und eine Dicke von 4 – 6 mm. Sie sind vorwiegend gewölbt, teilweise auch konisch. Die Einpreßtiefe der Scheibenmitte gegenüber dem Rand liegt zwischen 100 mm bei kleinen und 140 mm bei großen Scheiben. Die konkave Seite der Werkzeuge weist in Fahrtrichtung nach vorn.

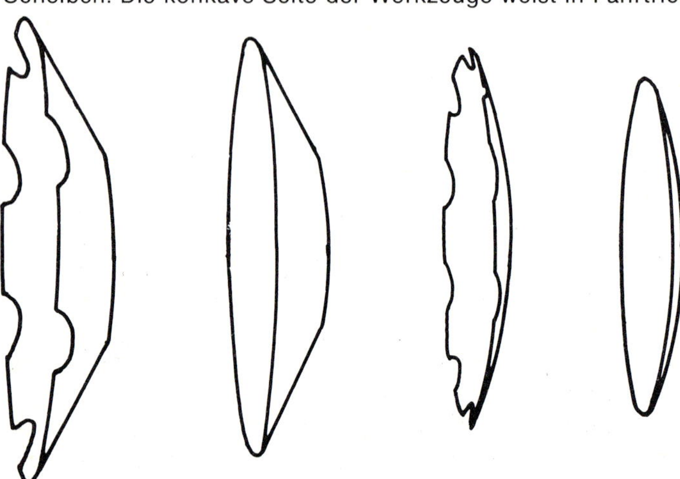

*Abb. 48* *Scheibenformen, v. l. n. r.: Sphärische Scheibe, gezackte spärische Scheibe, konische Scheibe, gezackte, konische Scheibe.*

Jede Scheibe ist mit einem Abstreifer für klebenden Boden versehen. Die Stahlscheiben sitzen im Abstand von 100 – 300 mm kugelgelagert auf einer schräg zur Fahrtrichtung liegenden, gemeinsamen Welle und bilden in ihrer Gesamtheit einen Scheibenblock (Scheibengruppe, Scheibenreihe). Diese Blocks sind paarweise nebeneinander oder hintereinander in einem veränderlichen Winkel zur Fahrtrichtung montiert, so daß die Scheiben bei einer Vorwärtsbewegung den Boden schneiden. Die in einem Block entstehenden Seitendruckkräfte werden von der zugeordneten zweiten Einheit durch entgegengesetzte Scheibenwölbung und Arbeitsbewegung ausgeglichen. Die Scheibenblocks sind mit 2 Lagern je Meter mit einem schweren Stahlrahmen verbunden, mit dem sie hydraulisch oder mechanisch über Transporträder ausgehoben werden können. Bei größeren, angehängten Geräten dient die Außenhydraulik auch der Tiefenregulierung. Die Scheibenblöcke sind innerhalb des Rahmens verschieden angeordnet (Abb. 49). Es gibt

*Einfach-Scheibeneggen*: Zwei Scheibenblöcke sind nebeneinander auf getrennten Wellen derart angeordnet, daß sie einen in Fahrtrichtung offenen, stumpfen Winkel bilden (Abb. 49.1).

*Doppel- (Tandem-) Scheibeneggen:* Vier Scheibenblöcke sind in Form eines liegenden x angeordnet (Abb. 49.2).

*V- (A-) Form-Scheibeneggen:* Zwei Scheibenblöcke liegen in Fahrtrichtung hintereinander und bilden ein zur Seite offenes V (A) (Abb. 49.3).

*Ausleger- (Offset-)* Scheibeneggen: Zwei Scheibenblöcke liegen in Fahrtrichtung hintereinander, sind jedoch seitlich gegeneinander versetzt, so daß auch unter Bäumen gearbeitet werden kann (Abb. 49.4).

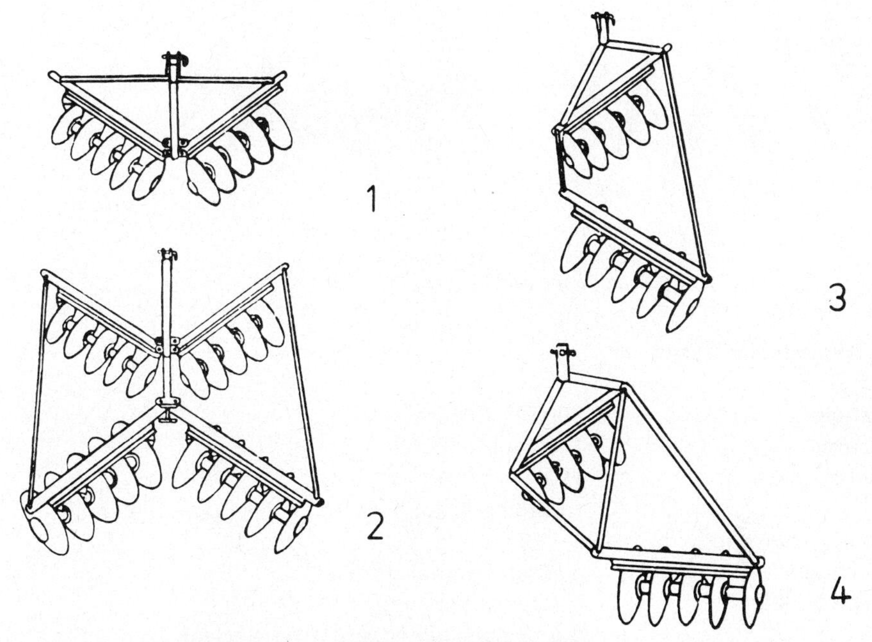


*Abb. 49 Bauformen von Scheibeneggen (DIN 11085):*
*1. Einfachscheibenegge,*
*2. Doppel-(Tandem-) Scheibenegge,*
*3. V-(A-) Formscheibenegge,*
*4. Ausleger- (Offsett-) Scheibenegge.*

Scheibeneggen sind für jede Schlepperart und -größe erhältlich. Sehr breite Geräte haben einen gelenkigen Rahmen, der den einzelnen Baugruppen erlaubt, sich Bodenunebenheiten anzupassen (Abb. 50). Heute werden gegeneinander versetzt angeordnete Scheibenblöcke bevorzugt, um auch bei Tandemanordnung keinen unbearbeiteten Mittelstreifen zu hinterlassen (Abb. 51). Für besondere Verhältnisse werden auch »heavy duty« (superschwere)-Scheibeneggen gebaut. Bei einem Scheibendurchmesser von 900 mm und einer Arbeitsbreite von 2500 mm benötigt das 16scheibige 5-Tonnen-Gerät eine Zugkraft von 150 kW. Schwere Scheibeneggen haben gummibereifte, hydraulisch betätigte Laufräder.

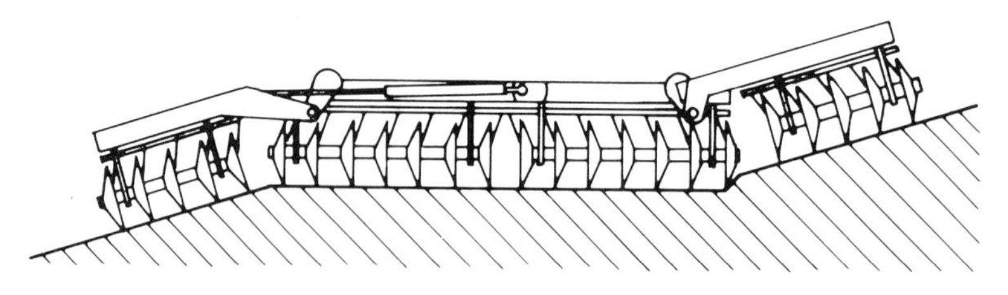

*Abb. 50 Scheibenegge mit Gelenkrahmen für kupiertes Gelände.*

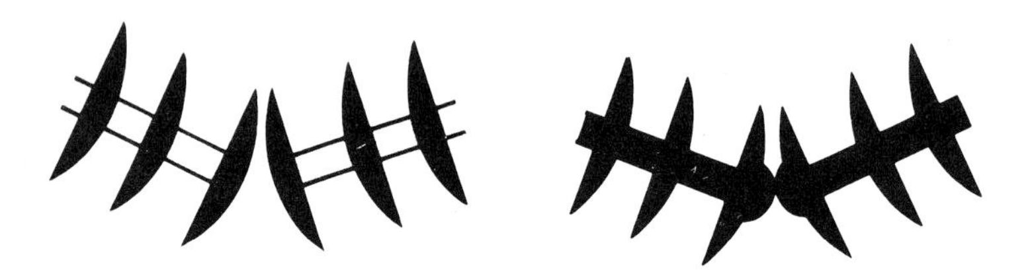

*Abb. 51 Anordnung der vorderen Scheibenblöcke:*
*rechts: unbearbeiteter Mittelstreifen,*
*links: überlappende Mittelscheiben.*

## 6. Technische Daten

| | |
|---|---|
| Länge: | 2000 – 8000 mm |
| Breite: | 1000 – 10000 mm |
| Höhe: | 1000 – 1500 mm, zusammenklappbare Scheibeneggen 3000 mm |
| Scheibenwellen: | 2 – 12 |
| Scheiben: | glattrandig oder gezackt |
| Scheibenzahl: | Einfachscheibenegge 4 – 6 je Meter, Doppelscheibenegge 8 – 12 je Meter |
| Abstand der Scheiben: | 160 – 300 mm |
| Außendurchmesser: | 400 – 650 mm (900 mm) |
| Einpreßtiefe: | 100 – 200 mm (300 mm) |
| Dicke: | 4 – 6 mm ( 9 mm) |
| Scheibenrichtungswinkel: | 14 – 23°zur Fahrtrichtung |
| Masse: | 25 – 50 kg je Scheibe |
| Leistungsbedarf: | 1,0 – 2,5 kW je Scheibe |

## 7. Literatur

Verschiedene Firmenprospekte
Harrison, H. P.: Soil reacting forces for disks from field measurements. – Transactions of the ASAE, 1977 p. 836 – 838

## 2.2.2 Die Spatenrollegge (Rotary Harrow)

## 1. Verwendungszweck und Beurteilung

Die Spatenrollegge, auch Spatenwälzegge genannt, ist auf leichten, schweren und steinigen Böden sowohl in der Ebene, als auch am Hang verwendbar und dient:

- der Stoppelbearbeitung
- der Einarbeitung von gehäckseltem, kurzem Material
- der Saatbettbereitung für Zwischenfrucht
- der Einarbeitung von Dünger
- dem Aufreißen der Grasnarbe
- der Unkrautbekämpfung (Brachebearbeitung)
- der Saatbettbereitung nach Pflugfurche, eventuell als oder mit Nachläufer
- dem Lüften und Krustenbrechen
- der Verminderung der Verdunstung

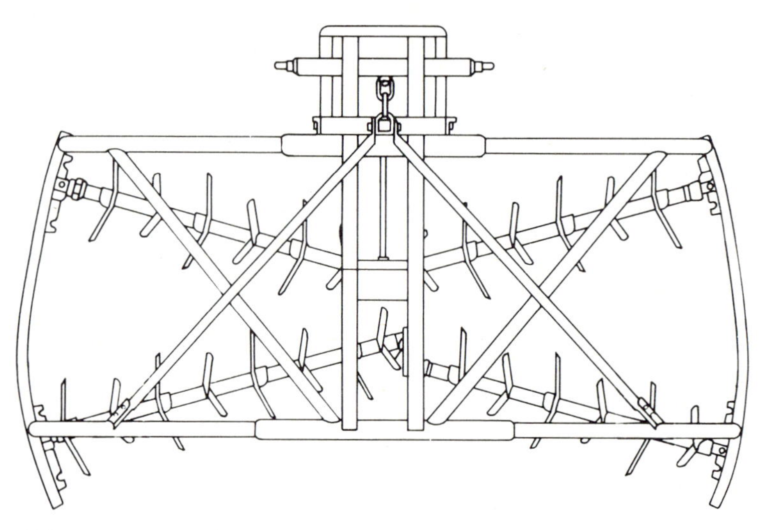

*Abb. 52 Spatenrollegge.*

Die Spatenrollegge ist ein einfaches, übersichtliches Gerät (Abb. 52).
Ihre Hauptvorteile sind:

- gute Mulchwirkung auf leichten bis mittelschweren Böden
- kein Schmiereffekt, sondern Rupfeffekt
- Erhöhung des Wasseraufnahmevermögens
- verminderte Kapillarverdunstung
- eingeschränkte Erosionsgefährdung des Bodens durch mit Pflanzenresten vermischte, grobe Oberfläche
- Anpassungsfähigkeit durch Einstellung, Gewicht und Geschwindigkeit
- hohe Arbeitsgeschwindigkeit und Flächenleistung

- vielseitige Verwendbarkeit
- Erweiterungs- und Kombinationsfähigkeit
- einfache Wartung und Pflege
- gute Manövrierfähigkeit und Betriebssicherheit
- geringer Preis

Erwähnenswerte Nachteile sind:

- schlechtes Einarbeiten von längeren Pflanzenresten
- Gefahr des Wickelns, besonders von feuchtem Stroh auf leichten Böden
- hohe Arbeitsgeschwindigkeit (8 – 12 km/h) erforderlich, d. h.: starke Beanspruchung von Schlepper und Fahrer
- zwei und mehr Arbeitsgänge kreuzweise erforderlich
- wenig Wirkung auf verhärteten Böden

## 2. Arbeitsweise

Bei der Spatenrollegge bewirkt der Bodenwiderstand den Antrieb der Werkzeuge, indem die in den Boden eingedrungenen Messer festgehalten werden und durch ihre Drehung andere Werkzeuge in die Lage bringen, in den Boden zu schneiden. Durch die Verstellung des Schnittwinkels der Messer wird der Boden nicht wie bei der Fräse geschnitten, sondern durch abwälzende Bewegung gerupft, von der ersten Messerwelle zur Seite und von der nachfolgenden zurück transportiert und je nach Fahrgeschwindigkeit gekrümelt und vermischt. Die durch das Rupfen bedingten Seitenkräfte werden durch die Werkzeuganordnung innerhalb des Rahmens ausgeglichen. Beweglich angehängte Geräte können eine Seitenbewegung (schlängeln) durchführen und deshalb zur Saatfurchenbearbeitung eingesetzt werden.
Bei Stoppelbearbeitung in der Gare wird der Boden gründlich aufgebrochen (8 – 12 cm tief). Stoppeln, Stroh und Unkräuter werden flach eingearbeitet, die Rotte wird beschleunigt. Ausfallgetreide und Unkraut können aufgehen. Erst bei zwei- und mehrfacher Bearbeitung kann ein der Kreiselegge vergleichbarer Effekt erzielt werden. Je ausgetrockneter und härter der Boden ist, um so geringer wird der Effekt selbst bei scharfen Messern und bei mehrfacher, kreuzweiser Bearbeitung. Lange und feuchte Pflanzenrückstände führen leicht zu Wickeln und Stopfen. Auf leichten Böden kann ein Saatbett für Zwischenfrüchte erstellt werden. Der gewünschte Arbeitseffekt wird nur bei hoher Arbeitsgeschwindigkeit erzielt. Vielfach wird die Spatenrollegge mit einem Krümler kombiniert, insbesondere bei der Saatbettvorbereitung. Sie dient jedoch auch als Grubbernachläufer.

## 3. Anbau und Antrieb

Die Spatenrollegge wird im allg. zumindest für den Transport im Dreipunktanbau befestigt. Breite Eggen (über 3 m) werden hydraulisch hochgeklappt, lange Eggen auf einem Längsträger an den Schlepper herangezogen.

In Arbeitsstellung sind Spatenrolleggen fest im Dreipunktanbau oder unabhängig vom Schlepper frei beweglich. Dem Anbau an den Unterlenkern dient eine in der Höhe und seitlich verstellbare Welle; als Oberlenker wird häufig eine Kette verwendet oder die Spatenrollegge wird nur über eine schwere Kette angehängt. Spatenrolleggen können sich durch den beweglichen Gerätebock oder sonstigen Anbau sowie durch höhenbewegliche Messerwellen Bodenunebenheiten anpassen und brauchen bei Kurvenfahrt nicht ausgehoben zu werden.
Die Flächenleistung liegt bei einer Arbeitsgeschwindigkeit von 12 km/h bei einem Hektar pro Stunde je Meter Arbeitsbreite. Der Zugkraftbedarf ist abhängig von:
- der Arbeitsbreite
- der Anzahl der Werkzeuge
- dem Gewicht
- der Bodenart und dem Bodenzustand

Tab. 7 gibt Aufschluß über den Leistungsbedarf:

| Messerwellen-anordnung | Arbeitsbreite (m) | Leistungs-bedarf (kW) | Masse ohne Belastung (kg) |
|---|---|---|---|
| 2-reihig | 1,70 | ab 25 | 300 |
| 3-reihig | 1,70 | ab 32 | 400 |
| 2-reihig | 2,00 | ab 35 | 350 |
| 3-reihig | 2,00 | ab 42 | 450 |
| 2-reihig | 2,50 | ab 45 | 450 |
| 3-reihig | 2,50 | ab 55 | 650 |
| 2-reihig | 3,00 | ab 55 | 700 |
| 3-reihig | 3,00 | ab 65 | 1000 |

Bis 50 % der Gerätemasse kann durch Zusatzgewichte aufgebracht werden.
*Tab. 7 Leistungsbedarf von Spatenrolleneggen*

## 4. Geräte- und Werkzeugbeschreibung

In einem Stahlrahmen (s. Abb. 52) sind 2 – 6 (8) werkzeugtragende Wellen in verstellbaren Gleitlagern so angebracht, daß im allgemeinen 2 quer zur Fahrtrichtung stehende, abgewinkelte Messerwellen eine werkzeugtragende Reihe ergeben. Eine solche Reihe bildet mit der nächst folgenden die Form eines X oder einer Raute. Es gibt auch über die ganze Arbeitsbreite durchgehende Messerwellen, abwechselnd nach rechts oder links angestellt. Sie hinterlassen einen besonders ebenen Acker. Die Messerwellen sind zur besseren Anpassung an den Boden teilweise höhenbeweglich. Auf den Wellen sind mit Distanzstücken im Abstand von etwa 20 cm die zu einer Seite gewölbten Werkzeugkränze angebracht (Abb. 54). Sie bestehen aus 2 leicht auswechselbaren, abgewinkelten, ca. 10 mm starken Doppelmessern, die im rechten Winkel zueinander stehen und zum Jeweils nächsten um 45° versetzt sind. Die Mulch wird besonders durch das Abwinkeln der Messer erreicht. Trägt eine Welle die Werkzeugkränze mit der konkaven Seite nach links, so sind sie auf der folgenden mit dieser Seite nach rechts angeordnet. Strohabweiser an den Wellenlagern verhindern das Wickeln. An die meisten Geräte können Belastungskästen angebaut werden, oder es sind Vorrichtungen für Huckepackgewichte angebracht. Gerätebock und Rahmen sind teilweise beweglich miteinander verbunden, damit sich das Gerät an Bodenunebenheiten anpassen kann.

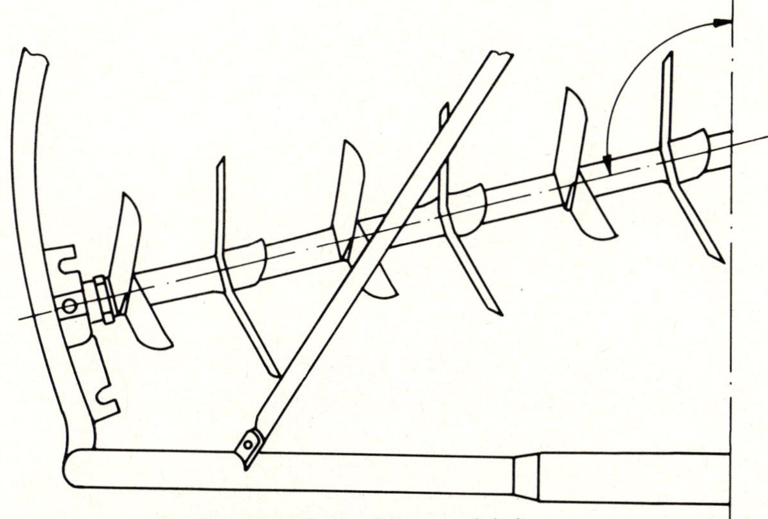

*Abb. 53 Verstellen des Messerrichtungswinkels (Zweite Messerwalze links)*

## 5. Einstellmöglichkeiten, Handhabung

Den Anforderungen gemäß können die Messer bei vielen Fabrikaten in Fahrtrichtung (Schneidwirkung) und schräg zur Fahrtrichtung (Misch- und Krümelwirkung) gestellt werden. Dazu wird der Winkel der Messerwellen zur Fahrtrichtung (Messerrichtungswinkel oder Griff) durch Verändern ihrer Lagerung im Rahmen verstellt (Abb. 53, Tab. 8).

Bei feuchtem Boden und großen Strohmengen ist ein kleiner Messerrichtungswinkel zu wählen, um Wickeln zu vermeiden.

| | Messerrichtungswinkel | | |
|---|---|---|---|
| | stark | mittel | schwach |
| vordere Welle | 70° | 75° | 80° |
| mittlere Welle | 110° | 105° | 100° |
| hintere Welle | 70° | 75° | 80° |

*Tab. 8 Griff der Messer von Spatenrolleggen*

Die Bearbeitungstiefe kann durch Gewichtsbelastung erhöht werden. Für eine gleichmäßige Tiefe der vorderen und hinteren Messerwellen ist eine sorgfältige Einstellung mit Hilfe des oberen Lenkers bei starrem Anbau erforderlich. Durch die Fahrgeschwindigkeit wird die Bearbeitungsintensität und -qualität stark beeinflußt. Sie sollte zwischen 8 und 15 km/h liegen.

*Abb. 54 Messerkranz einer Spatenrollegge*

### 6. Technische Daten

| | |
|---|---|
| Länge: | 1500 – 3500 mm |
| Breite: | 1600 – 5500 mm |
| Höhe: | 1000 – 1300 mm |
| Arbeitsbreite: | 1500 – 5000 mm |
| Messerwellen: | 2 – 8 |
| Werkzeuge je Meter Arbeitsbreite: | 2-reihiges Gerät ca. 10 |
| | 3-reihiges Gerät ca. 15 |
| Abstand der Werkzeugkränze voneinander: | 150 – 200 mm |
| Außendurchmesser: | 370 – 400 mm |
| Messerlänge: | 370 – 400 mm |
| Messerbreite: | ca. 70 mm |
| Messerdicke: | ca. 10 mm |
| Masse je Meter Arbeitsbreite ohne Zusatzmasse: | 150 – 250 kg |
| Masse je Werkzeugkranz (mit Zusatzmasse): | 20 – 25 kg |

### 7. Literatur


| | |
|---|---|
| DLG: | Maschinenprüfbericht Nr. 2251 (1974), 2252 (1974), 2145 (1972) |
| Zumbach, W.: | Erfahrung mit Spatenrolleggen – FAT Mitteilungen, Schweizer Landtechnik 37 (1975) 8 S. 490 – 96 |
| Verschiedene Firmenprospekte | |

## 2.2.3 Die Rotorhacke (Rotary Hoe)

## 1. Verwendungszweck und Beurteilung

Die Rotorhacke (auch Skew Treader) (Abb. 55) dient:
- der Unkrautbekämpfung in Reihenkulturen
- der Vorbereitung des Bodens zur Bewässerung
- dem Krustenbrechen, Lockern und Lüften (auch über keimendem Samen)
- der Einarbeitung von Breitsaat, Düngern und Spritzmitteln
- dem Krümeln und Packen des Saatbettes
- dem Häufeln von Pflanzenreihen und auch dem Reihenziehen vor dem Pflanzen
- dem Umknicken von Stoppeln und ähnlichen Pflanzenresten zur besseren Einarbeitung

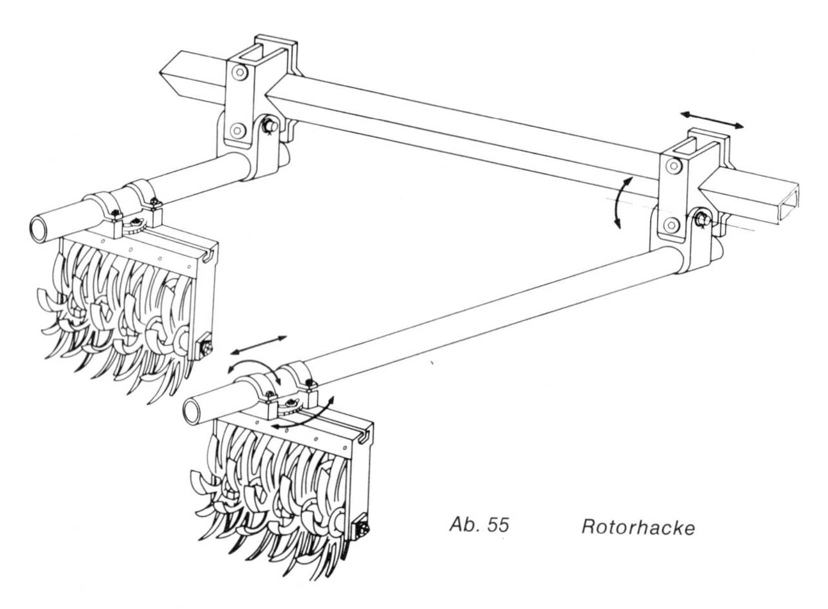

*Ab. 55* *Rotorhacke*

Die Bauweise der Rotorhacke ist einfach, die Funktion sicher. Das Gerät ist daher gerade für den Einsatz in Entwicklungsländern besonders gut geeignet. Der Tragrahmen ist auch für den Anbau zahlreicher anderer Werkzeuge – insbesondere von Häuflern – zu verwenden.
Erwähnenswerte Vorteile sind:
- hohe Flächenleistung durch hohe Arbeitsgeschwindigkeit (bis 14 km/h)
- geringer Zugkraftbedarf
- leichte Handhabung und Pflege
- Anpassungs- und Erweiterungsfähigkeit
- Kombinationsfähigkeit
- gute Manövrierfähigkeit
- Einsatzmöglichkeit in jedem Feuchtigkeitsbereich solange der Boden befahrbar ist, auch auf trocknen Böden wirksam

Als wichtigster Nachteil wird die mögliche Bildung eines flach liegenden Verdichtungshorizontes angesehen. Außerdem muß auf die Verstopfungsgefahr bei größeren Unkräutern hingewiesen werden.

## 2. Arbeitsweise

Die Rotorhacke kann grundsätzlich für zwei verschiedene Wirkungen eingesetzt werden. Einmal weisen die gebogenen Zinken beim Eindringen in den Boden mit der Spitze in Fahrtrichtung. Dabei dringen die scharfen, senkrecht auftreffenden Spitzen je nach Gewicht des Gerätes und Bodenzustand 25 – 50 mm tief in den Boden ein. Die Drehung der Werkzeuge erfolgt durch den Bodenwiderstand. Beim Verlassen des Bodens werfen die Zinken diesen hoch. Bei dieser Arbeitsweise werden Teile der Bodenkruste gelöst und dabei Unkräuter entwurzelt und zum Abtrocknen freigelegt. Bei starker Kruste können jedoch auch ungeschützte, junge Kulturen gelockert werden.
Ist eine flachere Arbeit gewünscht, wird das Gerät praktisch rückwärts gezogen, das heißt, die Spitzen der Werkzeuge weisen nach hinten und dringen nicht so tief in den Boden ein. So kann die Rotorhacke das Saatbett verdichten, Breitsaat einarbeiten oder durch Oberflächenmaterial hindurch in den Boden drücken und Pflanzenrückstände gleichmäßig verteilen ohne zu verstopfen. Die beste Arbeitsqualität stellt sich für beide Verfahren bei einer Geschwindigkeit zwischen 8 und 17 km/h ein. Durch die krümelnde Wirkung wird der kapillare Wasseraufstieg unterbrochen und die Evaporation eingedämmt.
Rotorhacken können sowohl für ganzflächige als auch für Streifenbearbeitung ausgelegt sein. Der Anstellwinkel der Werkzeugsterne kann je nach Zweck des Einsatzes horizontal und vertikal verändert werden. Damit besteht die Möglichkeit, mit der Rotorhacke auch an- und abzuhäufeln sowie die Intensität der Bearbeitung zu steigern. Die Führung in Arbeitsrichtung kann durch Scheibenseche (ca. 500 mm ∅) gewährleistet werden. Pflanzen können durch besondere Bleche oder Scheiben geschützt werden. Das Gerät ist durch Anbau zusätzlicher Einheiten leicht erweiterbar und wird auch als Nachläufer hinter Chisel und Sweep verwendet.

## 3. Anbau und Antrieb

Die Rotorhacke ist ein Gerät für Dreipunktanbau und wird in Schwimmstellung betrieben oder sie ist ein einfaches Anhängegerät. Die Zinkensterne haben Bodenantrieb. Der Zugleistungsbedarf ist gering (5 – 8 kW/m), steigt jedoch bei hoher Arbeitsgeschwindigkeit auch auf 10 kW/m. Geräte größerer Arbeitsbreite sind für den Transport einklappbar.

## 4. Geräte- und Werkzeugbeschreibung

Man unterscheidet Rotorhacken verschiedener Bauart. Im ersten Fall (rotary hoe) sind Werkzeugsterne mit 12 – 18 strahlenförmig angeordneten, leicht gebogenen Zinken aus Federstahl mit einem Durchmesser von 400 bis 500 mm in Gruppen zusammengefaßt und einbalkig quer zur Arbeitsrichtung nebeneinander angeordnet. Häufig werden diese Zinkensterngruppen über Kugel- und Rollenlager in einem gegenüber dem Hauptträgerrahmen beweglich angeordneten Hilfsrahmen zusammengefaßt (Abb. 56), um eine gute Anpassung an Geländeunebenheiten zu erzielen.

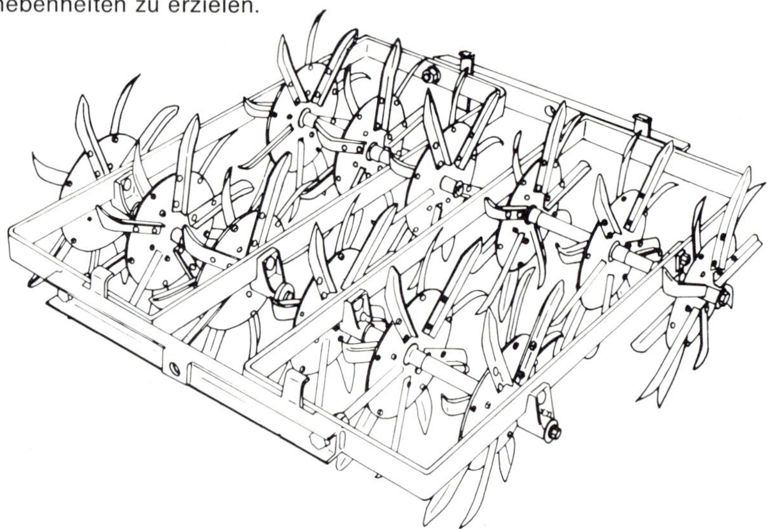

*Abb. 56 Hilfsrahmen einer Rotorhacke mit Zinkensterngruppe*

Eine zweite Bauart nach dem Prinzip Lilliston (rotary cultivator) hat vorwiegend gußeiserne Zinkensterne (Abb. 57). Die Zinkensterne sind wiederum in Gruppen zu 3 bis 7 Sternen in einem leichten Stahlrahmen (Werkzeugträger) zusammengefaßt, der in Längsrichtung verschiebbar und um die vertikale und horizontale Längsachse schwenkbar an einem in Fahrtrichtung orientierten Rohr angebracht ist (s. Abb. 55). Dieses Rohr ist starr oder gelenkig (Gelenk oder Parallelogramm), seitlich verschiebbar (zur Anpassung der Reihenabstände) so mit dem Hauptträger verbunden, daß sich die Zinkensterngruppen unabhängig voneinander an Geländeunebenheiten anpassen können.
Der Antrieb aller Rotorhacken erfolgt über den Boden.

## 5. Einstellmöglichkeiten, Handhabung

Die Tiefeneinstellung erfolgt nach Bedarf über das Eigengewicht und Zusatzbelastung, wobei die Schlepperhydraulik oder Stützräder entgegenwirken können. Einzelne Zinkensterngruppen werden auch durch Federn belastet. Je nach gewünschter Arbeitsweise wird das Gerät vorwärts oder rückwärts gezogen und dringt damit mehr oder weniger tief ein. Zum Häufeln von Reihenkulturen oder zur Bearbeitung von Dämmen und Konturen können die einzelnen Sektionen der einstellbaren Rotorhacke im Rahmen horizontal oder vertikal verändert werden. Ähnlich wie bei der Scheiben- und Spatenrollegge bekommen sie dabei eine Anstellung gegenüber der Arbeitsrichtung (Griff). Dabei bewegen sie den Boden in Richtung ihres Anstellwinkels und ihrer Drehung. Mit diesen Einstellungen kann Boden an- und abgehäufelt werden. Kleine Pflanzen können bei zeitiger Bearbeitung mit einem Schild gegen Verschüttung und Beschädigung geschützt werden.

*Abb. 57 Zinkenstern für Rotorhacke (Gußeisen)*

**6. Technische Daten**

| | |
|---|---|
| Breite: | 1000 bis 8000 mm |
| Höhe: | 600 bis 1200 mm |
| Länge: | 1200 bis 1800 mm |
| Sterne: | Anzahl je Meter Achse 4 bis 5 |
| | Abstand auf der Achse 60 bis 150 mm |
| | Durchmesser 450 bis 550 mm |
| | Strahlen je Stern 12 bis 18 |
| Masse: | 150 bis 200 kg je Meter Arbeitsbreite |

**7. Literatur**

Verschiedene Firmenprospekte

## 2.3 Geräte zur Saatbettbereitung

Die Saatbettbereitung folgt der Grundbodenbearbeitung zur gezielten Vorbereitung des Bodens für die Aussaat bzw. für das Pflanzen. Sie kann in einem Arbeitsgang mit der Grundbodenbearbeitung kombiniert oder in getrennten Arbeitsgängen mit größerem zeitlichem Abstand durchgeführt werden. Sie dient der Schaffung optimaler Keimbedingungen nach Struktur des Bodens, Sauerstoff-, Wasser- und Nährstoffversorgung sowie Temperatur. Sie dient ferner dem Einebnen und Einarbeiten von Dünger und Pflanzenbehandlungsmitteln. Die Auswahl der Geräte ist groß, angefangen von den Geräten zur Grondbodenbearbeitung, die teilweise hier eingesetzt werden, über die gezogenen (passiven), starren und gefederten Zinkenwerkzeuge bis zu den angetriebenen (aktiven), rotierenden und oszillierenden Werkzeugen. Hier können nur die wesentlichen Vertreter aufgeführt werden.
Grundsätzlich muß vor einer zu intensiven Bearbeitung erosions- und verschlämmungsgefährdeter Böden arider Gebiete gewarnt werden. Andererseits jedoch kann nur eine präzise Bodenbearbeitung zu einer für den notwendigen hohen Feldaufgang erforderlichen präzisen Saatgutablage und Bedeckung (Schutz vor Austrocknung, Vogelfraß u. s. w.) führen.

Lit.: – Neuzeitliche Bestelltechnik – KTBL-Schrift 212, Darmstadt 1977
– Neuber, E., Köller, K. u Rabius, E.: Gerätekombinationen für Saatbettbereiten, Säen und Bestellen – Landtechnik 30 (1975) 2 s. 52 – 58

## 2.3.1 Gezogene, starre Eggen (Spike-Tooth Harrow)

Die Zinkenegge war bereits in der Gespannstufe das typische Gerät für die flache Saatbettbereitung im gemäßigten Klima. Im Zuge der gewünschten hohen Flächenleistung und der Verringerung der Anzahl von Arbeitsgängen und Spuren auf dem Acker mußte sie jedoch weitgehend den Saatbettkombinationen weichen. Auf tropischen und subtropischen Standorten herrscht die Scheibenegge vor. Einfache »Zinkenschleppen« wie die Malla in Anatolien sind jedoch weit verbreitet.

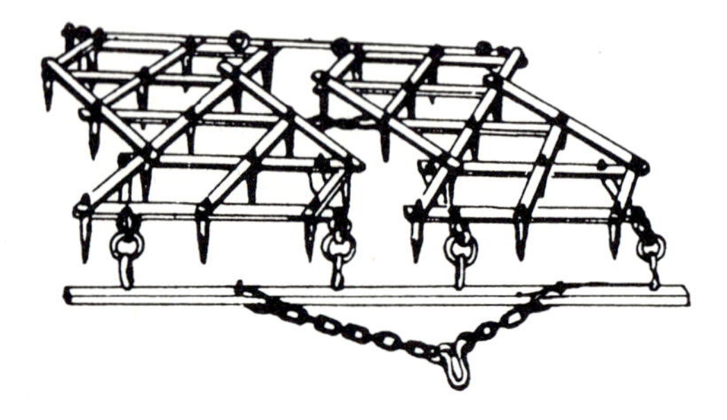

*Abb. 58 Zinkenegge*

**1. Verwendungszweck und Beurteilung**

Die Egge (Abb. 58) dient zur:
- Krümelung des Bodens nach grober Grundbodenbearbeitung;
- Lockerung und Aufrauhung der obersten Ackerschichten bei verkrustetem Boden;
- Lüftung des Bodens;
- Einarbeitung und Mischung von organischem Material;
- Einarbeitung und Mischung von Dünger und Pflanzenbehandlungsmitteln;
- Saatbettbereitung;
- Einebnung (Dämme, Fahrspuren, Wellen etc.).

Bei sachgerechtem Einsatz mit den geeigneten Werkzeugen ist die Egge für den Einsatz in den Tropen und Subtropen geeignet. Hierbei sei besonders auf die Kombination Egge und Wälzegge hingewiesen (Kap. 3.1.2).

**Vorteile:**
- Einsatz für alle Bodentypen geeignet;
- einfache und billige Konstruktion;
- für motorisierte und im begrenzten Umfang auch für tierische Anspannung geeignet;
- vielseitig in der Anwendung durch verschiedenartige Werkzeuge;
- durch Kombination mit anderen Geräten sowie durch Anpassung der Fahrgeschwindigkeit kann in einem weiten Bereich von Bodenbedingungen die gewünschte Krümelung und Mischung erzielt werden. Häufig ist nur ein Arbeitsgang zum Herrichten des Ackers erforderlich.
- Wasseraufnahme des Bodens kann erhöht werden;
- Abstimmung der Egge möglich auf:

– Zugkraft,
– Arbeitsgüte,
– Bodenverhältnisse;
– Anpassung an Bodenunebenheiten durch einzelne Felder.

**Nachteile:**
- Auf harten, ausgetrockneten Böden springt die Egge. Die Zertrümmerungswirkung reicht nicht aus;
- bei zu intensiver Bearbeitung durch Eggen kann ein »Toteggen« des Bodens auftreten (Zerstören der Struktur);
- hohe Arbeitsgeschwindigkeit erforderlich;
- Schlepperspuren werden nicht immer genügend eingeebnet;
- bei zu feiner Bearbeitung Erosionsgefahr;
- Nur selten gelingt eine Saatbettbereitung mit einem Arbeitsgang. Daher werden bevorzugt Saatbettkombinationen eingesetzt.
- Insbesondere auf leichtem Boden neigen Eggen dazu, zu tief zu arbeiten und bei erhöhtem Unkrautbesatz zu verstopfen.

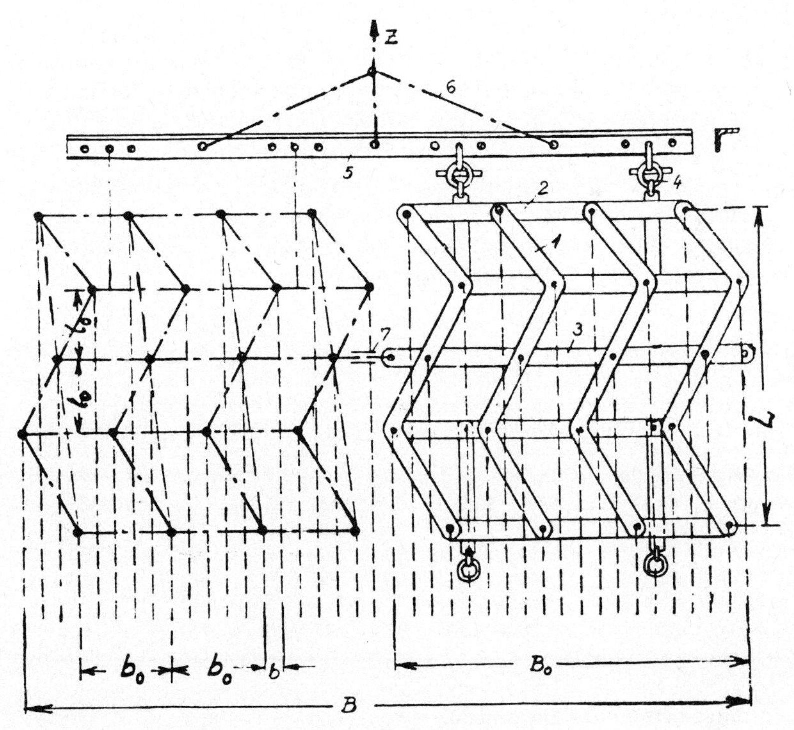


*Abb. 59 Zweifeldrige Zinkenegge von oben*

## 2. Arbeitsweise

Die Arbeitsweise der Egge beruht auf dem Ritz-Schlag-Prinzip. Die durch den Boden ziehenden Werkzeuge treffen auf die Schollen und zerkleinern sie dabei. Die zerkleinerten Schollen weichen nach beiden Seiten aus und werden von den dahinter laufenden, versetzt angebrachten Werkzeugen wiederum erfaßt und weiter zerkleinert (Abb. 59).
Dieser Vorgang wird durch eine leichte Pendelbewegung der Egge verstärkt. Gleichzeitig werden durch die Pendelbewegung Bodenunebenheiten abgebaut und ausgeglichen. Dabei können jedoch auch unbearbeitete Flächen zurückbleiben.
Bei der Schleuderegge ist die Pendelbewegung zu einer Schleuderbewegung verstärkt worden. Sie ist so gebaut, daß abwechselnd eine Seite festgehalten und die andere mit doppelter Geschwindigkeit nach vorn gezogen wird. Sie geht »stelzend« durch den Boden. Dies hat eine größere Intensität des Zerkleinerns und des Mischens und ein sicheres Ausreißen von Unkraut zur Folge.
Eggenzinken wirken sortierend. Feinerde wandert nach unten, große Aggregate werden an die Oberfläche transportiert. Für eine zufriedenstellende Arbeitsweise sollte die Arbeitsgeschwindigkeit mindestens 8 km/h betragen.

## 3. Anbau und Antrieb

Eggen sind als Anhängegeräte ausgestattet oder mit einem Tragrahmen für den Dreipunktanbau versehen. Anhängen erfolgt an der Ackerschiene oder im Zugmaul. Bei Dreipunktanbau erfolgt die Eggenarbeit in Schwimmstellung. Eine Regelhydraulik ist nicht erforderlich. Durch die Richtung der Zuglinie wird die Tiefenführung einer gezogenen Egge beeinflußt. Die Hubkraft in den unteren Lenkern des Krafthebers sollte etwa dem doppelten Gerätegewicht entsprechen.
Der Leistungsbedarf beim Eggen liegt bei 2 – 5 kW (ca. 3 – 7,5 PS) pro Meter Arbeitsbreite bei etwa 7 km/h Arbeitsgeschwindigkeit.

| | Feinegge | Ackeregge | Löffelegge | Netzegge | Wiesenegge |
|---|---|---|---|---|---|
| Zinkenzahl je Feld | ca. 28 | ca. 20 | ca. 24 | 77 – 110 | ca. 24 |
| Zinkenmasse (g) | 250 – 900 | 1200 – 2000 | 1700 – 2500 | 115 – 700 | ca. 2500 |
| Zinkenlänge (cm) | 11 – 13 | 16 – 22 | 16 – 20 | 12 – 17,5 | ca. 12 |
| Zinkenstärke (mm) | 11 – 13 | 14 – 22 | 16 – 20 | 5 – 10 | ca. 30 |
| Strichabstand (mm) | 25 – 35 | 40 – 55 | 50 – 80 | 20 – 45 | 50 |
| Arbeitsbreite (m) | 1 | 1 | 1 | 1,5 – 9 | 1,2 |
| Masse (kg) | 15 | 26 – 40 | 50 – 75 | 30 – 75 | 60 |

Die Angaben beziehen sich jeweils auf ein Eggenfeld.

**Tabelle 9 Eggenzinken und Zinkenfeder**

## 4. Geräte und Werkzeugbeschreibung

Eggen sind je nach Ausführung mit einem starren oder gelenkigen Rahmen, der die Zinken trägt, ausgerüstet (Abb. 60).

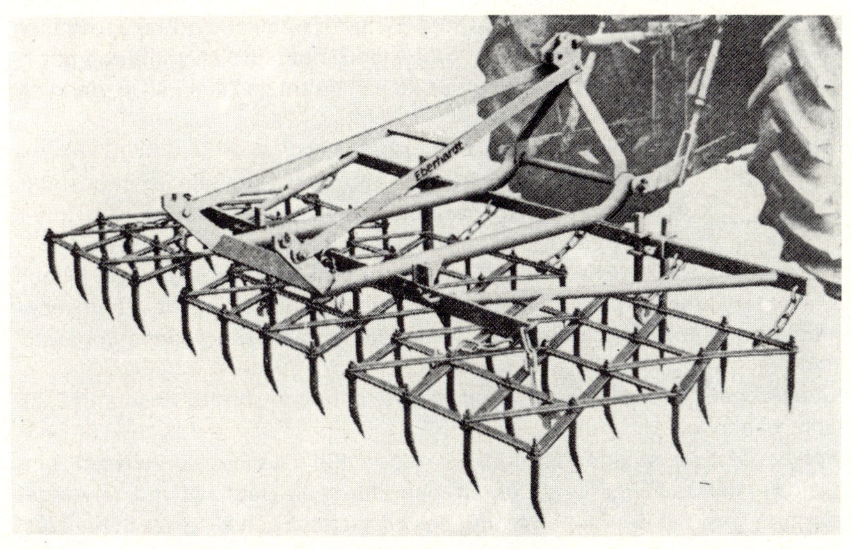

*Abb. 60 Eggentragrahmen mit drei Zinkenfeldern*

Die 0,25 bis 2,5 kg schweren Zinken (Abb. 61 u. Tab.: 9) sind zu ca. 1 m breiten Feldern zusammengefaßt, die wiederum an einem Tragrahmen oder Zugrahmen mit Ketten angehängt werden. Der Strichabstand (5 – 6 cm) ist der seitliche Abstand zum nächsten Zinken oder einfach: der Abstand der Striche, die die Zinken im Boden hinterlassen. Die Starregge hat einen starren Rahmen, der aus Quer- und Längsbalken besteht.

Die Längsbalken verlaufen

a im Zick-Zack

b S-förmig

c gerade (Beim geraden Verlauf der Längsbalken wird der Rahmen schräg gehängt)

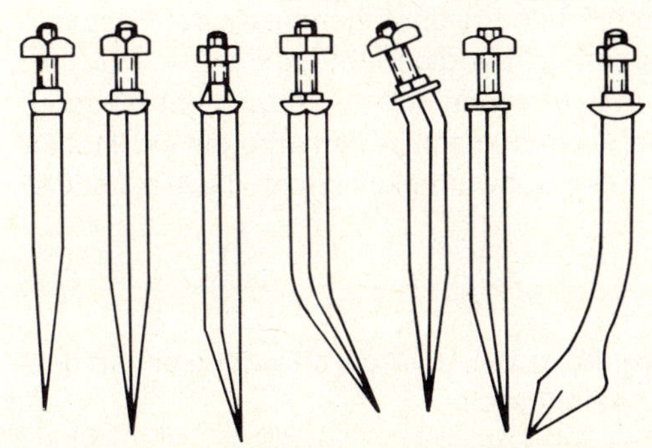

*Abb. 61 Eggenzinken*

An den Schnittpunkten der Längsbalken mit den Querstäben sind die 16 – 22 cm langen Zinken, die meist starr, aber auch federnd ausgeführt sein können, angeschraubt. Die Zinken aus hochwertigem, gehärtetem Stahl haben im allgemeinen quadratischen Querschnitt und unterscheiden sich durch die Größe des Querschnitts, die Länge und das Zinkengewicht. Es gibt gerade und gebogene Zinken (die erste Reihe ist meist gerade, die folgenden Reihen in Fahrtrichtung gebogen). Die Zinken haben am Gewindeende einen Vierkant und stecken in Vierkantlöchern als Schutz gegen Verdrehen.
Die Starreggen sind je nach Ausführung unterteilt in:

*Feineggen* – leichte Ausführung mit kleinem Strichabstand,
*Ackereggen* – mittlere bis schwere Ausführung,
*Löffeleggen* – schwere Ausführung mit Löffelzinken.

*Die Gelenkegge* hat im Prinzip den gleichen Aufbau wie die Starregge, jedoch wird hier der Rahmen durch Quer- oder Längsgelenke in kleine Rahmenabschnitte aufgeteilt, die sich dadurch der unebenen Ackeroberfläche anpassen können.
Die *Gliederegge,* auch Netzegge oder *Striegel* genannt, wird in Abschnitt 2.3.6 getrennt behandelt.
Die *Schleuderegge* ist eine Abart der Starregge. Sie hat einen verstärkten Rahmen und verstärkte Längs- und Querstreben. Durch die Bauform und die Art der Anhängung wird die Pendelbewegung der normalen Egge zu einer Schleuderbewegung verstärkt. Anstelle der angeschraubten Eggenzinken hat sie feste Stiele mit Wechselscharen (siehe Grubberschare). Die Anhängung erfolgt über eine Kette, die an der Ackerschiene oder dem Zugmaul eingehängt ist.
Die *Wiesenegge* ist eine Spezial-Gliederegge mit kurzen, messerartigen Zinken, die durch flaches Eindringen in die Grasnarbe Moos und Flechten ausreißen, Stroh und Stallmist auseinanderziehen und Maulwurfshaufen einebnen soll. Sie ist vom Aufbau her der Netzegge ähnlich und wird an einem Zug- oder Tragrahmen angehängt.

## 5. Einstellungsmöglichkeiten, Handhabung

### 5.1 Arbeitstiefe

Eine Tiefenänderung ist möglich durch Erhöhung der Eigenmasse der Egge mit Hilfe von Zusatzgewichten am Tragrahmen, über die Richtung der Zuglinie, sowie über den Kraftheber. Versetzte und gebogene Zinken dringen bei Biegung nach vorn tiefer in den Boden ein. Bei Biegung nach hinten arbeiten sie flacher als gerade Zinken. Mit steigender Arbeitsgeschwindigkeit nimmt die Arbeitstiefe ab.

### 5.2 Bearbeitungsintensität

Die Arbeitsintensität läßt sich durch Verändern von Fahrgeschwindigkeit, Art der Anhängung und Art der Werkzeuge beeinflussen.

Das bedeutet:
- niedrige Fahrgeschwindigkeit ($\leqq$ 4 km/h) = grobschollige, strukturschonende Arbeit, kaum Krümelung und Mischung, sondern Lockerung und Lüftung des Bodens;
- hohe Fahrgeschwindigkeit ($\geqq$4 km/h) = Intensivbearbeitung, stärkere Krümelung und Mischung, bei zu hoher Fahrgeschwindigkeit Gefahr des Furchenziehens (weite Wurfbahnen der Bodenteilchen) und des Springens der Egge;
- enge Anhängung der Eggenfelder am Tragrahmen = minimales Pendeln der Eggen, grobschollige Arbeit, aber gleichmäßig über die gesamte Arbeitsbreite;
- lose Anhängung der Eggenfelder am Tragrahmen = seitliches Pendeln der Eggen, intensive Bodenbearbeitung, jedoch mit unbearbeiteten Stellen.
- Scharfe Zinken zerkleinern besser als stumpfe Zinken.
- Stumpfe Zinken stauen den Boden mehr auf und verschieben ihn seitlich. Die Mischwirkung ist höher.
- Nach vorn gekrümmte Zinken ziehen sich tiefer in den Boden. Die Egge wird griffiger.
- Erhöhung der Eigenmasse der Egge bewirkt ein tieferes Eindringen der Zinken in den Boden.
- Zu hohe Zuglinie bewirkt ein Abheben der vorderen Eggenzinken.

## 5.3 Handhabung

Der Anbau von Eggen ist einfach und kann von einer Person durchgeführt werden. Bei gezogenen oder Schleppeggen wird der Zugbalken mittels einer Kette am Zugmaul oder an der Ackerschiene des Schleppers befestigt.
**Nachteil:** Für den Transport gezogener Eggen muß ein Wagen vorhanden sein (häufig wird umgekehrt geschleppt!). Als Anbaugerät kann die Egge an dem Dreipunktgestänge (Kraftheber) des Schleppers angebaut werden. Eine Ausrüstung für Schnellkuppler ist ebenfalls möglich. Für große Arbeitsbreiten sind die Eggentragrahmen mit hochklappbaren Seitenauslegern ausgerüstet, so daß der Schlepper mit angebauter Egge zum Feld fahren kann, ohne die zulässige Fahrzeugbreite zu überschreiten.
Das Arbeiten mit der Egge stellt keine hohen Anforderungen an den Fahrer. Eine saubere Bearbeitung ist beim Zick-Zack-Eggen oder bei einer Überlappung von ca. 10 % zu erzielen.

## 6. Technische Daten

Die wichtigsten Daten über Zinken und Zinkenfelder sind in Tab. 9 zusammengefaßt.

| | |
|---|---|
| Arbeitsbreite, gesamt: | bis 14 m |
| Arbeitstiefe: | bis 8 cm |
| Leistungsbedarf: | ca. 3 kW je m Arbeitsbreite (bei 7 km/h Fahrgeschwindigkeit) |

## 7. Literatur


Verschiedene Firmenprospekte

Beck, S.: Die Mallas – zwei verbesserte landwirtschaftliche Geräte. – Entw. und ländlicher Raum 5 (1976) S. 14/15

## 2.3.2 Feingrubber und Gareeggen (Cultivator)

## 1. Verwendungszweck und Beurteilung

- Saatbettbereitung (insbesondere flach und mitteltief);
- Stoppelbearbeitung (nur Feingrubber: ohne Stroh, kurze Stoppeln);
- Unkrautbekämpfung, auch bei Reihenkulturen;
- Einmischen von Dünger;
- Einebnen;
- Grünlandpflege und -umbruch;
- Offenhalten von Schwarzbrache.

Feingrubber, Gareeggen oder Kultivatoren haben nach zunächst sehr rückläufigem Einsatz durch die Entwicklung neuer Zinken unter Verwendung besserer Werkstoffe in Form von Saatbettkombinationen (Abb. 62) in den letzten Jahren eine weite Verbreitung gefunden, insbesondere, um die Saatbettbereitung zu beschleunigen und den Spurenanteil zu vermindern. Sie gestatten durch präzise Saatbettbereitung die für einen hohen Feldaufgang notwendige exakte Ablage des Saatgutes. Diese großen Vorteile kommen jedoch nur auf leichten bis mittelschweren Kulturböden in gutem Zustand (d. h. mit niedrigem Stein- und Wurzelbesatz) zum Tragen. Bei starker Verunkrautung ist mit Stopfen zu rechnen. Auf Problemböden (stark ausgetrocknet, mit hohem Fremdkörperbesatz) kann ihre Arbeit nicht befriedigen.

## 2. Arbeitsweise

*Feingrubber* können auf allen Böden eingesetzt werden. Wegen ihres Strichabstandes (ca. 10 cm) sind sie jedoch nur für tiefere Arbeit geeignet. Die Tiefe sollte wenigstens so groß sein wie der Strichabstand, um eine ganzflächige Bearbeitung zu bewirken. Durch steile Anstellung der Zinken wird ein Heraufholen von nassem Boden vermieden. Bei vierreihiger Zinkenanordnung ist wegen des großen Durchganges kaum mit Stopfen zu rechnen. Die stark einebnende Wirkung auch nach grobscholliger Grundbearbeitung und von Schlepperspuren ist besonders hervorzuheben. Auf harten Böden ist eine zwei- und mehrmalige Bearbeitung (kreuzweise) erforderlich. Auf leichten Böden muß jedoch ein Überlokkern vermieden werden.

Der Feingrubber kann auch zur Stoppelbearbeitung (ohne Stroh) eingesetzt werden. Es sind jedoch wenigstens zwei bis drei Arbeitsgänge mit steigender Arbeitstiefe erforderlich.

Auf leichten, lockeren Böden kann der Feingrubber nach Hackfrucht gelegentlich sogar zur pfluglosen Bestellung von Getreide verwendet werden.

Durch entsprechende Auswahl und Anordnung von Zinken kann der Feingrubber zur Unkrautbekämpfung in stehendem Bestand von Reihenkulturen und bei Furchenbewässerung eingesetzt werden (Abb. 63).

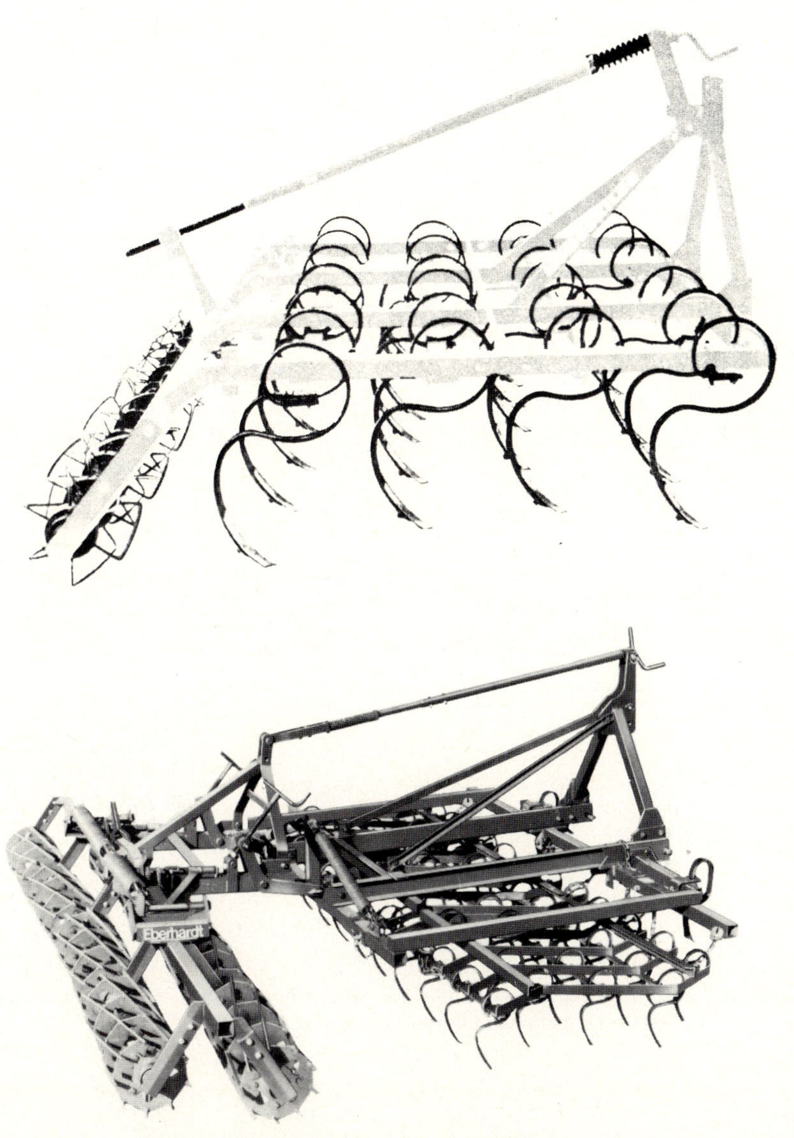


Abb. 62 *oben: Feingrubber mit einem Nachläufer,*
*unten: Garegge mit zwei Nachläufern*

*Gareeggen* können ebenfalls nahezu auf allen Böden eingesetzt werden. Die stark vibrierenden Zinken bewirken ein intensives Krümeln des Bodens. Wegen des geringen Strichabstandes (ca. 5 cm) ist eine ausreichend flache Bearbeitung (d. h. auch flache Saatgutablage) möglich. Bei großem Zinkenabstand (mehrreihige Anordnung) ist die Verstopfungsgefahr dennoch gering. Wurzelunkräuter werden an die Oberfläche gezogen, durch die Vibration freigeschüttelt und trocknen schnell ab.
Im Gegensatz zu starren Eggen gestatten Gareeggen dank der Tiefenführung (notfalls durch Stützräder) und durch eine starre seitliche Führung eine gleichmäßige Bearbeitung des gesamten Bearbeitungshorizontes.
Nachläufer können die Wirkung von Feingrubber und Gareegge entscheidend verbessern.

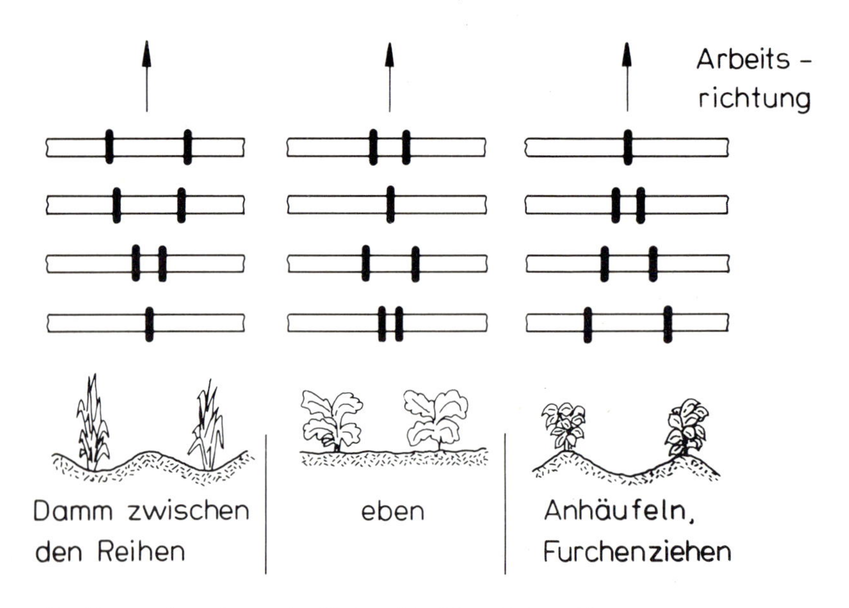


*Abb. 63 Anordnung der Zinken 4-balkiger Feingrubber in Reihen- und Dammkulturen*

### 3. Anbau und Betrieb

Feingrubber, Gareeggen und Kultivatoren sind Anbaugeräte, die je nach Arbeitsbreite in Kategorie I, II oder III im Dreipunktanbau aufgenommen werden, wahlweise auch mit Schnellkupplern ausgerüstet, da der An- und Abbau größerer Geräte schwierig ist, insbesondere auf losem Untergrund (Einsinken). Sie werden meist in Verbindung mit Eggen, Wälzeggen oder Nivellierwerkzeugen als Saatbettkombinationen verwendet. Durch die hohe Masse dieser Geräte und den relativ weit hinten liegenden Schwerpunkt ist die auftretende Entlastung der

Schleppervorderachse zu berücksichtigen. Bei Geräten großer Arbeitsbreite werden die Seitenteile für den Transport mechanisch (Hilfsfedern) oder hydraulisch eingeschwenkt, wobei darauf zu achten ist, daß die Zinken der äußeren Felder in eingeschwenktem Zustand nicht nach außen weisen (Unfallgefahr im Verkehr). Die Arbeitsgeschwindigkeit für Feineggen liegt bei 5 km/h. Der Leistungsbedarf liegt bei 0,75 kW pro Zinken oder bei 7,5 bis 15 kW pro Meter Arbeitsbreite, bei Saatbettkombinationen zwischen 11 und 18 kW pro Meter Arbeitsbreite.

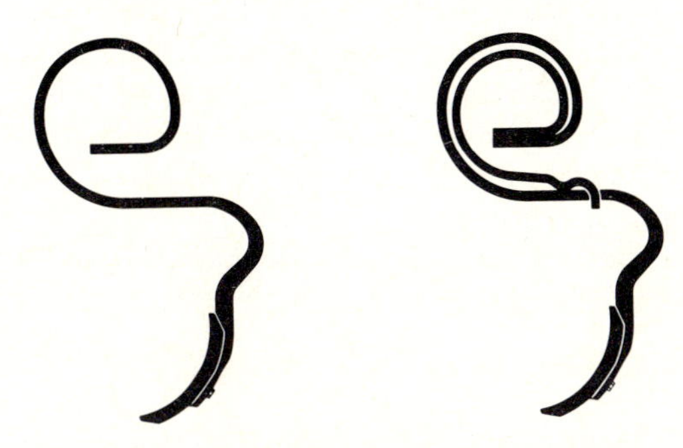

*Abb. 64*

*Federzinken für Feingrubber*

**4. Geräte- und Werkzeugbeschreibung**

*Feingrubber* (Kultureggen) tragen in einem starken Rahmen größere und kräftigere C-, G- und S-förmige Zinken (Abb. 64) mit auswechselbaren Scharen (Abb. 65), mit einem Strichabstand von ca. 100 mm. Durch Verwendung von Doppelfederzinken (Abb. 66) wird der Strichabstand halbiert. Der Feingrubber kann wie eine Gareegge für flache Bearbeitung eingesetzt werden. Spitzschare herrschen vor, teilweise werden jedoch unterschiedliche Zinkenformen für leichte (ca. 35 mm breit) und schwere Böden (10 mm) benutzt. Durch eine Doppelfeder kann der Zinken eine gleichmäßige Arbeitstiefe auch auf schweren Böden und bei hohen Arbeitsgeschwindigkeiten halten.

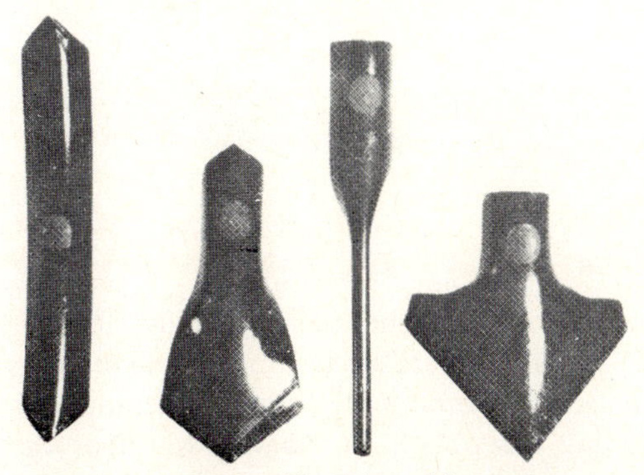

*Abb. 65* *Schare für Feingrubber v. l. n. r.: Standdardschar, Günsefußschar für Stoppel und trockenen, harten Boden, Grasschar für Wiesen, Günsefußschar zur Bearbeitung von Reihenkulturen*

Eine große Rahmenhöhe (400 bis 550 mm) gestattet den Einsatz in Reihenkulturen. Die seitliche Führung kann durch Scheibenseche verbessert werden (wichtig für Konturarbeit).
Durch die unabhängige, parallelogrammgeführte Aufhängung einzelner Zinken kann eine sehr exakte Arbeit durchgeführt werden.

*Gareeggen* sind ähnlich dem Feingrubber, jedoch mit einem leichteren, starren Rahmen und drei bis sechs Reihen Federzinken mit auswechselbaren Scharen verschiedener Form und Breite bei einem Strichabstand von ca. 50 bis 80 mm ausgestattet. Sie sind mit schmalen (30 bis 55 mm) C- und G-förmigen, stark vibrierenden Zinken (Abb. 67) ausgerüstet. Einzelne Geräte werden bis 3 m Arbeitsbreite gebaut, jedoch bevorzugt in getrennten, teilweise parallelogrammgeführten Feldern (0,75 bis 1,5 m Breite) für Gerätekombinationen mit wesentlich größerer Gesamtarbeitsbreite bei guter Anpassung an Geländeunebenheiten.

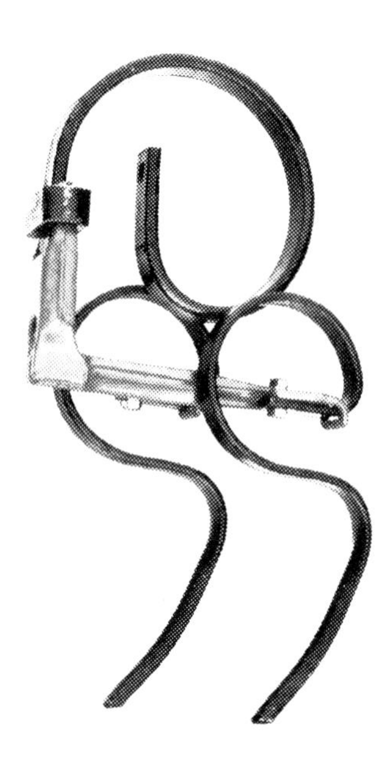

*Abb. 66 Gare-Doppelfederzinken*

**5. Einstellmöglichkeiten, Handhabung**

Wesentlich ist das Einhalten einer gleichmäßigen, geringen Arbeitstiefe bei einem ganzflächigen Bearbeiten des Saatbettes. Gareeggen arbeiten wegen des geringen Strichabstandes flach. Die Tiefenführung erfolgt über Stützräder bei einem Tragrahmen über die Einstellung des oberen Lenkers, sowie über die mehr oder minder starke Abstützung auf nachlaufenden Wälzeggen, die durch Umhängen von Ketten (Abb. 68), über Stecker- oder Spindelverstellung (Abb. 69) oder mittels Hilfsfedern bis zur Parallelogrammführung (Abb. 70) eingestellt werden kann.

Die Bearbeitungsintensität kann bei gegebenem Gerät nur durch die Fahrgeschwindigkeit gesteigert werden, wobei Arbeitsgeschwindigkeiten bis 10 km/h und mehr möglich sind.
Kultivatoren sind in der Handhabung außerordentlich einfach, Saatbettkombinationen dagegen erfordern ein relativ hohes Maß an Sachkenntnis zur Einstellung.

*Abb. 67 Garezinken*

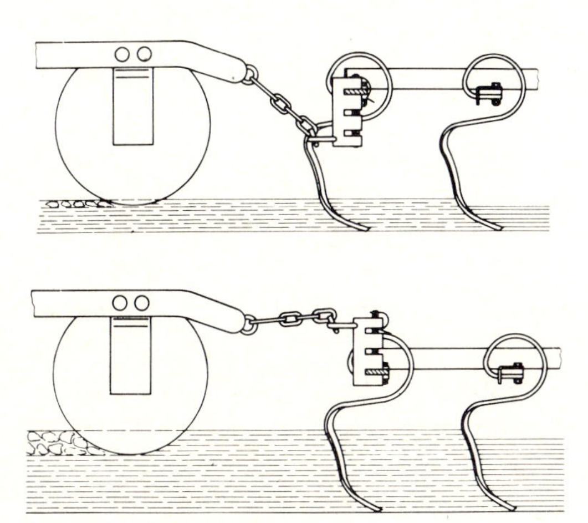

*Abb. 68 Garegge mit einem Nachläufer; Tiefeneinstellung durch Umhängen*

*Abb. 69 Feingrubber mit zwei Nachläufern; Tiefeneinstellung durch Spindel*

*Abb. 70 Feingrubber mit parallelogrammgeführten, federbelasteten Nachläufern*

## 6. Technische Daten

| | |
|---|---|
| Arbeitsbreite: | bis 18 m |
| Arbeitstiefe: | 50 – 150 mm |
| Zinken- (Gändefuß-) breite: | 10 – 105 mm |
| Anzahl der Reihen: | 1 – 6 |
| Zinkenabstand: | aus Anzahl der Reihen und Strichabstand |
| Strichabstand | |
| Gareegge: | ca. 50 mm |
| Feingrubber: | ca. 100 mm |
| Arbeitsgeschwindigkeit: | 5 – 10 km/h |
| Leistungsbedarf: | 0,75 kW/Zinken |
| Saatbettkombinationen mit hoher Arbeitsgeschwindigkeit: | bis 18 kW/m |
| Masse (Einzelgerät bis hydraulisch klappbare Saatbettkombination mit (Doppelwälzegge): | 100 – 300 kg/m |

## 7. Literatur

Verschiedene Firmenprospekte
DLG: Gerätekombinationen für die Saatbettbereitung – DLG Merkblatt 107, 1974

## 2.3.3 Zapfwellengetriebene Geräte zur Saatbettbereitung (P.T.O.-Driven Implements for Seed Bed Preparation)

Das wesentliche Merkmal dieser Geräte ist der Antrieb ihrer zinken- oder messerförmigen Werkzeuge in horizontaler oder vertikaler Richtung über die Schlepperzapfwelle.
Der zunehmende Anteil dieser Geräte gegenüber gezogenen Saatbettbereitungsgeräten besonders auf schweren Böden ist auf folgende Vorteile zurückzuführen, die grundsätzlich für sämtliche zapfwellengetriebenen Bodenbearbeitungsgeräte gelten:

1. Der Zerkleinerungseffekt kann den gegebenen Verhältnissen durch Verändern der Bearbeitungsintensität besser angepaßt werden, so daß die Bereitung eines saatfertigen Ackers in nur einem Arbeitsgang auch auf schweren Böden bei Verminderung der Fahrspuren möglich ist.
2. Ausnutzen der Schlepperleistung mit einem hohen Wirkungsgrad der Leistungsübertragung (gegenüber 50 % bei gezogenen Geräten hier etwa 80 %) unter Vermeidung des Schlupfes der Schlepperräder.
3. Die kurze Bauweise der Geräte ermöglicht eine Kombination mit Sämaschinen und damit die Saatbettbereitung und Saat in einem Arbeitsgang.

Wenngleich die Vorteile der zapfwellengetriebenen Geräte grundsätzlich auch für die Böden arider und semi-arider Gebiete zutreffen und die Zeitersparnis wegen der dichten Fruchtfolge von großem Vorteil ist, sollte eine Empfehlung für die Entwicklungsländer besonders sorgfältig geprüft werden. Viele vorhandenen Schlepper sind nicht mit einer Zapfwelle oder mit abweichender Drehzahl, Drehrichtung, Profilierung oder Anordnung ausgerüstet. Eine Abstimmung von Geschwindigkeit und Drehzahl sowie eine Einstellung für den gewünschten Effekt unter den gefundenen Bedingungen erfordert eine gute Schulung. Bei den bekannten Schwierigkeit der Ersatzteilversorgung können die Geräte kaum einfach genug sein. Komplizierte Antriebe und Lagerungen sind besonders kritisch, auch aus Gründen der Sicherheit.

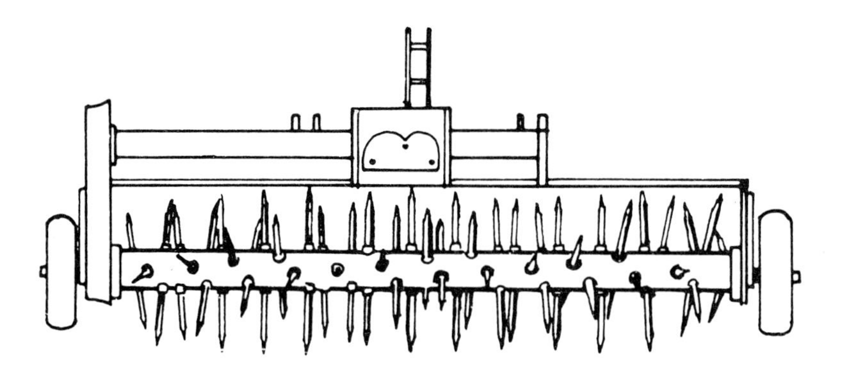

*Abb. 71 Zinkenrotor*

Die am weitesten verbreiteten zapfwellengetriebenen Geräte zur Saatbettbereitung sind die Kreisel- und Rüttel- bzw. Pendelegge sowie die Fräse (s. 2.1.3), die zu diesem Zweck mit einem Zinkenrotor (auch Rotoregge) (Abb. 71) anstelle der Fräswelle ausgerüstet werden kann. Durch die hohe Zahl der Zinken ist der Zerkleinerungseffekt trotz eines geringeren Energiebedarfs besser, ein Bearbeitungshorizont kann nicht entstehen. Allerdings ist die Einebnung und Mulchwirkung deutlich schlechter als bei der Messerwelle.

Tabelle 10 zeigt den Gesamtleistungsbedarf sowie die Anteile für Zug- und Zapfwellenleistung zapfwellengetriebener Geräte.

| Gerät | Gesamtleistungsbedarf kW (PS) je m Arbeitsbreite | Zugleistung | Antriebsleistung |
|---|---|---|---|
| Fräse (gepflügt) | 18 – 22 (25 – 30) | 0 | 3/3 |
| Zinkenrotor | 15 – 18 (20 – 25) | 0 | 3/3 |
| Rüttelegge | 11 – 18 (15 – 25) | 2/3 | 1/3 |
| Kreiselegge | 15 – 18 (20 – 25) | 1/3 | 2/3 |

*Tabelle 10 Leistungsbedarf je m Arbeitsbreite für Zzapfwellengeräte zur Saatbettbereitung – Qquelle: DLG-Merkblaatt 110*

Die *Taumelegge* sei der Vollständigkeit halber erwähnt, wegen ihrer relativ geringen Verbreitung jedoch nicht weiter ausgeführt. Sie kann ähnlich wie die Rüttel- und Kreiselegge eingestuft werden. Sie arbeitet besonders bodenschonend (Vorteil auf leichten, Nachteil auf schweren Böden). Die hochbeanspruchten Lager erfordern eine sorgfältige Wartung. Bei Taumeleggen werden die Zinkensterne durch den Boden angetrieben. Einen weiteren Vergleich dieser Gerätegruppe zeigt die Tabelle 11.
Aus Sicherheitsgründen bedarf der Einsatz von Geräten mit rotierenden oder oszillierenden Elementen besonderer Sorgfalt in der Schulung des Bedienungspersonals.

| Gerät | Hubfrequenz bzw. Drehzahl der Zinken | Werkzeuggeschwind. 1) ø m/s | Arbeitstiefe normal cm | Arbeitstiefe maximal cm | günstige Fahrgeschwind. km/h | erforderl. Schlepper-Motorleistg. kW/m AB 2) | Flächenleistung ha/h je m AB |
|---|---|---|---|---|---|---|---|
| Rüttelegge | konstant | 0,9 - 1,1 | abge- | 15 | 5 - 6 | 10 - 15 | 0,3 - 0,4 |
| Taumelegge | konstant | ca. 1,4 | stimmt auf die | 20 | 5 - 6 | 15 - 20 | 0,3 - 0,4 |
| Kreiselegge | verstellbar | 5 - 4 | jeweilige | 20 (40) | 6 - 8 | 15 - 20 | 0,4 - 0,5 |
| Rotoregge | verstellbar | 3 - 13 | Saattiefe | 15 | 6 - 8 | 15 - 20 | 0,4 - 0,5 |

1) bei Norm-Zapfwellendrehzahl 540 1/min, bzw. 100/ 1/min
2) bei 5 - 7 cm Arbeitstiefe, AB = Arbeitsbreite

*Tabelle 11 Minimalbestelltechnik – Quelle: AID-Broschüre 419*

# Die Kreiselegge (Rotating Hoe)

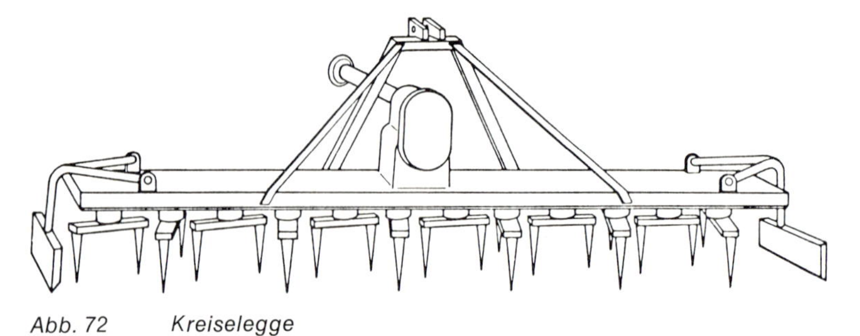

*Abb. 72 Kreiselegge*

## 1. Verwendungszweck und Beurteilung

Das wichtigste Einsatzgebiet der Kreiselegge (Abb. 72) ist die Saatbettbereitung. In Ausnahmefällen kann sie auch zur Stoppelbearbeitung oder zum Grünlandumbruch verwendet werden. Da es möglich ist, die Bearbeitungsintensität sowohl über ein Wechselgetriebe als auch über die Vorfahrtgeschwindigkeit zu variieren, läßt sich auch auf schweren Böden in einem Arbeitsgang ein gut gekrümeltes und ebenes Saatbett herrichten. Zur Stoppelbearbeitung, besonders bei gleichzeitiger Stroheinarbeitung, ist die Kreiselegge nicht allgemein zu empfehlen. Selbst durch Einbau von abgewinkelten Spezialzinken ist, abgesehen vom hohen Leistungsbedarf, auf unbearbeitetem Boden kein befriedigender Mischeffekt zu erreichen. Zur Nachbearbeitung gepflügter oder gegrubberter Stoppelflächen ist sie dagegen gut geeignet. Gegen Steine ist die Kreiselegge relativ empfindlich. Auf feuchtem Boden ist die Wirkung nicht zufriedenstellend.
Die Möglichkeit, in einem Arbeitsgang einen saatfertigen Acker zu bereiten und eventuell in Kombination mit einer Sämaschine auch gleichzeitig zu säen, führt zu einer Reduzierung der Fahrspuren auf dem Acker, einer Verminderung der Arbeitszeit sowie der Kosten.
Anbau und Einstellung des Gerätes sowie der Austausch von Werkzeugen sind einfach von einem Mann durchzuführen. Durch Herausnehmen von Messerrotoren ist auch Streifenbearbeitung (Reihenkultur) möglich. Die Kreiselegge ist in Anschaffung und Betrieb ein relativ teures Gerät.

## 2. Arbeitsweise

Durch Überlagerung der Fahr- und der Umfangsgeschwindigkeit der horizontal kreisenden, ineinandergreifenden Zinkenelemente, von denen jeweils zwei in entgegengesetzter Richtung rotieren, bewegen sich die Zinken auf einer horizontalen Zykloidenbahn (Abb. 73). Der Verlauf dieser Bewegungsbahn ist abhängig vom Verhältnis der Fahr- zur Umfangsgeschwindigkeit der Werkzeuge.

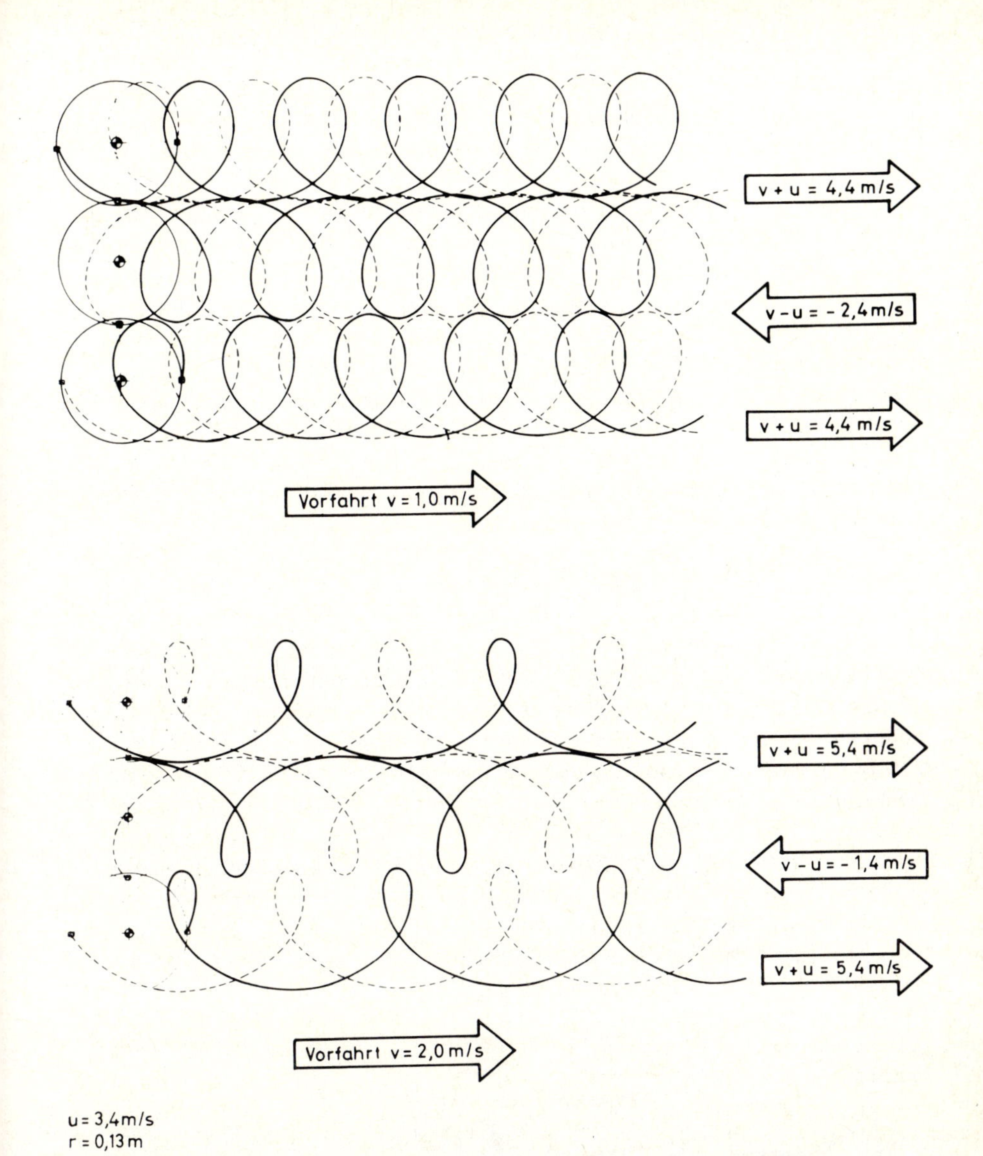


*Abb. 73* *Bewegungsablauf der Zinken einer Kreiselegge im Boden für zwei Geschwindigkeiten (v = 1,0 m/s oben und v = 2,0 m/s unten) und jeweils 3 benachbarte Kreisel*

Je nach Wahl dieses Verhältnisses ändert sich die Bearbeitungsintensität. Hohe Fahrgeschwindigkeit und niedrige Drehzahlen bewirken eine geringere, niedrige Fahrgeschwindigkeit und hohe Drehzahlen eine stärkere Bodenzerkleinerung. In Abhängigkeit von der Bodenart und dem Bodenzustand ergibt sich ein optimaler Arbeitseffekt nur bei einem bestimmten Verhältnis der beiden Geschwindigkeiten. Als allgemeiner Richtwert für den Einsatz der Kreiselegge mag gelten, daß die Umfangsgeschwindigkeit doppelt so groß sein sollte wie die Fahrgeschwindigkeit. Letztere sollte hinsichtlich eines guten Arbeitseffektes 6 km/h nicht überschreiten.
Neben einer guten Zerkleinerungswirkung zeichnet sich die Kreiselegge durch einen guten Einebnungseffekt aus. Die vertikale Mischwirkung dagegen ist gering, so daß nur der trockene Boden an der Oberfläche gekrümelt wird und kein feuchter Boden an die Oberfläche geholt wird (wenig Wasserverluste). Je nach Wahl der Zinkenlänge und -form läßt sich die Kreiselegge zu verschiedenen Zwecken verwenden.
Für eine flache Saatbettbereitung werden i. d. R. ca. 25 cm lange Zinken verwendet, während z. B. für eine Pflanzbettbereitung zu Kartoffeln oder zur Reihenbearbeitung in Kartoffeln (nach Ausbau entsprechender Zinkenelemente) bis zu 40 cm lange Werkzeuge verwendet werden. Zur Stoppelbearbeitung kann die Kreiselegge mit speziellen, abgewinkelten »Schälzinken« ausgerüstet werden. Allerdings ist die Arbeit dieses Gerätes nach der Ernte auf unbearbeitetem Boden selten zufriedenstellend und mit einem hohen Leistungsaufwand verbunden.
Eine Sonderform des »Kreiselgrubbers« bewirkt durch nach außen, auf Griff gestellte Zinken einen stärkeren Einzug (bis 25 cm) und eine bessere Mischwirkung.
Zur Nachbearbeitung gepflügter bzw. gegrubberter Stoppelflächen, selbst bei größeren Strohmengen auf der Ackeroberfläche, ist die Kreiselegge gut geeignet. Die angebaute Stabwälzegge (Abb. 74) bewirkt zwar eine gewisse Verdichtung und Einebnung des lockeren Saatbettes, dient aber im wesentlichen zur Einstellung der Arbeitstiefe der Kreiselegge.

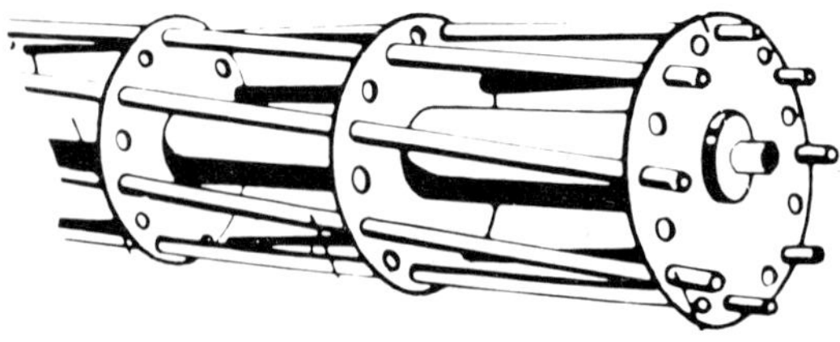

*Abb. 74 Stabwälzegge*

*Abb. 75 Kreiselegge mit angebautem Einzelkornsägerät*

Die Möglichkeit, die Bearbeitungsintensität je nach Bodenart und -zustand einzustellen, erlaubt einen vielseitigen Einsatz der Kreiselegge auf leichten bis schweren Böden bei einfacher Bedienung und Einstellung der Arbeitstiefe.
In Kombination mit einer Sämaschine ist bei entsprechenden Bodenverhältnissen eine Bestellung in einem Arbeitsgang möglich. Durch einen entsprechenden Umbausatz kann die Kreiselegge auch zum Anhäufeln verwendet werden.

### 3. Anbau und Antrieb

Die Kreiselegge ist allgemein für den Dreipunktanbau (Kategorie I bis III) am Schlepper ausgerüstet und wird in Schwimmstellung gefahren, wobei die Tiefe im allgemeinen über eine Packerwalze, seltener über Stützräder eingestellt wird. Der Schwerpunkt des Gerätes liegt nahe am Schlepper, so daß die Hubkraft des Krafthebers kaum ein begrenzender Faktor für den Einsatz der Kreiselegge ist. Bei zusätzlichem Anbau einer Sämaschine (Abb. 75) jedoch, besonders wenn sie mit Saatgut gefüllt ist, ist auf ausreichendes Hubvermögen des Schleppers zu achten. Bei Frontzapfwelle ist auch ein Frontanbau der Kreiselegge möglich.
Der Antrieb der Kreiselegge erfolgt über die Zapfwelle (540 bzs. 1000 $min^{-1}$) und ein Ölbadwechselgetriebe, das in Verlängerung der Schlepperzapfwelle mittig auf dem Gerät angebracht ist, auf ein zentrales Zahnrad, das die übrigen Zahnräder mit den ihnen verbundenen Rotoren antreibt. Es gibt auch Kreiseleggen, deren Rotoraggregate vom Wechselgetriebe aus über querliegende Profilwellen angetrieben werden. Der Vorteil dieser Geräte ist, daß sie durch den Anbau zusätzlicher Rotoraggregate in ihrer Arbeitsbreite erweitert werden können. Besonders große Kreiseleggen (9 m) können auch durch einen Aufbaumotor angetrieben werden.

Mit verschiedenen auswechselbaren Zahnrädern können die Umdrehungszahlen der Rotoren von 130 bis 480 $min^{-1}$ variiert werden. Das Wechselgetriebe der Kreiselegge kann mit einem Zapfwellendurchtrieb ausgerüstet werden, so daß z. B. der Anbau zapfwellengetriebener Sägeräte möglich ist.
Der Leistungsbedarf zapfwellengetriebener Geräte teilt sich auf in Zug- und Drehleistungsbedarf. Der jeweilige Anteil ist abhängig von der Fahrgeschwindigkeit und der Umfangsgeschwindigkeit der Werkzeuge. Mit zunehmender Fahrgeschwindigkeit steigt der Anteil der Zugleistung stark an. Damit verbunden ist eine geringe Bearbeitungsintensität, d. h. mit steigender Fahrgeschwindigkeit wird der Vorteil des Zapfwellenantriebes bezüglich des Arbeitseffektes geringer. Daher sollte mit der Kreiselegge nicht schneller als 6 km/h gefahren werden. Da auch die Variation der Drehzahl der Werkzeuge eine Änderung des Leistungsbedarfes bewirkt, so erhöht sich der Drehleistungsbedarf mit zunehmender Drehzahl.
Bei der Kreiselegge liegt das Verhältnis von Zug- zu Drehleistung etwa bei 1 : 2, d. h.: ein hoher Anteil der Leistung wird über die Zapfwelle übertragen, Schlupf ist kaum zu befürchten. Als Anhaltswerte für den Gesamtleistungsbedarf bei 8 – 10 cm Arbeitstiefe sowie bei Fahrgeschwindigkeiten von 5 – 6 km/h können 15 – 25 kW/m Arbeitsbreite gelten. Kreiseleggen großer Arbeitsbreite können hydraulisch von Arbeits- in Transportstellung geschwenkt werden.

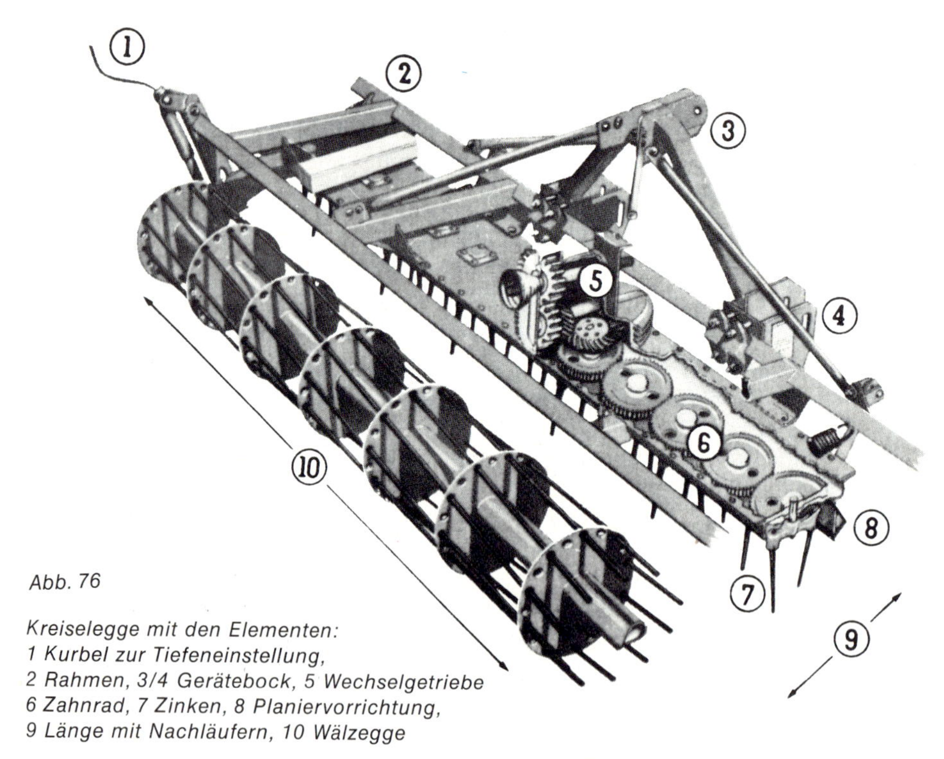


*Abb. 76*

*Kreiselegge mit den Elementen:*
*1 Kurbel zur Tiefeneinstellung,*
*2 Rahmen, 3/4 Gerätebock, 5 Wechselgetriebe*
*6 Zahnrad, 7 Zinken, 8 Planiervorrichtung,*
*9 Länge mit Nachläufern, 10 Wälzegge*

## 4. Geräte- und Werkzeugbeschreibung

Die Kreiselegge (Abb. 76) besteht aus einem Rahmen (2) mit Gerätebock für Dreipunktanbau (3). An dem Rahmen sind das Wechselgetriebe (5) befestigt und ein Zahnradkasten, in dem je nach Fabrikat und Arbeitsbreite eine verschiedene Anzahl von Zahnrädern (6) gelagert ist. An diesen befinden sich mittig angebracht vertikale Rotorachsen, die mit horizontalen Werkzeugträgern ausgerüstet sind. Diese Werkzeughalter können mit zwei bis vier leicht an- und abschraubbaren Zinken- bzw. messerförmigen Werkzeugen (7) ausgerüstet sein. Bei manchen Geräten sind die Zinken in Drehrichtung leicht nach hinten geneigt. Je nach Verwendungszweck können unterschiedlich lange und geformte Zinken verwendet werden. Für eine bessere Mischwirkung können die Zinken auch nach unten leicht ausgestellt sein. Jeweils zwei benachbarte Zinkenpaare drehen sich gegensinnig um ihre vertikale Achse (Abb. 77).

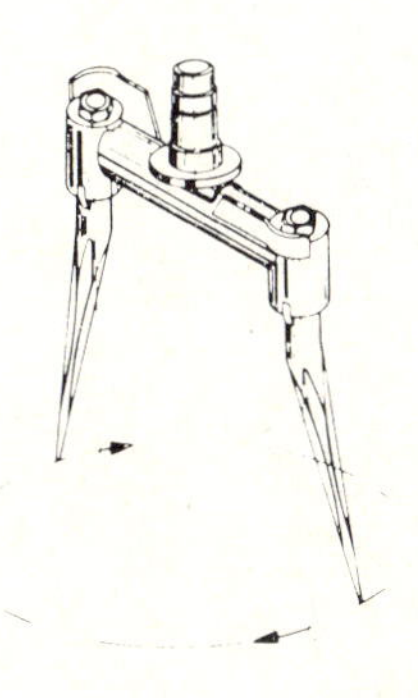

*Ab. 77 Werkzeugträger mit 2 Zinken*

Eine Steinsicherung für einzelne Werkzeuge oder Werkzeugträger ist selten, wird jedoch z. B.: für den Kreiselgrubber angeboten (Scherstift oder hydropneumatisch).

Kreiseleggen sind meistens mit einer angebauten Wälzegge (10) ausgerüstet und können mit Anbauteilen für eine Kombination mit einer Sämaschine versehen werden; z. T. ist auch der Aufbau einer Säeinrichtung auf die Kreiselegge möglich. Eine Planiervorrichtung (8) vor den Kreiseln schützt die Zinken und sorgt für eine bessere Einebnung und besonders flache Arbeit (Zuckerrüben). Eine spezielle Anhäufelvorrichtung besteht aus Reihenzinken, Reihenkappen, Stützrädern sowie einem Rahmen zur Befestigung der Häufelkörper.

## 5. Einstellmöglichkeiten

Im allgemeinen stützt sich die Kreiselegge auf einer Wälzegge ab, über die die Arbeitstiefe eingestellt werden kann (Bolzen oder Spindel). Die Intensität der Bearbeitung steigt mit der Zinkendrehzahl und mit der Anzahl der Zinken je Rotor (2 oder 4) sowie mit abnehmender Arbeitsgeschwindigkeit. Durch das Herausnehmen von Rotorpaaren ist eine Streifenbearbeitung möglich.

## 6. Technische Daten

| | |
|---|---|
| Arbeitsbreite: | 1 – 9 m |
| Arbeitstiefe: | bis 25 cm |
| Arbeitsgeschwindigkeit: | 5 – 7 km/h |
| Drehzahl Kreisel: | (83) 120 – 530 min,. |
| Drehzahl/Zapfwelle: | 540/1000 min,. |
| Umfangsgeschwindigkeit der Kreisel: | 1,8 – 6,5 m/s |
| Anzahl der Kreisel: | 2 – 4/m Arbeitsbreite |
| Anzahl der Zinken je Kreisel: | 2 – 4 |
| Gewicht: | 170 bis 330 kg/m Arbeitsbreite |

## 7. Literatur


Sieg, R.: Moderne Bodenbearbeitung und Bestellung mit zapfwellengetriebenen Geräten – Landtechnik 32 (1977) 3, S. 102 – 105

Steinkampf, H. und Zach, M.: Leistungsbedarf und Krümelungseffekt von gezogenen und zapfwellengetriebenen Geräten zur Saatbettbereitung. – Landbauforschg. Völkenrode 24 (1974) 1 S. 55 – 62

DLG: Zapfwellengeräte für die Saatbettbereitung DLG Merkblatt 110 (1974)

N. N.: Zapfwellengeräte für die Saatbettbereitung – Agrartechnik International 54 (1975) 17. Feb., S. 12/13

# Die Rüttelegge (Pendelegge) (Reciprocating Hoe)

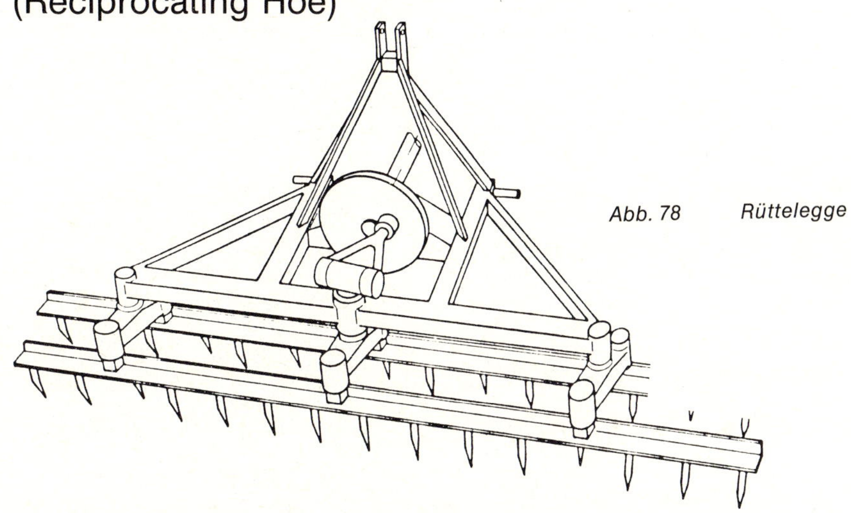

*Abb. 78 Rüttelegge*

### 1. Verwendungszweck und Beurteilung

Die Rüttelegge (Abb. 78) wird vornehmlich zur Saatbettbereitung eingesetzt. Sie kann auch zur Nachbearbeitung gepflügter bzw. gegrubberter Stoppelflächen verwendet werden. Obwohl die Bearbeitungsintensität im wesentlichen nur über die Vorfahrgeschwindigkeit variiert werden kann, ist es möglich, auch auf schwereren Böden in einem Arbeitsgang einen saatfertigen Acker herzurichten. Neben einem guten Zerkleinerungseffekt zeichnet sich die Rüttelegge durch ihre gute einebnende Wirkung aus. Auf harten, grobscholligen Böden sind jedoch mehrere Arbeitsgänge erforderlich. Ohne Packerwalze kann die Rüttelegge auch noch auf relativ nassen Böden eingesetzt werden. Die Rüttelegge ist robust und niedrig in den Reparaturkosten.
Aufgrund ihrer kurzen Bauweise läßt sich die Rüttelegge mit einer Sämaschine kombinieren. Dadurch können die Zahl der Arbeitsgänge und Schlepperspuren bei der Bestellung reduziert werden. Anbau und Einstellung des Gerätes sind von einem Mann einfach durchzuführen.

### 2. Arbeitsweise

Durch die Überlagerung der Hin- und Herbewegung der Zinken und der Vorwärtsbewegung des Schleppers ergibt sich ein sinusförmiger Bewegungsablauf der Zinken im Boden (Abb. 79).
Der Bewegungsablauf der Werkzeuge wird bestimmt durch die Eigengeschwindigkeit der Werkzeuge sowie die Fahrgeschwindigkeit des Schleppers. Ändert sich eine dieser Geschwindigkeiten, so ändert sich der Verlauf der Bewegungsbahn der Werkzeuge im Boden und damit die Bearbeitungsintensität. Die Ar-

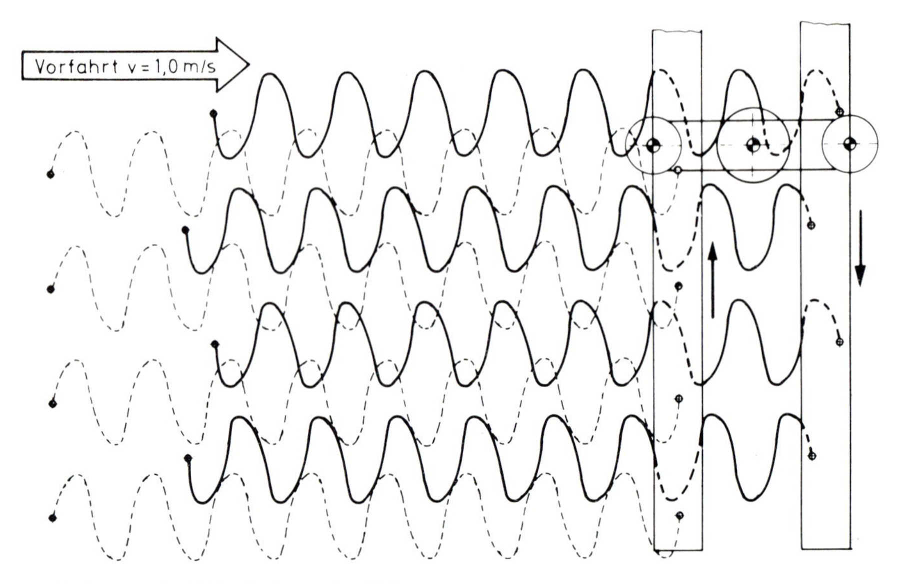


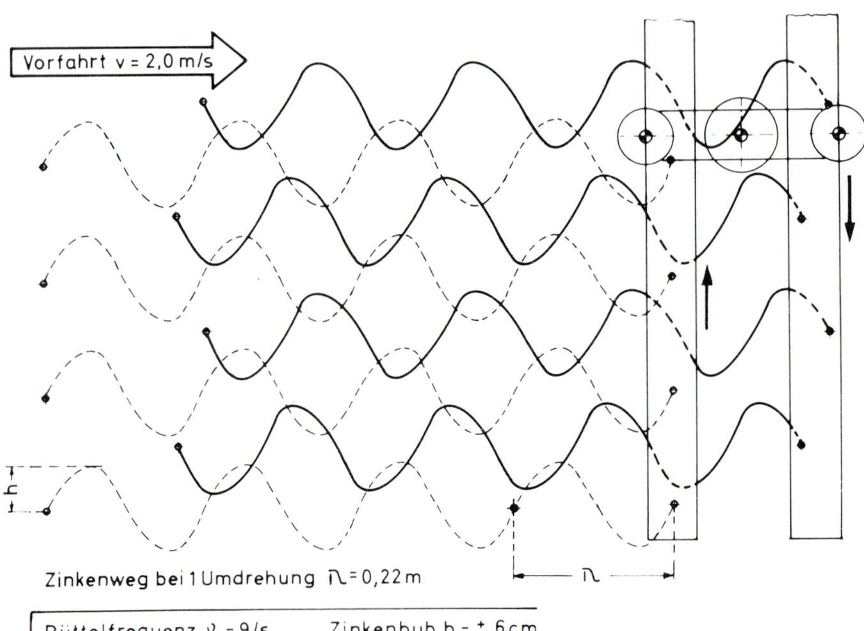


*Abb. 79 Bewegungsablauf der Zinken einer zweibalkigen Rüttelegge im Boden für zwei Geschwindigkeiten (v = 1,0 m/s und v = 2,0 m/s unten)*

beitsintensität kann im wesentlichen nur über die Fahrgeschwindigkeit verändert werden, da die Hubfrequenz, der Hubweg der Zinken sowie die Anzahl der Zinken je Balken als weitere Einflußgrößen durch das Fabrikat vorgegeben sind. Die Länge des Hubweges ist abhängig von der Länge der Arme, die die Querbalken antreiben. Bei manchen Geräten ist der Hubweg der einzelnen Balken abgestuft. So variiert der seitliche Hub z. B. bei einer vierbalkigen Rüttelegge von 9 cm des ersten bis zu 49 cm des letzten Balkens. Bei gleicher Frequenz erhöht sich mit zunehmendem Hubweg die Werkzeuggeschwindigkeit und damit die Bearbeitungsintensität. So werden besonders vierbalkige Geräte für schwere Böden empfohlen, da sie einen stärkeren Zerkleinerungseffekt aufweisen als zweibalkige.
Bei Einsatz der Rüttelegge wird der zu bearbeitende Boden durch die sich hin- und herbewegenden Zinken zerkleinert und eingeebnet. Ist die Rüttelegge tief genug eingestellt, werden auch die Schlepperspuren sicher beseitigt. Ihre Arbeitsweise verhindert, ebenso wie die der Kreiselegge, das Fördern von feuchtem (Unter-) Boden auf die Oberfläche. Bei maximalen Arbeitstiefen bis zu 20 cm (ein sinnvoller Einsatz ist nur bis 15 cm Tiefe zu empfehlen) ist es möglich, sowohl auf leichten als auch auf schweren Böden in einem Arbeitsgang einen saatfertigen Acker herzurichten. Größere Mengen an Ernterückständen auf der Ackeroberfläche können zu Verstopfungen führen. Daher ist z. B. die Nachbearbeitung gepflügter bzw. gegrubberter Stoppelflächen mit der Rüttelegge nur bei geringen Strohmengen auf der Oberfläche möglich. Mit zunehmender Fahrgeschwindigkeit nimmt die Bearbeitungsintensität ab, aufgestauter Boden wird vor dem Gerät hergeschoben. Im Hinblick auf einen befriedigenden Arbeitseffekt sollte daher nicht schneller als 6 km/h gefahren werden.
Über die angebaute Wälzegge bzw. Packerwalze, die auf leichten bis mittleren Böden eine verdichtende Wirkung ausüben, ist eine genaue Einstellung der Arbeitstiefe möglich.
In Kombination mit einer Sämaschine ist eine Bestellung mit der Rüttelegge in einem Arbeitsgang möglich.

### 3. Anbau und Antrieb

Die Rüttelegge ist für den Dreipunktanbau am Schlepper ausgerüstet und wird in Schwimmstellung gefahren. Wie bei der Kreiselegge liegt auch der Schwerpunkt der Rüttelegge nahe am Schlepper. Auf ein ausreichendes Hubvermögen muß geachtet werden, sobald das Gerät in Kombination mit einer Sämaschine gefahren wird.
Der Antrieb der Rüttelegge erfolgt durch die Zapfwelle des Schleppers (540 $min^{-1}$) über eine Gelenkwelle auf eine Kurbelscheibe, die über einen Exzenter die Drehung in eine schwingende Bewegung umsetzt. Die parallel hintereinanderliegenden Zinkenbalken werden auf diese Weise in gegenläufiger Richtung hin- und herbewegt. Ist der Massenausgleich nicht einwandfrei gelöst (einschließlich ausreichend dimensionierter Schwunggelenke als Puffer), werden

Seitenkräfte auf den Schlepper übertragen, die eine hohe Beanspruchung nicht nur für den Dreipunktanbau, sondern auch für Schlepper und Fahrer bedeuten und ernstfalls die Wahl eines größeren Schleppers erfordern als dem reinen Leistungsbedarf entspricht.
Bei modernen Geräten sind die durch die oszillierende Bewegung hervorgerufenen Drehmomentspitzen soweit gedämpft, daß sie sich nicht nachteilig auf den Schlepper auswirken.
Das Verhältnis von Zug- und Drehleistung liegt bei der Rüttelegge etwa bei 2:1. Mit zunehmender Fahrgeschwindigkeit steigt der Zugleistungsbedarf an, während der Drehleistungsbedarf relativ konstant bleibt. Aus Gründen des zunehmenden Gesamtleistungsbedarfes, aber auch wegen des damit verbundenen unbefriedigenden Arbeitseffektes, sollte die Fahrgeschwindigkeit 6 km/h nicht überschreiten. Bei dieser Geschwindigkeit sowie bei Arbeitstiefen von 8-10 cm ist mit einem Gesamtleistungsbedarf von 15-20 kW/m Arbeitsbreite zu rechnen.

## 4. Geräte- und Werkzeugbeschreibung

An einem *Rahmen* (s. Abb. 78) befinden sich bis zu 4 parallel hintereinanderliegende *Zinkenträger,* die je nach Fabrikat und Verwendungszweck mit einer unterschiedlich großen Zahl von *Zinken* ausgerüstet sind. Meistens ist ein Zinkenabstand von ca. 15 cm anzutreffen. Die leicht austauschbaren Zinken weisen Längen von 20 bis 30 cm auf. Kernstück des Gerätes ist eine schwere *Kurbelscheibe mit Exzenter* zur Umwandlung der rotierenden Bewegung der Gelenkwelle in die oszillierende Bewegung der Zinkenbalken. Die Amplitude der einzelnen Balken (seitlicher Ausschlag) ist im allgemeinen vom ersten bis zum letzten Balken gestaffelt (ca. 10-50 cm). Die Frequenz liegt zwischen 140 und 540 Schwingungen je Minute.
Die meisten Rütteleggen sind mit einer *Wälzegge* bzw. *Packerwalze* versehen und können mit Anbauteilen für eine Kombination mit einer Sämaschine (Abb. 80) ausgerüstet werden.

## 5. Einstellmöglichkeiten, Handhabung

Die Rüttelegge bietet abgesehen von der Tiefeneinstellung über die Wälzegge bzw. über die Hydraulik des Schleppers keine Einstellmöglichkeiten. Die Intensität der Bearbeitung wird lediglich über die Arbeitsgeschwindigkeit eingestellt. In der Handhabung ist die Rüttelegge ein sehr einfaches Gerät.

*80 Rüttelegge mit angebauter Drillmaschine*

## 6. Technische Daten

| | |
|---|---|
| Arbeitsbreite: | 2 – 6 m |
| Arbeitstiefe: | bis 20 cm |
| Arbeitsgeschwindigkeit: | 5 – 7 km/h |
| Drehzahl/Zapfwelle: | 540 U/min |
| Frequenz der Balken: | 140 – 540 Schwingungen/min |
| Amplitude der Balken: | 10 – 50 cm |
| Leistungsbedarf: | 15 – 22 kW/m Arbeitsbreite |
| Anzahl der Zinkenbalken: | 2 – 4 |
| Masse (mit Packerwalze): | 200 – 300 kg/m Arbeitsbreite |

## 7. Literatur

siehe Literatur Kreiselegge
verschiedene Firmenprospekte

*Schleppe* *(Foto: Krause)*

## 2.3.4 Die Schleppe (auch Schleife, Schlichte) (Levellor)

## 1. Verwendungszweck und Beurteilung

Die Schleppe ist ein altes, wegen seiner Einfachheit weit verbreitetes Gerät (Abb. 81). Sie wird eingesetzt zum:
- Einebnen der Oberfläche
- Krümeln der Oberfläche;
- Beschleunigten Abtrocknen der Oberflächen (Befahrbarkeit);
- Bekämpfen frühzeitig aufgelaufenen Unkrautes;
- Verdichten der Bodenoberfläche (bedingt);
- Krustenbrechen.

Die Schleppe ist für den Einsatz in den Tropen bedingt geeignet, da die Gefahr der Bodenerosion verstärkt werden kann.

**Vorteile der Schleppe**
- einfache und robuste Bauweise;
- stellt keine großen Forderungen an das Können des Landwirtes;
- der Boden trocknet gleichmäßig ab;
- an der Oberfläche entsteht eine Isolierschicht, die größere Wasserverluste verhindert;
- vom örtlichen Handwerker herzustellen.

**Nachteile der Ackerschleppe**
- bei feuchtem Boden Verschmierungseffekt;
- die Wasseraufnahmefähigkeit wird vermindert;
- leichte Verdichtung des Bodens;
- feinkrümeliges Material an der Oberfläche, große Hohlräume darunter;
- Fahrgeschwindigkeit begrenzt;
- Dreipunktanbau schlecht durchführbar (Transport).

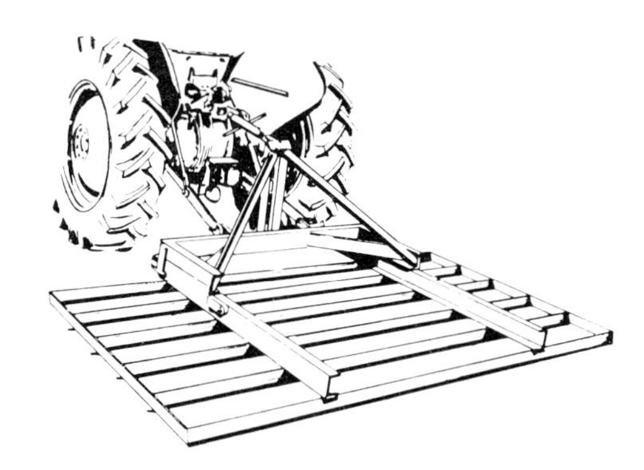

*Abb. 81 Schleppe*

## 2. Arbeitsweise

Die Schleppe schiebt Boden vor sich her, krümelt ihn dabei und legt ihn in die Vertiefungen ab. Unkraut wird dabei herausgerissen und trocknet ab. Die Schleppe darf nicht zu viel Boden vor sich herschieben. Durch Zusatzgewichte, entsprechende Anlenkung sowie durch die Arbeitsgeschwindigkeit kann dabei die Arbeitstiefe und Intensität der Bearbeitung schwerer Böden beeinflußt wer-

den. Häufig kann der gewünschte Effekt nur durch Anordnen mehrerer Arbeitselemente hintereinander und/oder mehrere Arbeitsgänge erreicht werden. Bei feuchtem Bodem muß ein Kompromiß zwischen ausreichender Einebnung und Vermeiden von Verschmieren gefunden werden.
Wichtig ist eine gute Anpassung an die Oberfläche, was durch die unabhängige Aufhängung einzelner Elemente an einem Tragbalken erreicht wird. Die beste Wirkung wird bei der Arbeit schräg zur vorhergehenden Grundbodenbearbeitung erzielt.

## 3. Anbau

Schleppen sind in der Mehrzahl als gezogene Geräte ausgeführt. Eine Zugvorrichtung mit einem Zugbalken dient als Befestigung für nacheinander angeordnete Werkzeuge. Durch Längen oder Kürzen der Zugvorrichtung bzw. durch höher oder tiefer Legen des Anhängepunktes wird der Zugwinkel und damit die Arbeitstiefe und -intensität verändert.
Die Werkzeuge können versetzt angeordnet sein. Außerdem werden Schleppen als Bestandteil von Kombinationen verwendet. Dreipunktanbau ist nicht üblich.

## 4. Geräte- und Werkzeugbeschreibung

Schleppen werden unterteilt in
a) Balkenschleppen,
b) Kastenschleppen,
c) Reifenschleppen,
d) Kettenschleppen.

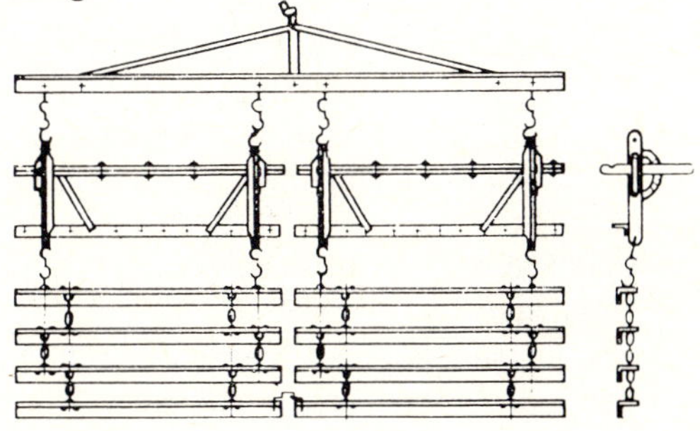

*Abb. 82 Balkenschleppe*

zu a) Balkenschleppen
Die Balkenschleppe (Abb. 82) besteht entweder aus einem einzelnen Balken oder einer Bohle (eventuell an der Unterseite mit Steinen, kurzen Zinken oder sonstigen Werkzeugen versehen) oder ein quer zur Fahrtrichtung angeordneter Zugbalken hält mit Hilfe von Ketten- oder Zwischengliedern mehrere hintereinander angeordnete Balken, die meist aus Holz sind. Sie können versetzt angeordnet und zusätzlich mit kurzen Zinken versehen sein. Die Arbeitskante ist dabei meistens mit einer Stahlschiene versehen.

zu b) Kastenschleppe
Anstelle der Balken werden Kästen benutzt, die eine nach den Bedürfnissen erforderliche Belastung und zugleich eine Verstellung des Anstellwinkels der Arbeitsfläche zulassen. Hieraus kann eine planierende, hobelnde oder andrükkende Arbeit durchgeführt werden.
In die gleiche Gruppe können Schleppen eingeordnet werden, die aus einem mit Astgeflecht ausgefüllten Rahmen bestehen und mit Feldsteinen belastet werden.

zu c) Reifenschleppe

Reifen, die versetzt hintereinander angeordnet sind (mindestens 3 Reifen), werden vom Zugbalken gezogen und gehalten (Abb. 83). Die Reifenunterseite ist da-

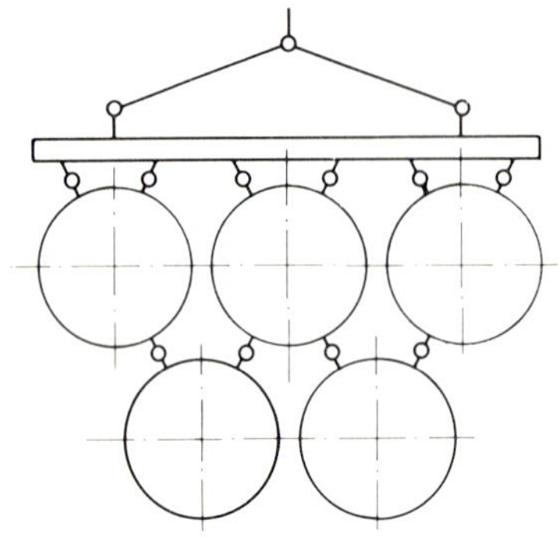

*Abb. 83 Reifenschleppe*

zu d) Kettenschleppe

Der Zugbalken dient als Befestigung für mehrere starke Ketten, die unterschiedlich angeordnet sein können.

### 5. Einstellmöglichkeiten, Handhabung

Die Gesamtwirkung der Schleppe ist abgesehen von der konstruktiven Ausführung abhängig von folgenden Einstellmöglichkeiten:

a) Masse der Schleppe (einschließlich Zusatzgewichte);
b) Zugwinkel;
c) Anstellwinkel der Arbeitsfläche;
d) Arbeitsgeschwindigkeit.

Außerdem kann der Arbeitsgang bis zu einer ausreichenden Wirkung wiederholt werden. Bei einer Balkenschleppe läßt sich die Wirkung durch Ankippen in oder gegen die Arbeitsrichtung von stark schiebend über schneidend-hobelnd bis andrückend verändern.

Der Einsatz der Schleppe erfordert kein spezielles Wissen und ist sehr einfach.

### 6. Technische Daten

| | |
|---|---|
| Arbeitsbreite: | bis 8 m |
| Arbeitstiefe: | bis 50 mm |
| Anzahl der Werkzeuge: | bis 12 |
| Masse: | 30 – 50 kg/m |
| Arbeitsgeschwindigkeit: | bis 8 km/h |
| Leistungsbedarf: | ca.5 kW je m Arbeitsbreite |

### 7. Literatur

Siehe allgemeine Literatur »Geräte und Verfahren zur Bodenbearbeitung«
einige Firmenprospekte

## 2.3.5 Die Walzen und Packer (Roller)

## 1. Verwendungszweck und Beurteilung

Walzen (Abb. 84) dienen zum:
- Verdichten der Böden in unterschiedlichen Schichten der Krume;
- Beseitigen von Hohlräumen;
- Zerstören von Kluten;
- Zerbrechen der Bodenkruste;
- Regeln des Wasserhaushaltes durch Verdichten der Bodenoberfläche, Förderung der Verdunstung;
- Einebnen des Bodens (auch Maulwurfshügel auf Wiesenböden);
- Anpressen junger Pflanzen, wenn der Bodenschluß (z. B. durch Frost) verloren gegangen ist;
- Grünlandpflege.

Bei sachgerechtem Einsatz und unter Berücksichtigung der bodenspezifischen Werkzeuge kann die Walze bedingt in den Tropen und Subtropen eingesetzt werden.

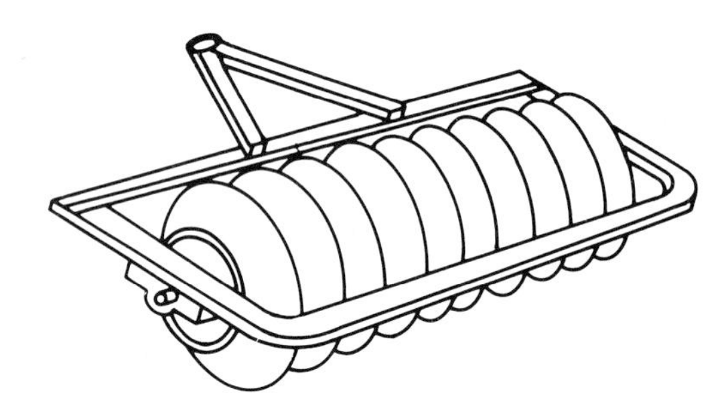

*Abb. 84 Walze*

**Vorteile der Walzen:**
- nahezu unbegrenzter Einsatz;
- gute Krümelung von harten Schollen und Kluten durch die Wahl des richtigen Walzwerkzeuges;
- hoher Wirkungsgrad;
- auch in Hanglagen und unebenem Gelände einsetzbar (mehrteilige Walzen);
- große Anzahl von Werkzeugen ermöglicht spezifischen Einsatz;
- hohe Flächenleistung;
- geringer Zugkraftbedarf;
- auch für schwersten Boden geeignet;
- einfache, robuste Ausführung, daher kaum Verschleiß;
- einfache Herstellung.

**Nachteile der Walzen:**

- Bodenverdichtung kann nicht verhindert werden, wenn z. B. nur Krümelung erwünscht ist;
- Wasseraufnahme des Bodens wird bei Glattwalzen verringert;
- Abtrocknung wird beschleunigt (evtl. auch Vorteil);
- Verdichtung ist abhängig von der Fahrgeschwindigkeit;
- trocknender, schwerer Boden kann Rauhwalzen vollkommen zusetzen,
- Bodenerosion kann gefördert werden.

## 2. Arbeitsweise

Die Grundbodenbearbeitung führt häufig zu einer Überlockerung des Bodens. Insbesondere bei dichter Fruchtfolge (kaum natürliche Setzung) ist eine mechanische Verdichtung, oft direkt in Verbindung mit dem Pflug (Nachläufer), erforderlich. Die verdichtende Wirkung der Walzen wird durch die Flächenpressung erreicht.
Die Größe der Flächenpressung ist abhängig von der Walzenmasse, dem Walzendurchmesser, der Form der Walzenoberfläche und der Anpassung an die Bodenoberfläche, letztlich also von der Größe und Richtung der auf die tatsächlich tragende Fläche wirkenden Kraft. Ein weiterer wichtiger Faktor ist die Dauer der Flächenpressung bzw. die Arbeitsgeschwindigkeit.
Die Flächenpressung bewirkt ein Verdichten und zugleich ein Krümeln des Akkerbodens. Die Walzenform entscheidet über die Güte der Krümelung und der Verdichtung in unterschiedlichen Bodentiefen. Da die Kraft, insbesondere bei Glattwalzen jedoch von oben in den Boden geleitet wird, ist die erzielte Verdichtung in Oberflächennähe am größten und nimmt mit der Tiefe ab. Die Tiefenwirkung ist gering. Um eine gleichmäßige Wirkung auf die ganze Fläche zu erreichen, werden Walzen häufig in einzelne, verschieden profilierte, voneinander unabhängig bewegte Ringe (Selbstreinigung!) aufgelöst. Wesentlich ist der Durchmesser der Walzen. Walzen mit großem Durchmesser sinken weniger ein, haben weniger Schlupf. Die Flächenpressung ist geringer, die Tiefenwirkung jedoch größer.
Die Größe der Flächenpressung und deren Dauer bestimmen die Verdichtungstiefe der Walzen. Bei Glatt- und Rauhwalzen erfolgt eine Verdichtung von 0-15 cm, bei Krumenpackern bis zu 20 cm.

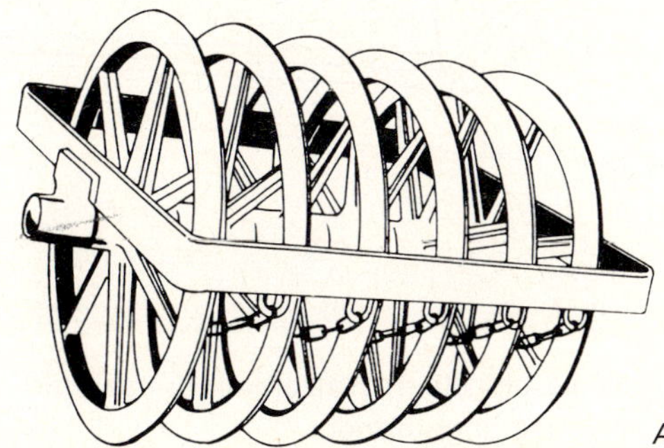

*Abb. 85 Krumenpacker*

Der Krumenpacker (Abb. 85) wird für tiefere Bearbeitung eingesetzt. Die schmalen Speichenräder dringen tiefer in den Boden ein und verdichten ihn, die Speichen nehmen dabei lockeren Boden mit und fördern ihn an die Oberfläche, dadurch wird eine gelockerte Krume in oberen Bodenschichten erreicht.

**3. Anbau**

Die Walzen sind größtenteils als gezogene Bodenbearbeitungsgeräte in Anwendung. Der Anbau in der Dreipunktaufhängung wird jedoch zur Zeit immer mehr benutzt. Vorteile sind der einfache Anbau, die problemlose Handhabung und vor allem der einfache Transport der Walzen. Bei der Ausführung als Anhängegerät werden die Walzen an der Ackerschiene oder im Zugmaul des Schleppers befestigt. Insbesondere Packerwalzen werden auf leichten Böden zunehmend als Pflugnachläufer mit Zugkette oder Fangbügeln für Drehpflüge verwendet.
Der Leistungsbedarf ist gering. Er ist umgekehrt proportional zum Durchmesser der Walzen.

**4. Geräte- und Werkzeugbeschreibung**

Walzen werden unterteilt in:
a. Glattwalzen,
b. Rauhwalzen,
c. Krumenpacker,
d. Krustenbrecher.

Zu a:
Ein quer zur Fahrtrichtung angeordneter Rahmen, der gezogen oder für Dreipunktanbau ausgeführt ist, hält die Achse, auf der ein oder mehrere glatte Stahlzylinder mit einem Durchmesser von ca. 300-700 mm (bei Wiesen-, Moor- und Wurzelwalzen bis 1 500 mm) drehbar gelagert sind (Abb. 86). Glattwalzen werden meistens in einteiliger Walzenanordnung eingesetzt. Es gibt jedoch auch eine in zwei oder mehr Reihen gestaffelte Anordnung.

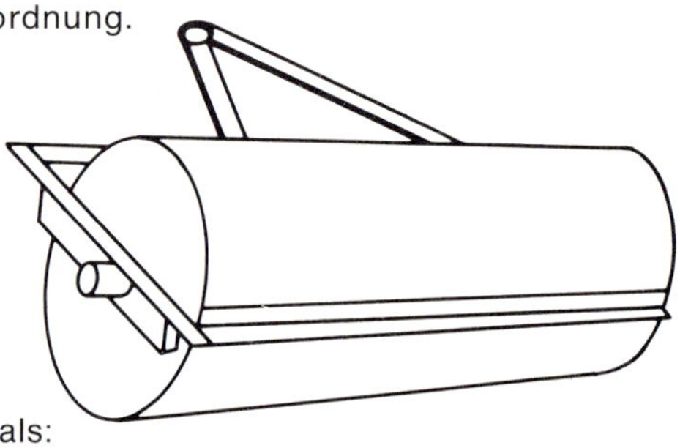

*Abb. 86 Glattwalze*

Zu b:
Rauhwalzen (Abb. 87) sind ausgeführt als:
- Ringwalzen,
- Sternwalzen,
- Cambridgewalzen,
- Croskillwalzen.

Im Unterschied zu Glattwalzen sind hier die einzelnen Walzenkörper (bei der Ringwalze 8-12/m) lose drehbar auf der Achse angeordnet.

Rauhwalzen werden überwiegend in mehrteiliger Walzenanordnung benutzt. Bei der Cambridgewalze sind abwechselnd ca. 10 glatte und 10 Zackenscheiben unterschiedlicher Durchmesser je Meter Arbeitsbreite derartig angeordnet, daß eine unabhängige und exzentrische Bewegung und damit eine optimale Geländeanpassung und Selbstreinigung möglich ist. Bei der Croskillwalze sind abwechselnd Zacken und Nockenscheiben angeordnet, wodurch eine intensive Krümelung auch auf schweren Böden erreicht wird.

*Abb. 87 Cambridge-Walze*

Zu c:

Krumenpacker, Untergrundpacker

Rahmenaufbau- und Ausführung von Krumenpackern (s. Abb. 85) entsprechen denen der Glatt- und Rauhwalzen. Schmale, gegossene Speichenräder mit meist dreieckigem Querschnitt des Ringes und einem Durchmesser von ca. 700 bis 1 100 mm sind lose im Abstand von 100-180 mm auf der Achse angeordnet. Bei der losen Anordnung der Walzenkörper auf der Walzenachse ist ein günstiges Verhalten bei Wenden und Kurvenfahrt vorhanden. Krumenpacker werden als Pflugnachläufer benutzt, teilweise sogar mit aufgebautem Säkasten zur Bestellsaat (Abb. 88).

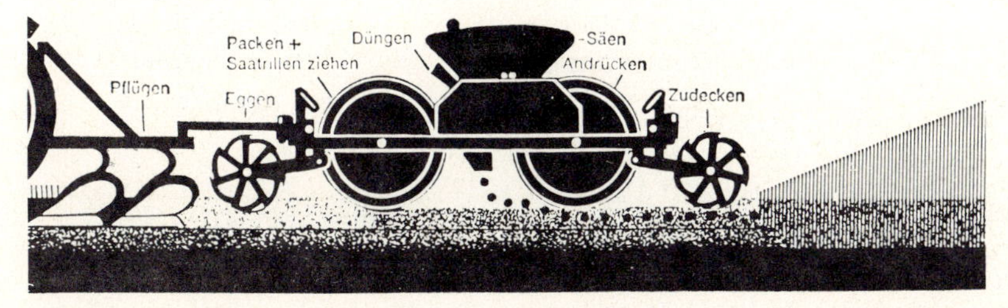


*Abb. 88 Bestell-Kombination mit Krumenpacker*

Zu d:

Eine besondere Bauart ist der Krustenbrecher, der den jungen Pflanzen das Durchdringen einer Kruste ermöglichen soll. Auf einem glatten Stahlmantel sind Zinken oder Zacken angebracht, die die Kruste durchdringen und aufbrechen, ohne die Pflanze zu beschädigen.

## 5. Einstellmöglichkeiten, Handhabung

Eine Einstellmöglichkeit ist über die Änderung der Arbeitsgeschwindigkeit (3-10 km/h) oder durch Be- oder Entlastung der Walzen mit Zusatzgewichten bzw. durch Wasser- oder Sandfüllung gegeben.
Im wesentlichen ist die Bearbeitungsintensität von der Wahl des Walzenkörpers abhängig.
- Rauhwalzen: gute Krümelung;
- Krumenpacker: gute Untergrundverdichtung;
- Glattwalzen: gute Einebnung und Anpressung von Feinsämereien.

Die Bearbeitungsintensität kann durch Kombination mit verschiedenen Walzentypen oder anderen Bodenbearbeitungsgeräten (z. B. Egge) verbessert werden.
Die gezogenen oder auch angebauten Walzen sind einfach von einer Arbeitskraft an- oder abzubauen. Es entstehen nur minimale Rüstzeiten. Das Arbeiten mit Walzen stellt keine besonderen Anforderungen an den Bediener. Die Auswahl der Walze sowie der Einsatzzeitpunkt sind jedoch von großer Wichtigkeit.

## 6. Technische Daten

| | | |
|---|---|---|
| Arbeitsbreite: | Einteilige Anordnung | bis 4,5 m |
| | Mehrteilige Anordnung | bis 9 m |
| Walzenkörper (Anzahl): | Glattwalzen | 1 – 2/m |
| | Rauhwalzen | 8 – 20/m |
| | Krumenpacker | 5 – 10/m |
| Walzendurchmesser: | Glattwalzen | 300 – 1500 mm |
| | Rauhwalzen | 350 – 650 mm |
| | Krumenpacker | 700 – 1100 mm |
| mittlere Flächenpressung: | Glattwalzen | 1000 – 5300 N/m |
| | (Wiesenwalzen | bis 30000 N/m) |
| | Rauhwalzen | 1000 – 5000 N/m |
| | Krumenpacker | 2500 – 5000 N/m |
| Arbeitsgeschwindigkeit: | | bis 10 km/h |

## 7. Literatur

verschiedene Firmenprospekte
Allgemeine Literatur »Geräte und Verfahren zur Bodenbearbeitung«
DIN 11075 Ackerwalzen, Benennungen
DIN 11071 Ringe und Sterne für Cambridge-Walzen
DIN 11070 Ringe für Ringelwalzen

## 2.3.6 Der Striegel (Weeder)

Die Bezeichnung Striegel ist nicht einheitlich benutzt. Man versteht darunter sowohl den *Hackstriegel* (Abb. 89) mit einer oder wenigen Reihen langer gefederter Zinken als auch den *Unkrautstriegel* (Netzegge, Abb. 90) mit gelenkig untereinander verbundenen Zinken.

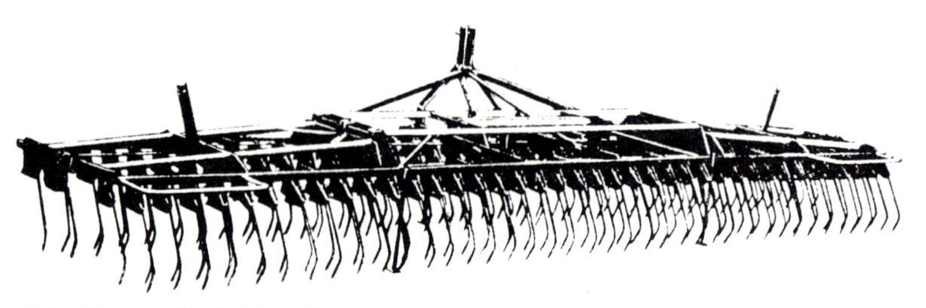

*Abb. 89 Hackstriegel*

## 1. Verwendungszweck und Beurteilung

Der Striegel dient zur:
- mechanischen Unkrautbekämpfung;
- Lockerung und Aufrauhung der obersten Ackerschichten bei verkrustetem Boden;
- Krümelung des Bodens;
- Lüftung des Bodens;
- Einarbeiten von Saatgut und Pflanzenbehandlungsmitteln;
- Verteilen von Stallmist.

Bei sachgerechtem Einsatz für den Einsatz in den Tropen und Subtropen geeignet.

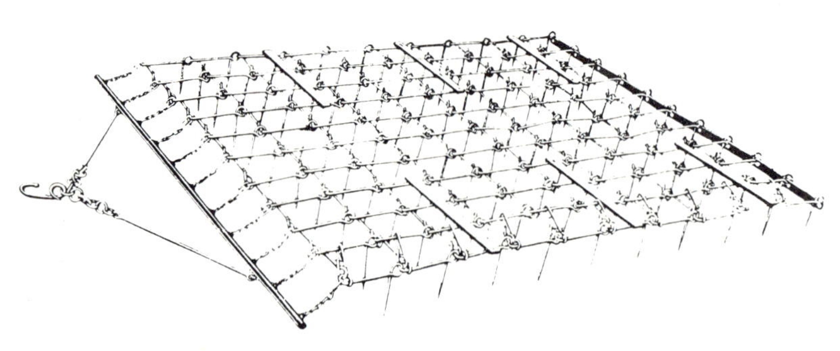

*Abb. 90 Unkrautstriegel (Netzegge)*

**Vorteile:**
- für die meisten Bodentypen geeignet;
- einfache und billige Konstruktion;
- Wasseraufnahme des Bodens wird erhöht;
- grobe Krümelung des Bodens,
- hohe Arbeitsgeschwindigkeit;
- Einsatz bei Hackfrüchten vor Auflaufen der Blätter als Schleppe;
- Einsatz bei Hackfrüchten nach Entwicklung der Blätter als Egge;
- Einsatz in Damm- und Reihenkulturen möglich.

**Nachteile:**
- für schwere Bodentypen nicht geeignet;
- bei zu häufigem Einsatz wird der Boden zu feinkörnig, und es besteht die Gefahr der Bodenerosion.

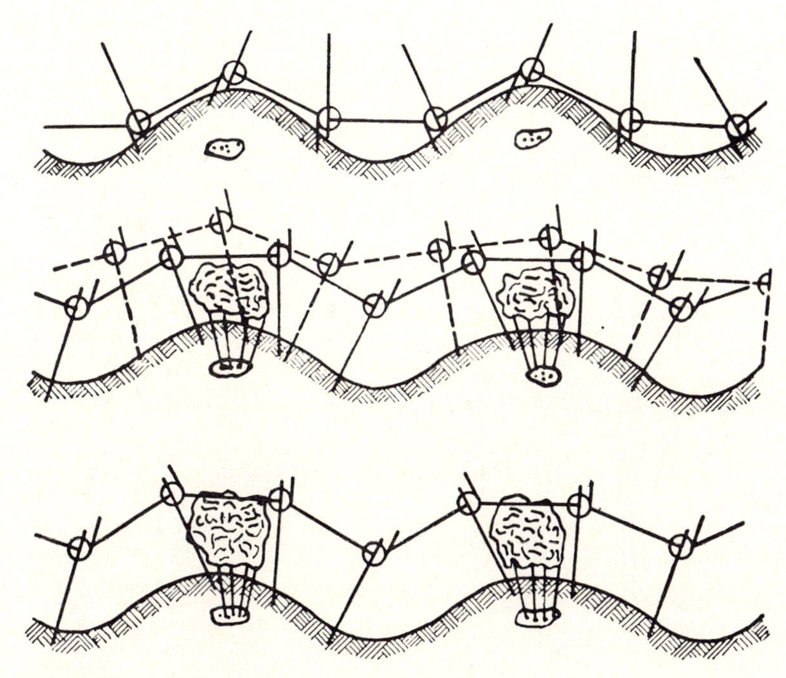

*Abb. 91 Unkrautstriegel in einer Dammkultur*

## 2. Arbeitsweise

Der Striegel arbeitet nach dem Ritz-Schlag-Prinzip. Er schmiegt sich dem Relief des Bodens auch in Dammkulturen an, beim Hackstriegel mit Hilfe einzeln angelenkter, federbelasteter Zinken und beim Unkrautstriegel durch das gelenkige Netzwerk (Abb. 91). Dadurch wird eine gleichmäßige Arbeitstiefe erreicht.
Die Blätter fest verwurzelter Pflanzen weichen aus der Arbeitsbahn aus, schwach verwurzelte Pflanzen werden erfaßt und gegebenenfalls ausgerissen.
Zusätzlich können die Einzelwerkzeuge von Unkrautstriegeln unabhängig vom Feld, beim Auftreffen auf Hindernisse oder fest verwurzelte Pflanzen ausweichen. Der Striegel lockert und krümelt den Boden, vermag ein wenig einzuebnen und flach einzumischen.

## 3. Anbau und Antrieb

Der Unkrautstriegel ist ein Anhängegerät, das aber heute überwiegend in einen Tragrahmen eingehängt und am Dreipunktanbau befestigt wird. Der Anbau soll so erfolgen, daß alle Zinken mit gleichmäßigem Tiefgang und in eigenen Arbeitsbahnen laufen. Der Hackstriegel hat einen Tragbalken und ist ein Anbaugerät. Bei Dreipunktanbau erfolgt die Arbeit in Lagestellung, eine Regelhydraulik ist nicht erforderlich.
Die Hubkraft in den unteren Lenkern sollte in etwa dem doppelten Gerätegewicht entsprechen.
Der Leistungsbedarf bei Unkrautstriegeln und Hackstriegeln/Ackerbürsten liegt bei 3-7 kW je Meter Arbeitsbreite.

## 4. Geräte- und Werkzeugbeschreibung

Die Striegel werden in zwei verschiedenen Bauformen hergestellt.
a) als Unkrautstriegel/Gliederegge (Netzegge) und
b) als Hackstriegel.

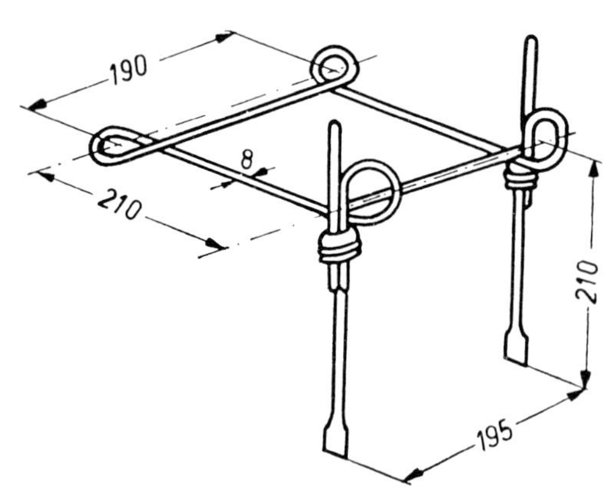


*Abb. 92 Zinkenfeld einer Gliederegge*

Zu a):
Der *Unkrautstriegel* besteht aus einem rahmenlosen Netzwerk von allseitig gelenkigen Gliedern (Abb. 92). Die netzartig in weiten Ösen verflochtenen Einzelglieder halten mit Stababschnitten in der Netzebene den Längs- und Querabstand voneinander und laufen an beiden Enden in Zinken aus. Beide Gliederenden stehen senkrecht zur Netzebene, davon eines als langer Zinken und das andere in entgegengesetzter Richtung als kurzer Zinken. Die Netzkonstruktion drückt durch ihr Eigengewicht die Zinken in den Boden.
Die Werkzeugform (Abb. 93) wird weniger nach der Bodenart als nach dem Zustand der Bodenoberfläche ausgewählt. Netzeggen werden auch umgedreht, also auf dem Rücken liegend, mit den kurzen Zinken nach unten eingesetzt.

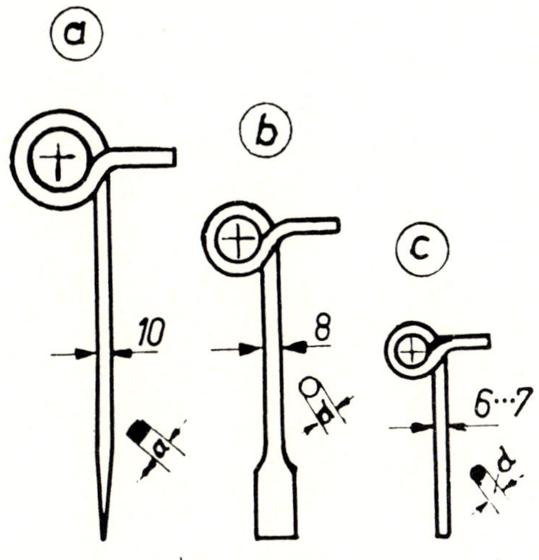


*Abb. 93 Werkzeuge einer Gliederegge*

Zu b):
Bei dem *Hackstriegel* nimmt ein quer zur Fahrtrichtung angeordneter Rahmen (s. Abb. 89) die aus Federstahl hergestellten Werkzeuge, die schräg nach unten verlaufend angebracht sind, auf.
Die Zinken mit rundem oder rechteckigem Querschnitt sind gerade oder ca. 10 cm vor der Spitze nach vorne abgebogen. Die Befestigung der Zinken erfolgt über eine Stellwippe mittels der der Zinkendruck verändert werden kann, (Abb. 94). Bei Arbeiten in Reihen- oder Dammkulturen können die Zinken einzeln oder gruppenweise hochgestellt werden.
Der Rahmen ist auf Transportbreite klappbar ausgeführt und für den Dreipunktanbau ausgerüstet. Ausführung als Schnellkuppler ist möglich.

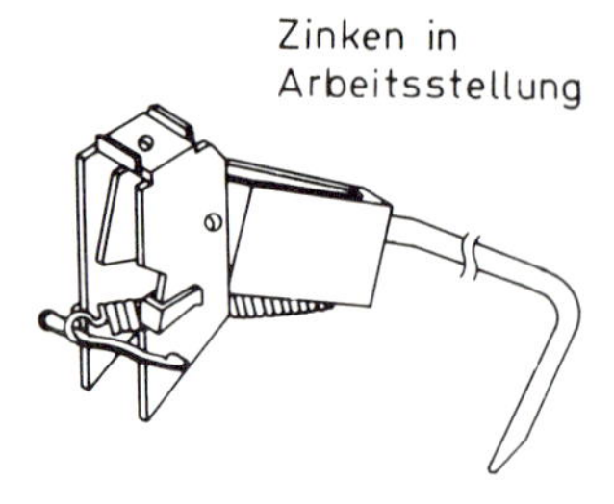


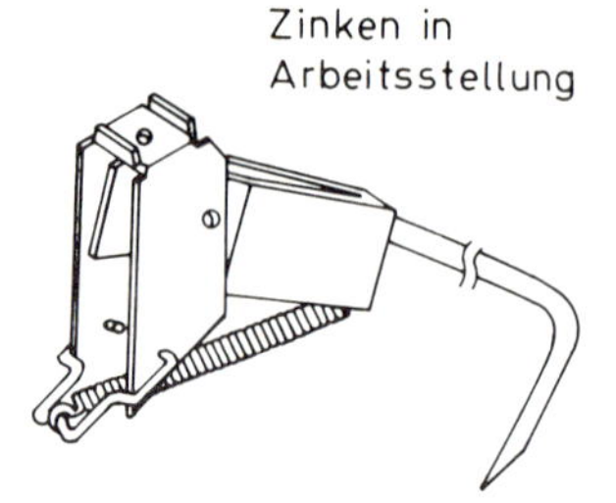


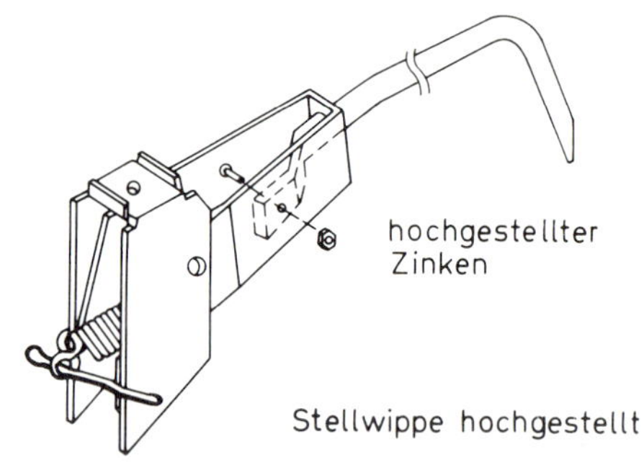


*Abb. 94 Stellwippe eines Hackstriegels in verschiedenen Positionen*

## 5. Einstellmöglichkeiten, Handhabung

### 5.1 Arbeitstiefe

a) Unkrautstriegel
Die Arbeitstiefe wird durch die Arbeitsgeschwindigkeit, die Höhe der Zugpunkte, durch Belasten des Tragrahmens oder durch Umdrehen des Unkrautstriegels auf den Rücken (kurze Zinken nach unten) verändert.
b) Hackstriegel
Einstellen der Tiefe durch die Arbeitsgeschwindigkeit, durch die Schlepperhydraulik und durch Verstellen der Zinkenbelastung am Gerät mittels einer Zugfeder oder Stellwippe. Der Zinkenabstand hat einen deutlichen Einfluß auf die Arbeitstiefe.

### 5.2 Bearbeitungsintensität

Die Bearbeitungsintensität des Striegels läßt sich durch Ändern der Arbeitsgeschwindigkeit, der Zinkenzahl und des Zinkenabstandes (Strichabstand) verändern. D.h.:

- langsame Fahrtgeschwindigkeit = geringe Unkrautbeseitigung, grobschollige Arbeit;
- minimale Zinkenzahl + großer Strichabstand = geringe Unkrautbeseitigung, grobschollige Arbeit;
- schnelle Fahrgeschwindigkeit (bis 12 km/h) + maximale Zinkenzahl = feine Krümelung und Mischung, maximale Unkrautbeseitigung.

### 5.3 Handhabung

Die Handhabung des Striegels stellt keine besonderen Anforderungen an den Bediener. Anbau und Betrieb können von einer Person durchgeführt werden. Als Ausnahme ist der Betrieb als Hackstriegel in einer Reihenkultur zu nennen. Hier muß der Fahrer den Schlepper so lenken, daß die Werkzeuge genau zwischen den einzelnen Reihen laufen.

## 6. Technische Daten

| | Unkrautstriegel | Hackstriegel |
|---|---|---|
| Arbeitsbreite: | bis 4 m | bis 6,50 m |
| Zinkenzahl: | 77 – 110 | 68 – 156 |
| Zinkenlänge: | 12 – 17,5 cm | ca. 30 cm |
| Strichabstand: | 2 – 4,5 cm | ca. 4 cm |
| Regelbarer Zinkendruck: | ——— | 20 – 40 N |
| Masse: | 30 – 75 kg | 200 – 460 kg |
| Flächenleistung: | bis 5 ha/h | bis 7 ha/h |
| Leistungsbedarf pro m Arbeitsbreite: | ca. 4 kW | ca. 7 kW |

## 7. Literatur

verschiedene Firmenprospekte
Allgemeine Literatur »Geräte und Verfahren zur Bodenbearbeitung«

## 2.3.7 Der Häufler (Ridger)

## 1. Verwendungszweck und Beurteilung

Häufelgeräte (Abb. 95) werden verwendet zum:
- Anlegen von Dämmen;
- Zudecken von Saatgut;
- Hochhäufeln der Dämme;
- Anlegen von Bewässerungsrillen und -dämmen.

Häufelgeräte werden in den Tropen und Subtropen in starkem Umfange eingesetzt, da zahlreiche Kulturen wie z. B. Baumwolle, Mais, Sorghum, Kartoffeln etc. auf Dämmen angebaut werden. Der Dammbau wird häufig mit Furchenbewässerung kombiniert. Im Rahmen der Sondergeräte für den Bewässerungsfeldbau (Abschnitt 2.4) werden Schar- und Scheibenhäufler ausführlich behandelt. Hier wird zunächst der in den Kulturböden humider Klimate weiter verbreitete Scharhäufler behandelt.

Vorteile der Häufelgeräte:
- ein- bis mehrreihig einsetzbar;
- Gespann- wie Schlepperzug möglich;
- kann in Kombination mit anderen Geräten verwendet werden;
- Benutzung eines Tragrahmens, der auch für andere Geräte verwendet werden kann.

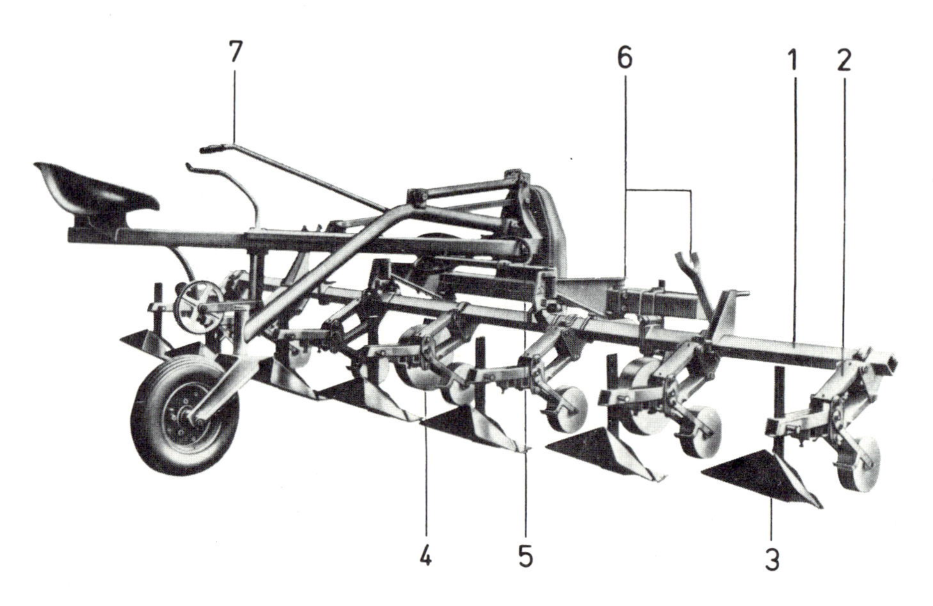


*Abb. 95* *Häufler mit den Elementen:*
*1 Tragrahmen, 2 Parallelogrammführung,*
*3 Häufelkörper, 4 Stützrad,*
*5 Hydraulikzylinder zur Reihenangleichung,*
*6 Gelenk und Stütze zum Zusammenklappen für den Transport, 7 Hebel für hydraul. Lenkhilfe*

Nachteile der Häufelgeräte:
- Verdichten die Oberfläche des Bodens (Zustreicheffekt);
- in unebenem Gelände ist spezielle Führung nötig (Parallelogramm-, Viergelenk- oder Eingelenkführung);
- bei Schichtlinienfahrt meist zusätzliche Steuerung für Hangausgleich nötig;
- Probleme bei steinigem, hartem Boden mit Wurzeln.

## 2. Arbeitsweise

Das Schar des Häufelkörpers dringt je nach Anstellwinkel und Tiefenbegrenzung in den Boden ein, hebt diesen an und transportiert ihn über die Häuflerbrust und die Flügelbleche gleichmäßig nach oben und zur Dammseite weiter. Bodenart und -zustand, die gewünschte Form des Dammes und die mögliche Arbeitsgeschwindigkeit bestimmen die erforderliche Form des Häufelkörpers.

## 3. Anbau

Häufelgeräte werden meistens im Dreipunktanbau und mehrreihig ausgeführt. Eine Tiefenregulierung erfolgt über Stützräder am Tragrahmen oder am einzelnen Häufelkörper. Zur Führung in Arbeitsrichtung ist teilweise eine Lenkvorrichtung vorgesehen.
Mehrreihige Ausführungen können mit einem Tragwagen und einem dazugehörigen Tragrahmen konstruiert werden. Neben diesen beiden Lösungen ist noch der Zwischenachsenbau möglich, der durch den Vorteil der guten Überschaubarkeit sowie der günstigen Führung bei Arbeiten in der Schichtlinie zu bevorzugen ist.

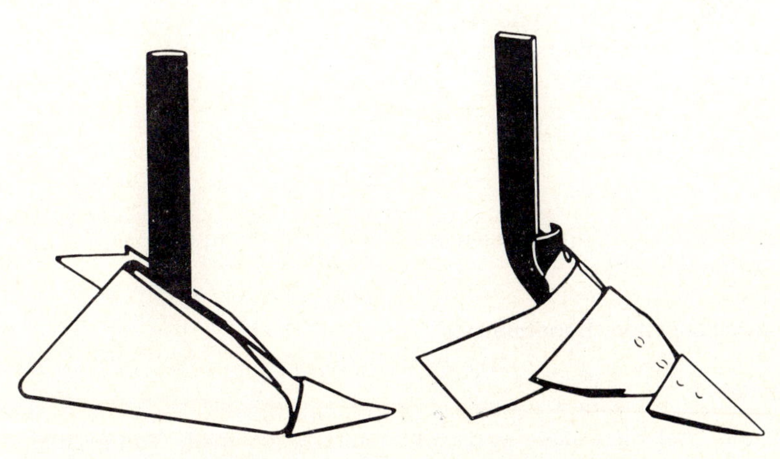

*Abb. 96 Häufelkörper:
links Normalkörper, rechts Schnellkörper*

## 4. Geräte- und Werkzeugbeschreibung

Häufler (s. Abb. 95) können aufgrund ihrer Bauart oder des Anbaus am Schlepper unterteilt werden in:

a) Tragrahmenkonstruktion,

b) Zwischenachsanbau – Tragrahmengerät.

Eine weitere Unterteilung ermöglichen die Häufelkörperformen (Abb. 96):

a) Häufelkörper für Fahrtgeschwindigkeit bis 6 km/h,

b) Häufelkörper für höhere Geschwindigkeit.

Das Gerät selbst besteht aus einem Tragrahmen (ausgenommen einreihige), der quer zur Fahrtrichtung angeordnet wird. An diesem Tragrahmen sind die Häufelkörper in der Breite und in der Höhe verstellbar angebracht. Zur genaueren Führung können die Häufelkörper über Hebel und Parallelogramm geführt (Abb. 97), eventuell auch federbelastet sein.

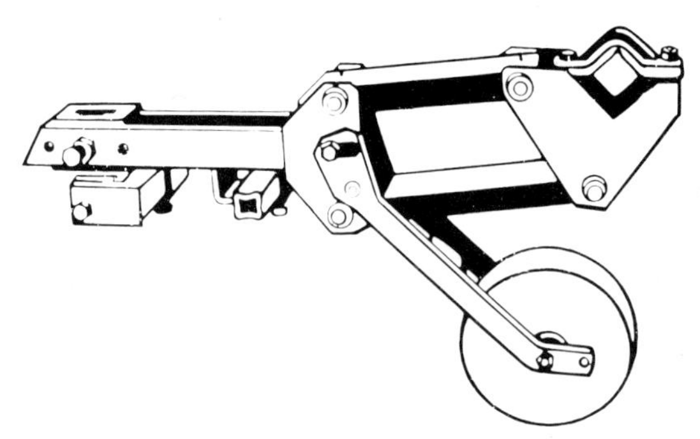

*Abb. 97 Parallelogrammführung für Häufler*

Nach Art des Anbaues am Schlepper ist jeweils eine Dreipunktanbauvorrichtung oder Zwischenachsenanbauvorrichtung am Tragrahmen montiert.

Der Häufelkörper besteht aus:

a) Häuflerstiel,

b) Häuflerbrust,

c) Schar,

d) Flügel.

Unterschiedliche Ausführungen lassen dabei eine Verstellung der Flügel (Abb. 98) und des Häuflerstiels zu.

## 5. Einstellmöglichkeiten, Handhabung

### 5.1 Arbeitstiefe

Dammform und -abstand bestimmen die erforderliche Arbeitstiefe. Von Wichtigkeit sind dabei Form und Anstellwinkel des Häufelschares sowie die Tiefeneinstellung durch Stützräder bzw. Führungsräder einzelner Körper.

## 5.2 Arbeitsbreite

Die Arbeitsbreite der Häufelkörper ist von ihrer Konstruktion abhängig. Sie werden für unterschiedliche Reihenabstände gebaut. Es gibt auch Häufelkörper mit einstellbarer Arbeitsbreite (s. Abb. 98). Die Verstellmöglichkeit wird jedoch selten benutzt. Die Gesamtarbeitsbreite des Gerätes wird begrenzt durch den Tragrahmen, der bis 9 m schon heute gebaut wird.

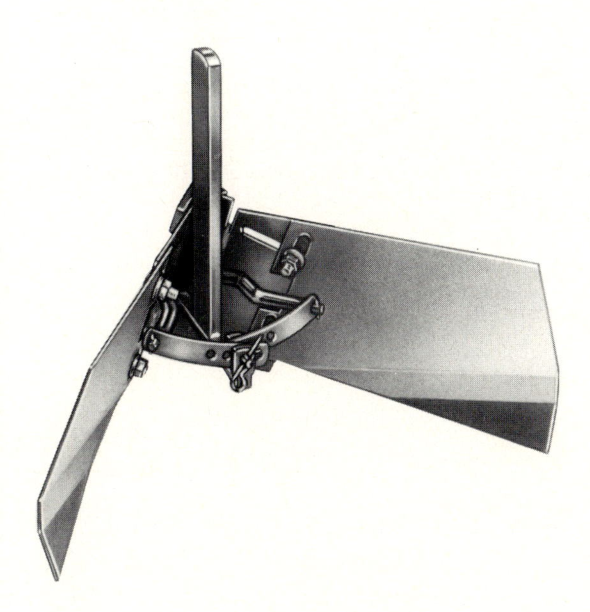

*Abb. 98 Verstellbarer Häufelkörper*

## 5.3 Bearbeitungsintensität

Die Verteilung des Bodens erfolgt in Abhängigkeit von der Fahrgeschwindigkeit und dem Anstellwinkel des Häufelkörpers. Ein wichtiger Faktor dabei ist die Form des Dammes. Der Winkel der Seitenfläche des Dammes gegen die Horizontale soll 40° nicht überschreiten, um das Bedecken der Seitenfläche mit feingekrümeltem Boden zu gewährleisten. Bei Überschreitung des Winkels fällt der Boden in die Furche zurück.

## 5.4 Handhabung

Der Anbau ist einfach. Die Einstellung und besonders das exakte Fahren erfordern einiges Geschick.

## 6. Technische Daten

| | | |
|---|---|---|
| Arbeitsbreite: | Reihenabstand pro Häufelkörper | bis 1 m |
| | des Gerätes | bis 9 m |
| Arbeitstiefe: | | bis 28 cm |
| Leistungsbedarf: | | ca. 10 kW je Körper |
| Arbeitsgeschwindigkeit: | Normalkörper | 4 – 6 m/h |
| | Schnellkörper | 6 – 10 m/h |
| Anstellwinkel: | des Schares | 30 – 40° |
| | der Flügel | 30 – 50° |

## 7. Literatur

verschiedene Firmenprospekte
Allgemeine Literatur »Geräte und Verfahren zur Bodenbearbeitung«

## 2.4 Spezielle Geräte im Bewässerungsfeldbau

*Grubbereinsatz in überfluteten Parzellen* *(Foto: Krause)*

Im traditionellen Bewässerungsfeldbau übernimmt der Boden mit Hilfe einer speziellen Oberflächengestaltung die Verteilung des Wassers. Der Boden ist integraler Bestandteil des Bewässerungssystems. Die Form, Neigung und Topographie der Parzelle wird vom Bewässerungssystem bestimmt. Um den hohen finanziellen Aufwand für ein Bewässerungssystem durch entsprechend hohe Erträge zu rechtfertigen, ist auch eine sorgfältige, intensive Bodenbearbeitung erforderlich. Die Wasserführung und -verteilung sowie die Wasseraufnahme, -speicherung und -abgabe stellen insbesondere an die Bodenvorbereitung und -bearbeitung hohe Anforderungen.

Bei Oberflächenbewässerung muß die Bodenoberfläche eben sein, um eine gleichmäßige Verteilung des Wassers über die ganze Fläche zu erreichen und Staunässe in Senken bzw. Wassermangel auf Erhebungen zu vermeiden. Um eine gleichmäßige Durchfeuchtung einer Parzelle zu gewährleisten, ist zudem ein gewisses Gefälle sehr genau einzuhalten. Je geringer die Präzision bei der Bodenvorbereitung, umso kleiner müssen die Parzellen für eine ausreichend gleichmäßige Wasserverteilung sein. Schon bei der Grundbodenbearbeitung muß eine möglichst ebene Ackeroberfläche angestrebt werden (z. B. Kehr- statt Beetpflug).

Für die vielseitigen Aufgaben der Bodenbearbeitung im Bewässerungsfeldbau reicht das bislang behandelte Geräteangebot nicht aus. Für spezielle Arbeiten wie das Einebnen, das Dämme- und Furchenziehen sind spezielle Geräte erforderlich.

Die bekannten Geräte sind weitgehend für die großen Bewässerungssysteme Kaliforniens, Australiens oder Südafrikas entwickelt. Der traditionelle Bewässerungsfeldbau der tropischen und subtropischen Entwicklungsländer wird jedoch häufig noch in Verbindung mit Handarbeit und tierischer Anspannung betrieben.
Die Einführung von Schleppern in diesen traditionellen Kleinstbetrieben (im allgemeinen etwa 1 ha LN) bereitet nicht nur erhebliche Schwierigkeiten, sondern erfordert die Anpassung oder Neuentwicklung geeigneter Gerätesysteme. Auch der Feldzugang, die Befahrbarkeit und Bearbeitbarkeit des Bodens sind besondere Probleme des Bewässerungsfeldbaus.
Besondere Maßnahmen der Bodenbearbeitung im Bewässerungsfeldbau sind:
- Einebnen der Oberfläche;
- Anlegen der Dämme (bordering) in Fallinie (parallel zur Richtung der Wasserbewegung) zur seitlichen Begrenzung von Becken und Streifen;
- Anlegen von Dämmen (cross checking), um bei den gegebenen Verhältnissen eine gleichmäßige Wasserverteilung zu erreichen;
- Anhäufeln von Furchen und Dämmen (Furchenbewässerung) in Richtung der Wasserbewegung;
- Ausformen der Dämme nach Querschnitt und Oberfläche;
- Anlegen von Rillen (Rillenbewässerung – corrugation irrigation) in Richtung der Wasserbewegung.

Da viele Böden der behandelten Klimazonen zur Krustenbildung neigen, ist diese fast nach jeder Bewässerungsmaßnahme zu brechen.

## 2.4.1 Der Levellor, Smoother (Planiergerät)

*Das Einebnen ist entscheidend für eine gleichmäßige Wasserversorgung und für einen sparsameren Umgang mit Wasser.* *(Foto: Krause)*

Da dieses Gerät im deutschen Sprachraum nicht benutzt wird, ist auch keine entsprechende Bezeichnung bekannt. Das Gerät entsprich je nach Ausführung einem Planierschild oder Schürfkübel.

### 1. Verwendungszweck und Beurteilung

- Erdbewegung, Einebnung;
- Kontrolle des Wassers;
- Verteilung des Wassers;
- Verminderung der Verdunstung;
- Schutz gegen Bodenerosion;
- Terrassierung;
- Wegebau.

Levellor (Abb. 99) und Smoother sind von großer Bedeutung zur Vorbereitung der Parzellen für Oberflächenbewässerung. Auf sie kann nicht verzichtet werden.

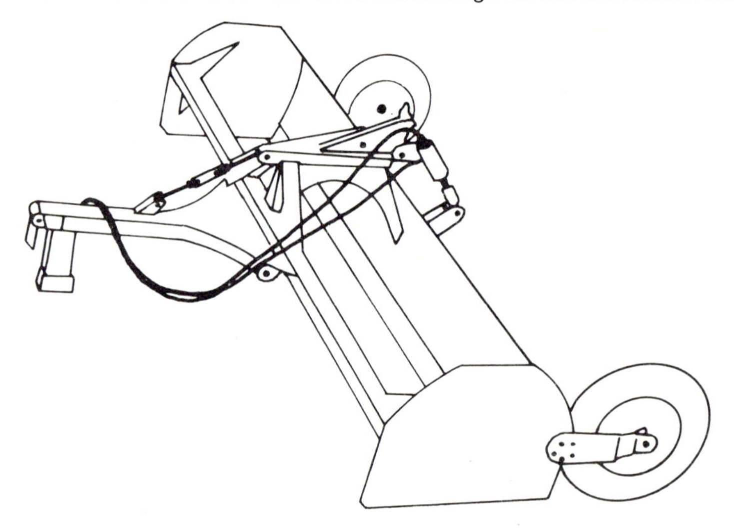

*Abb. 99 Levellor*

### 2. Arbeitsweise

Das Planierschild (Levellor) übt einen waagerechten Druck auf Bodenunebenheiten aus und schiebt sie so in Fahrtrichtung vor sich her. Je nach Einstellung werden dabei ca. 5 bis 40 cm des Bodens erfaßt und in Vertiefungen wieder abgelegt. Der Boden muß dabei ausreichend trocken sein, um ein Verschmieren zu verhindern. Wichtig ist, einen möglichst großen Abstand zwischen Anlenkpunkt am Schlepper, Schild und Führungsrädern zu haben, um tatsächlich Bodenunebenheiten ausgleichen zu können. Trotzdem müssen Levellors wendig für den Einsatz in kleineren Bewässerungsparzellen sein. Der Smoother wird als Zusatzgerät hinterher gezogen, um die verbleibenden Bodenunebenheiten zu glätten.

### 3. Anbau und Antrieb

Üblich sind Heck- und auch Frontanbau kleinerer Geräte im Dreipunktgestänge, meist aufgesattelt. Größere Geräte werden am Zugmaul oder der Hitch angehängt und gezogen. Die Arbeitstiefe wird am Gerät selbst eingestellt. Stützräder werden in jedem Fall benötigt. Der Leistungsbedarf wird entscheidend durch Bodenart und -zustand, Arbeitsbreite sowie durch die eingestellte Arbeitstiefe, die Feldunebenheiten und die Arbeitsgeschwindigkeit bestimmt. Er liegt zwischen 15 und 50 kW/m Arbeitsbreite.

### 4. Geräte- und Werkzeugbeschreibung

Es gibt sehr viele Formen von Levellors. Sehr einfache Geräte sind aus Holz gebaut und entsprechen einer Schleppe. Auf die großen, vorwiegend überbetrieblich eingesetzten Geräte sei hier nicht näher eingegangen, sondern nur auf einfache, kleine Geräte, die der Landwirt selber benutzt. Der Grundrahmen, eine Stahlrahmenkonstruktion, trägt das starre Planierschild oder einen Schürfkübel mit auswechselbarer Schneide quer zur Arbeitsrichtung. Der Levellor wird als Anbau- oder auch als Anhängegerät ausgeführt. Der Levellor läuft auf einem oder mehreren Führungsrädern. Die Arbeitstiefe wird von Hand oder hydraulisch eingestellt. Planiergeräte sind meistens noch mit einem Glattstreicher (Smoother) ausgerüstet, der hinter dem Planierschild angebaut ist und zur Einebnung der Bodenoberfläche dient.

### 5. Einstellmöglichkeiten, Handhabung

Die Einstellung der Arbeitstiefe erfolgt über ein oder mehrere Stützräder von Hand oder mit Hilfe der Hydraulik. Durch einen großen Abstand der Führungsräder vom Schlepper werden Nickbewegungen des Schleppers nicht voll auf das Schild übertragen. Die Tiefe hängt ab von der abzutragenden Bodenmenge und der Leistung der Zugmaschine.
Der Anbau des Levellors ist einfach und kann von einer Person durchgeführt werden; die Ausrüstung mit Schnellkupplern ist möglich. Die Steuerung größerer Geräte erfolgt vom Schlepper aus. Sehr exaktes Arbeiten ist erforderlich. Der Wartungsaufwand ist gering und beschränkt sich bei größeren Geräten auf die Schmierung der Stützräder.

## 6. Technische Daten

| | |
|---|---|
| Arbeitsbreite: | 1,5 – 3,0 m |
| Bewegte Erdmasse: | 1 – 2,5 m³ |
| Geschwindigkeit: | 3 – 6 km/h |
| Leistungsbedarf: | 15 – 50 kW/m |
| Länge über alles: | bis 12 m |

## 7. Literatur


Booher, L. J.: Surface Irrigation
FAO Agricultural Development Paper No 95, 1974

Dimick, N. A.: Precision Land Leveling Projekt and Selective Use of Mechanical Power in Pakistan. – Mechanization of Irrigated Crop Production, FAO Agr. Services Bulletin 28, 1977

Hudson, N. W.: Field Engineering for Agricultural Development, 1975

Manor, G. und Nir, D.: Indices of Soil Surface Profil. – Publication No 152, Technion Haifa, Israel 1972

Withers, B. und Vipond, S.: Irrigation: Design and practice, 1974

John Deere Prospekt: Irrigation tillage Tools and earthshaping equipment

## 2.4.2 Der Häufler (Ridger, Furrower)

Es gibt drei Arten von Häuflern:
- starre Häufler (meist Holzkonstruktion);
- Scharhäufler (Lister) entspricht dem in Kap. 2.3.7 beschriebenen Gerät;
- Scheibenhäufler (Border Disc).

**1. Verwendungszweck und Beurteilung**

Der Häufler (Abb. 100) ist eines der wichtigsten Geräte im Bewässerungsfeldbau. Er dient dabei in erster Linie dem Errichten von Dämmen bei Furchen-, Streifen- und Beckenbewässerung (Abb. 101). Häufler werden für folgende Bearbeitungsmaßnahmen eingesetzt:
- Dammhäufeln, als Grenzdamm, Beet und Pflanzdamm;
- Nachauflaufunkrautbekämpfung am Damm;
- Bedecken von Düngern und Herbiziden in Furchen, Reihen und auf Dämmen;
- Schaffen einer grob krümeligen Bodenoberfläche bei Dammkulturen zwecks Durchlüftung und Wasseraufnahme;
- Konturenaufbau zur Erosionskontrolle;
- Be- und Entwässerung, Grabenbau.

Entscheidend für einen erfolgreichen Einsatz von Häufelgeräten sind die Auswahl und Einstellung.

Für Pflegearbeiten wird häufig dem *Scharhäufler* (s. Abb. 96 u. 98) der Vorzug gegeben. Durch entsprechende Scharformen (Abb. 102) kann er den gewünschten Dammformen und Einsatzbedingungen angepaßt werden. Der *Scheibenhäufler* (Abb. 103) wird vorwiegend dort eingesetzt, wo mit Ernterückständen,

*Abb. 100 Scharhäufler mit Anlagensech und Parallelogrammführung*

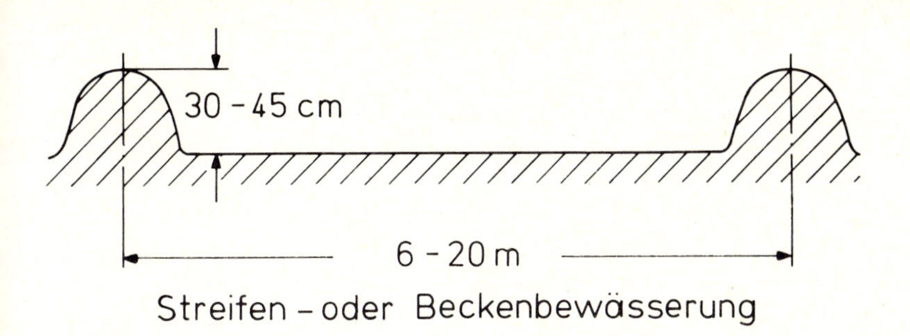


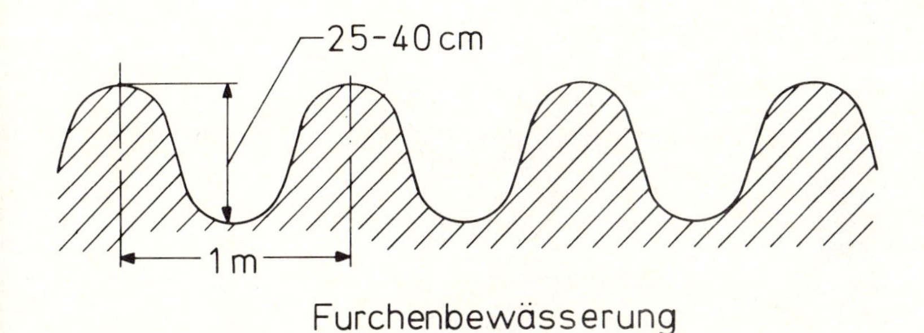


*Abb. 101* *Dämme für Streifen oder Beckenbewässerung (oben) und Furchenbewässerung (unten)*

Steinen oder Wurzeln zu rechnen ist. Auch im Baumwollanbau wird der Scheibenhäufler im allgemeinen vorgezogen.
Werden zur Furchenbewässerung kurze Furchen mit starkem Gefälle errichtet, so ist die Scheibenarbeit vorteilhaft, weil in der lockeren, krümeligen Furche die Fließgeschwindigkeit reduziert und die Infiltrationsrate erhöht wird. Für lange Furchen mit schwachem Gefälle werden dagegen Schargeräte empfohlen, weil ihre sauber räumende Arbeitsweise die Fließgeschwindigkeit begünstigt und die Anfangsinfiltration senkt. Zum Dammbau zeigt die Scheibe eine günstigere Seitenwirkung und damit eine geringere Gefahr der Beschädigung kleiner Pflanzen. Der Scheibenhäufler hinterläßt in der Dammitte ein kleines Tal, welches spätere Erntearbeiten erschweren kann (Laubansammlung z. B. bei Baumwolle). Auf festem und feuchtem Boden leistet besonders die gezackte Scheibe bessere Arbeit als das Schar. Auf adhäsiven, feuchten Böden neigen Doppelscheiben zum Stopfen.

## 2. Arbeitsweise und Antrieb

Die Werkzeuge der Scheibenhäufler (s. Abb. 103) werden wie bei allen Scheibengeräten vom Boden angetrieben. Sie krümeln den Boden und hinterlassen somit keine glatten Dammwände. Elemente mit mehreren Scheiben arbeiten feiner als einzelne Scheiben, die eine unsaubere Furche hinterlassen. Der Damm ist relativ flach und locker mit hohem Wasseraufnahmevermögen. Bei verschiedenen Kulturen und Böden ist insbesondere auch zur Wasserkontrolle eine nachträgliche Verfestigung erforderlich, meist in einem getrennten Arbeitsgang. Bei entsprechender Einstellung sind die Scheibeneinheiten in der Lage, starke Verunkrautung wie Gräser vom Damm loszureißen und zur Applikation von Pflanzenschutzmitteln in die Furchenmitte zu befördern. Zum Konturenaufbau am Hang ist es empfehlenswert, auf der hangabwärtigen Seite größere Scheiben einzusetzen, um Ackerboden hangaufwärts zu befördern. Einfache Holzkonstruktionen üben mit ihren schräg aufgestellten Planken eine ähnliche Wirkung aus wie Scharhäufler.

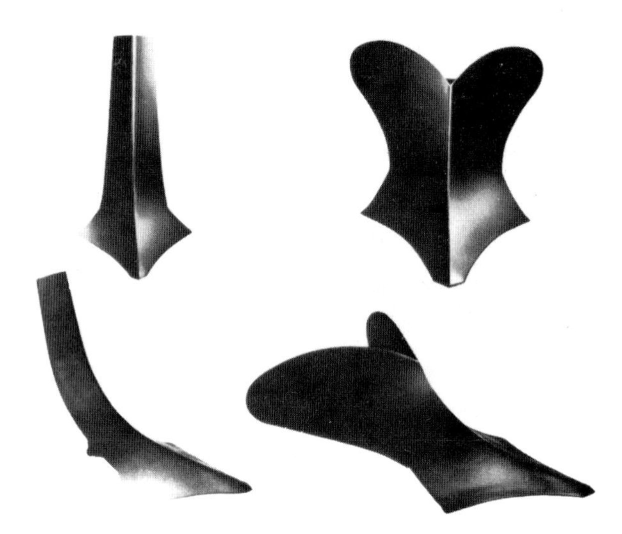

*Abb. 102 Häufelkörper: links Universalhäufler, rechts Häufelkörper für harte, ausgetrocknete Böden in Verbindung mit Scheiben*

### 3. Anbau und Antrieb

Schar- und Scheibenhäufler sind im allgemeinen seitlich verschiebbar auf einem Balken oder Tragrahmen für Dreipunktanbau befestigt. Hölzerne Häufler werden gezogen. Scheibenhäufler haben Bodenantrieb, Scharhäufler sind passive, gezogene Werkzeuge. Der Zugkraftbedarf von Scheibenhäuflern ist abhängig von: Scheibenanzahl, -bauart und -größe, vom Gewicht, Neigungs- und Richtungswinkel, Arbeitsgeschwindigkeit, Bearbeitungsintensität, Bodenart und -zustand. Der Zugkraftbedarf von Scharhäuflern hängt von der Geometrie und Anstellung der Schare sowie von den Bodenparametern ab. Es können Anhaltswerte für den Leistungsbedarf gegeben werden. Je Körper werden 5-15 kW Schlepperleistung benötigt.

*Abb. 103 Scheibenhäufler mit 2 Scheibensätzen*

**4. Geräte- und Werkzeugbeschreibung**

Häufelkörper und Scheiben werden meist an einem Gerätetragrahmen, der auch für den Anbau anderer Geräte und Werkzeuge genutzt wird, angebracht. Bei Scheibenhäuflern bilden immer zwei gegenläufige Scheiben oder Scheibenreihen eine Einheit. Sie kann aus zwei bis zehn Scheiben zusammengesetzt sein. So besteht zum Beispiel eine 6-Scheibeneinheit (Abb. 104) aus einem rechts- und einem linksdrehenden Einzelelement zu je 3 Scheiben. Sie sind mit einer horizontal und vertikal verstellbaren Halterung am Rahmen befestigt. In dem stabilen Flachstahlrahmen des Einzelelementes trägt eine in Kegel- oder Rollenlagern gelagerte, gemeinsame Achse die Scheiben, die mit Abstreifern ausgerüstet sein können.

*Abb. 104 Scheibenhäufler mit 3 Scheibensätzen*

Ausgesparte Scheiben werden bevorzugt, wenn viel Schneidarbeit, sei es durch Pflanzenmaterial oder harten Boden, erwartet wird. Sollen hohe und steile Dämme gebaut werden, benutzt man Scheiben unterschiedlicher Größe. Dabei arbeitet die größte Scheibe in der Furchentiefe. Häufler werden oft mit anderen Werkzeugen und Geräten gekoppelt, insbesondere Grubberzinken (Abb. 105) und Druckrollen, aber auch Düngerstreuer und Pflanzenschutzspritzen.

*Abb. 105 Häufelkörper mit vorauslaufenden Gänsefußscharen*

## 5. Einstellmöglichkeiten, Handhabung

Breite und Abstände der Dämme können durch seitliches Verschieben der Werkzeuge auf den Tragrahmen erzielt werden. Höhe und Flankenneigung der Dämme werden bei Scharhäuflern durch die Scharform, selten durch Verändern der Scharwinkel bestimmt. Die Tiefe kann durch verschiedene Maßnahmen verändert werden (z. B.: Federdruck, Höhe des Tragrahmens, Stützräder). Bei Scheibenhäuflern können die Anstellwinkel ähnlich wie beim Scheibenpflug geändert werden. Mit steigendem Scheibenrichtungswinkel wird die Griffigkeit der Scheiben erhöht und damit mehr Boden transportiert, während der Scheibenneigungswinkel den Schüttwinkel der Dammflanken bestimmt. Die günstigste Fahrgeschwindigkeit liegt bei etwa 5 km/h, wird sie erhöht, so steigt auch die Aufschütthöhe der Dämme. Durch die Anordnung von 2 oder 3 Scheiben je Dammflanke kann die Krümelung erhöht werden. Wenn der Bodenzustand das Eindringen der Werkzeuge behindert, kann durch Belastung mit Zusatzgewichten Abhilfe geschaffen werden. Beide Häufler sind in der Handhabung einfach. Die Einstellung des Scheibenhäuflers erinnert an die des Scheibenpfluges. Die Lager müssen im allgemeinen geschmiert werden. Der Verschleiß verteilt sich auf den gesamten Umfang der Scheiben und ist relativ gering.

## 6. Technische Daten

Scharhäufler siehe Kapitel 2.3.7

Scheibenhäufler:

| | |
|---|---|
| Außendurchmesser: | 400 – 650 mm (900 mm) |
| Einpreßtiefe: | 100 – 200 mm (300 mm) |
| Dicke: | 4 – 6,5 mm (9 mm) |
| Scheibenzahl je Einheit: | 2 – 10 |
| Abstand der Scheiben: | 200 – 300 mm |
| Scheibenrichtungswinkel: | 0 – 50° |
| Scheibenneigungswinkel: | 0 – 45° |
| Gewicht ohne Zusatz: | 25 – 50 kg je Scheibe |

## 7. Literatur

Verschiedene Firmenprospekte
Allgemeine Literatur »Geräte und Verfahren zur Bodenbearbeitung«

### 2.4.3 Der Dammformer (bedshaper)

Der Dammformer dient
- der geometrischen Ausformung von Dämmen und Beeten;
- der Verdichtung;
- der Gestaltung der Bodenoberfläche.

Der Dammformer ist ein Hilfsmittel zur Regulierung des Boden-Wasser-Haushaltes, zur Wasserführung und -verteilung sowie zur Stabilisierung von Dämmen gegen heftige Niederschläge.

Der Dammformer wird vielfach mit dem Häufler oder anderen Geräten kombiniert. Insbesondere nach dem Einsatz des Scheibenhäuflers oder nach Streifenfräsen ist bei locker schüttenden Böden, kurzer Setzzeit und infolge großer Infiltrationsraten langer Parzellen mit geringem Gefälle durch die verdichtende, grobporenschließende Wirkung des Dammformers eine beschleunigende Wirkung des Wasserflusses und gleichmäßigere Verteilung über die Länge der Parzelle zu erreichen.

Pflanzbeete für 1, 2, 3 oder 4 Reihen von Pflanzen werden teilweise nach der Stoppelbearbeitung oder auch unmittelbar vor dem Pflanzen angelegt.

In Regionen mit hoher Verdunstungsrate kann eine Salzanreicherung an der Dammkrone auftreten. Um die Pflanzen vor Salzschäden zu schützen, werden sie außerhalb der Zone höchster Salzkonzentration an den Dammflanken gepflanzt (Abb. 106 Mitte) oder durch spezielle Dammformer wird ein schmaler Grat zur Salzanreicherung zwischen den Pflanzreihen angelegt (Abb. 106).

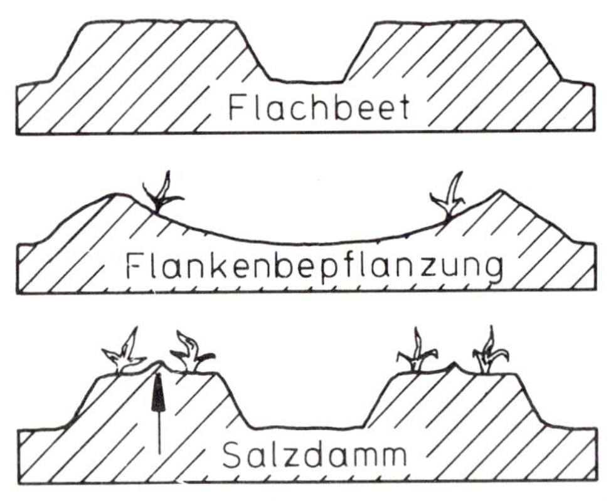


*Abb. 106 Dammformen zum Schutze der Pflanzen vor Salzschäden – Quelle: F. P.*

Es gibt Damm- und Beetformer unterschiedlicher Konstruktion vom einfachen Abstreifer über Druckrollen, die zwischen den Häufelelementen auf der Krone des Dammes laufen, zu profilierten Walzen (Abb. 107) und gezogenen Profilkörpern (Abb. 108).

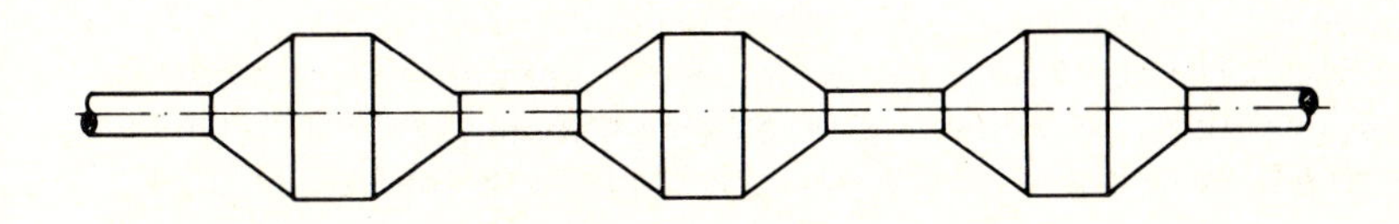

*Abb. 107 Dammformer (Profilwalze)*

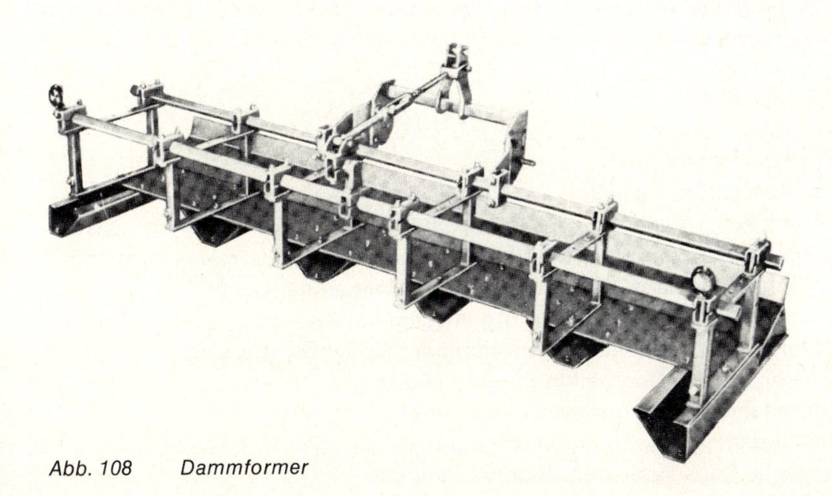

*Abb. 108 Dammformer*

## 2.5 Spezielle Geräte im Trockenfeldbau

Trockenfeldbau (Dry Farming) ist Pflanzenproduktion unter ariden oder semiariden Klimabedingungen ohne Bewässerung (s. Kap. I. 3.2 und I. 4.1). Wasser ist der begrenzende Faktor der pflanzlichen Produktion. Im wesentlichen werden zwei Formen des Trockenfeldbaues unterschieden:

- Der Wechsel zwischen fruchtbarkeitsmehrender und wassersammelnder Naturweide und Anbau von Pflanzen mit geringem Wasserbedarf und entsprechend geringem Ertrag in mehrjährigem Rhythmus (shifting cultivation) bei geringem Kapital – (d. h. auch Geräte-)einsatz und niedrigen Produktionskosten;
- Der Anbau anspruchsvoller Pflanzen ohne Brache oder unter Einschaltung von einem oder mehreren Brachejahren zur Ansammlung von Wasser und/oder Sammeln von Oberflächenwasser in kleinen Wasserbecken zur Zusatzwässerung (Dry Farming).

Alle Maßnahmen der Bodenbearbeitung müssen in erster Linie der Erhöhung der Wasseraufnahme- und Speicherfähigkeit des Bodens sowie der Verminderung der Verdunstung und Wasserverluste dienen. Darüber hinaus muß Winderosion verhindert werden (siehe Abschnitt I. 3.4.1).

Zur Vermeidung des Oberflächenablaufes und zur Erhöhung der Infiltration von Niederschlagswasser muß die Fließgeschwindigkeit niedrig gehalten werden, d. h.:

- geringes Gefälle;
- große, stabile Bodenaggregate;
- offenes Grobporensystem;
- Pflanzenreste (Mulchschicht).

Das Wasserspeichervermögen des Bodens hängt ab von der Textur und Zusammensetzung des Bodens, der Tiefgründigkeit und insbesondere von dem Gehalt an organischer Substanz. Die erforderlichen Maßnahmen sind:

- Erhaltung und Steigerung der organischen Masse durch entsprechende Fruchtfolge und Vermeiden von wendender Bodenbearbeitung;
- Entsprechend tiefe Bearbeitung und Lockerung.

Die Verdunstung kann reduziert werden durch:

- möglichst ganzjährige Bodenbedeckung;
- Unterbrechen des kapillaren Wasseraufstieges;
- Unkrautkontrolle;
- grobkrümelige Deckschicht (Mulchschicht).

Reduzierte Bodenbearbeitung bis hin zur Direktsaat, Stoppelmulchverfahren, »Conservation Tillage« sind viel beachtete und praktizierte Alternativen zu konventionellen Verfahren der Bodenbearbeitung (s. II 3.2). Ihrer besonderen Bedeutung wegen sollen sie hier nicht am Rande behandelt werden. Diesen Verfahren muß eine eigene Schrift gewidmet werden.

Im Folgenden seien einige Geräte beschrieben, die besonders im Trockenfeldbau Eingang gefunden haben.

## 2.5.1 One Way Tiller (One Way Disc Harrow)
## Scheibenschälpflug

*Abb. 109 One Way Tiller*

**1. Verwendungszweck und Beurteilung**

Entgegen dem Scheibenpflug hat der One Way Tiller senkrecht stehende oder leicht geneigte Scheiben, die auf einer gemeinsamen Achse, bei größeren Geräten auch gruppenweise oder einzeln mit geringem Abstand angeordnet sind. Der One Way Tiller ist ausschließlich für flache Bearbeitung geeignet. Der One Way Tiller wird vorwiegend in Trockenbaugebieten eingesetzt und zwar zur:

- Primärbodenbearbeitung;
- Saatbettbereitung in einem Arbeitsgang;
- Saatbettbereitung nach Pflugfurche;
- Stoppelbearbeitung, oft in Verbindung mit Neusaat;
- Brachebearbeitung;
- Einarbeiten von Breitsaat, Düngern, Spritzmitteln und Pflanzenrückständen.

Der One Way Tiller (Abb. 109) hat sich aufgrund seiner spezifischen Vorteile in Gebieten der Trockenlandwirtschaft gut bewährt. Zu seinen Vorzügen zählen:

- Vielseitige Verwendbarkeit zur Primär- und Sekundärbearbeitung;
- guter Mulcheffekt;
- Einwegsaatbettbereitung (verminderte Erosion);
- Anpassungsfähigkeit an Bodenunebenheiten;
- große Flächenleistung;
- relativ geringer Energieaufwand;
- hohe Werkzeugstandzeit;
- Gerät kann mit Aussaatgeräten kombiniert werden.

Weniger vorteilhaft sind die hohen Anschaffungskosten. Auf harten Böden ist ein hohes Eigengewicht erforderlich (Kosten, Transport). Bei starkem Unkrautbewuchs oder größeren Mengen von Pflanzenresten besteht Verstopfungsgefahr. Größere Arbeitstiefen ($> 15$ cm) sind nicht erreichbar.

## 2. Arbeitsweise

Als Scheibengerät zieht sich der One Way Tiller nicht selbst in den Boden, sondern muß durch sein Eigengewicht oder Federbelastung eindringen. Aus diesem Grund kann er mit Zusatzgewichten am Rahmen und an den Furchenrädern ausgerüstet werden. Die Scheiben werden durch den Bodenwiderstand gedreht. Dadurch wird der Boden hochgehoben und überstürzend abgelegt (flache Schälarbeit). Die erreichte Durchmischung des Bodens mit Oberflächenmaterial erhöht die Infiltrationsrate, senkt die Verdunstung und schaltet Wind- und Wassererosion weitgehend aus. Gezahnte Scheiben durchschneiden Pflanzenreste besser als glatte. Liegt die Arbeitsgeschwindigkeit zu hoch (über 6,5 km/h), wird die bearbeitete Schicht zu feinkrümelig, Pflanzenreste werden verdeckt und damit die Erosionsfaktoren begünstigt. Durch die gruppenweise oder Einzel-Aufhängung von Scheiben kann sich der One Way Tiller Geländeunebenheiten gut anpassen. Darüber hinaus sind die Scheiben verschiedener Geräte einzeln federbelastet. Durch einen angebauten Mulchgräder wird eine stärkere Krümelung, Einebnung und Verdichtung erreicht. Der One Way Tiller wird als Sologerät eingesetzt, kann aber auch mit Aufsätzen zur Saat- und Düngerausbringung versehen sein.

## 3. Anbau und Antrieb

Der One Way Tiller wird meistens angehängt, wobei auch eine Koppelung von 2 oder 3 Geräten möglich ist. Der Antrieb der Werkzeuge erfolgt wie beim Scheibenpflug über den Boden. Auch Anbaugeräte werden angeboten. Da bei diesem Gerät überwiegend größere Einheiten Verwendung finden, erscheint der Zugkraftbedarf auf den ersten Blick hoch, bezogen auf die bearbeitete Fläche liegt er jedoch in dem üblichen Rahmen. Der Leistungsbedarf steigt mit zunehmender Scheibenwölbung, zunehmendem Scheibenrichtungswinkel und steigender Geschwindigkeit. Er liegt zwischen 28 und 45 kW je Meter Arbeitsbreite bei 6,5 km/h. Die Flächenleistung beträgt bei dieser Geschwindigkeit 0,6 ha/h je Meter Arbeitsbreite.

## 4. Geräte- und Werkzeugbeschreibung

Das Gerät (Abb. 110) steht zwischen Scheibenpflug und Scheibenegge. Die gewölbten, scharfkantigen oder gezahnten Stahlscheiben sind über staubdichte Lager auf einer gemeinsamen Achse, gruppenweise oder mit kräftigen Tragarmen einzeln und häufig federnd am Rahmen aufgehängt. Dieser besteht aus einem schweren, meist vierkantigen, geschweißten Stahlrohr, an dem die Scheiben im Abstand von 150-260 mm angebracht sind. In Arbeitsstellung steht das gesamte Gerät schräg zur Fahrtrichtung, und die Scheiben schneiden bei Vorwärtsbewegung in den Boden. Sie haben einen Durchmesser von 450-600 mm und eine Dicke von 4-6 mm. Die Einpreßtiefe der Scheibenmitte gegenüber dem Rand beträgt zwischen 80 und 140 mm. In der Regel ist jede Scheibe mit einem Abstreifer versehen, der ein Verstopfen verhindert. Das Gerät wird meist angehängt, selten angebaut und hat, wie der Scheibenpflug, ein vorderes und ein hinteres Furchenrad, das bis zu 45° zur Bodenoberfläche geneigt sein kann. Es wird häufig ein Scheibensech oder Führungsschar verwendet. Das Landrad am Heck bildet mit dem hinteren Furchenrad die hintere Brücke, über die das Gerät mittels Außenhydraulik ausgehoben wird. Für den Transport werden die Furchenräder senkrecht justiert und der Rahmen eingeschwenkt.

*Abb. 110 One Way Tiller*

## 5. Einstellmöglichkeiten, Handhabung

Die Einstellung der Arbeitsbreite und des Scheibenrichtungswinkels erfolgt über Lochleisten und beeinflußt alle Werkzeuge zentral und gleichmäßig. Dabei ist der Scheibenrichtungswinkel im Bereich von 30-60° veränderbar (gewöhnlich etwa 40-45°), und die Bearbeitungsbreite ist zwischen 70 und 100 % der maximalen Schnittbreite, die bei einem 20-scheibigen Gerät bei 4800 mm liegen kann, einstellbar. Die Scheiben stehen senkrecht, oder der Scheibenneigungswinkel ist fixiert und beträgt 15° .

Die Tiefenregulierung erfolgt über Kurbeln an den Rädern oder hydraulisch von der Zugmaschine aus. Große Geräte werden vorn und hinten simultan ausgehoben und abgesenkt. Je größer der Scheibenrichtungswinkel, um so geringer ist das Einzugsvermögen, (d. h.: mehr Zusatzgewichte erforderlich). Zur gleichmäßigen Druckverteilung über die Länge des Gerätes kann der Anlenkpunkt entsprechend der Zugwiderstandslinie eingestellt werden. Zur Führung haben große Geräte neben einem Furchenrad noch ein Scheibensech oder Führungsschar. Zur Steuerung sind die Räder über Lenkstangen untereinander und mit der Anhängung verbunden. Das ermöglicht eine entsprechende Steuerung beim Kurvenfahren (kleines Vorgewende). Bei Anbaugeräten kann die Tragachse seitlich verschiebbar sein, um eine Anpassung an die Schlepperspurweite zu ermöglichen.

## 6. Technische Daten

| | | |
|---|---|---|
| Länge: | | 2000 – 10000 mm |
| Breite | | 1000 – 4000 mm (Transport) |
| Höhe: | | 800 – 1500 mm |
| Scheiben | Anzahl: | 10 – 40 |
| | Durchmesser: | 450 – 600 mm |
| | Einpreßtiefe: | 80 – 140 mm |
| | Dicke: | 4 – 6 mm |
| | Abstand: | 150 – 260 mm |
| Schnittweite: | | 150 – 260 mm je Scheibe |
| Arbeitstiefe: | | 80 – 150 mm |
| Gewicht ohne Zusatz: | | 120 – 135 kg je Scheibe |
| Einstelldruck der Federn: | | 150 – 250 kg (je Einzelscheibenaufhängung) |
| Ausweichhöhe: | 250 – 400 mm | |
| Scheibenrichtungswinkel: | | 30 – 35° |
| Scheibenneigungswinkel fix.: | | 0 – 15° |
| Tiefeneinstellung: | | manuell oder hydraulisch |
| Leistungsbedarf: | | 28 – 45 kW/m |

## 7. Literatur

verschiedene Firmenprospekte

### 2.5.2 Sweep

## 1. Verwendungszweck und Beurteilung

Das Gerät wird eingesetzt zur:
- Stoppelbearbeitung (mulchen);
- Unkrautbekämpfung während der Brache;
- Primärbodenbearbeitung.

Der Sweep (Abb. 111) ist speziell für die Trockenlandwirtschaft entwickelt, wo eine große Schlagkraft gefordert wird. Der Sweep eignet sich besonders für eine Mulchwirtschaft und kann teilweise den Pflug ersetzen. Ohne den Boden zu wenden, findet eine Lockerung statt, um die Niederschläge mit geringen Verlusten aufnehmen zu können. Das Unkraut wird mechanisch bekämpft, wobei 80-90 % des Pflanzenmaterials auf der Oberfläche liegen bleiben. Diese Schutzschicht wirkt der Wind- und Wassererosion entgegen, erhöht die Wasseraufnahmefähigkeit bei heftigen Regenfällen, schützt vor Verdunstung und Verkrustung und verhindert eine zu starke Erwärmung des Bodens. Die Sätechnik muß diesen Verhältnissen angepaßt werden.
Nicht geeignet ist das Gerät auf steinigen Böden und auf Neuland (Baumstümpfe, Wurzeln). Unmittelbar nachfolgender Regen läßt Unkraut häufig wieder anwachsen. Dieses kann nur durch Folgewerkzeuge verhindert werden.

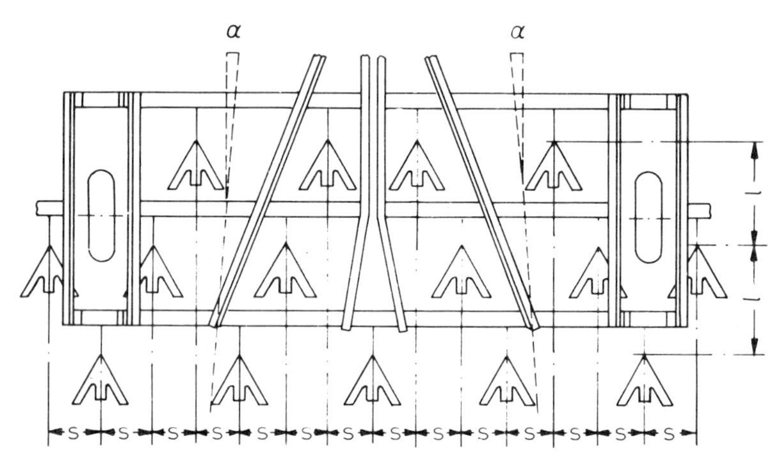


*Abb. 111 Sweep mit symmetrischer Zeilenanordnung*

## 2. Arbeitsweise

Ziel der Bodenbearbeitung mit einem Sweep ist, die Unkrautwurzeln und Kapillaren zu durchtrennen und den Boden zu lockern, um die Wasseraufnahmefähigkeit zu erhöhen, ohne die Oberfläche zu zerstören. Pflanzenreste sollen nicht eingearbeitet werden, sondern als Schutzdecke an der Oberfläche bleiben. Diese Forderungen erfüllt am besten ein Sweep mit großer Schnittbreite. In einer Tiefe von 8-15 cm wird der Boden durch ein breitschneidendes, deltaflügelartiges Werkzeug horizontal durchfahren (Abb. 112). Dabei werden Unkrautwurzeln durchschnitten und Kapillaren unterbrochen. Durch den Schnittwinkel wird der unterfahrene Boden gleichzeitig ein wenig angehoben (25-30 mm) und, wenn er ausreichend trocken ist, gelockert und gekrümelt. Eine gewisse Überlappung benachbarter Werkzeuge garantiert auch bei leichter Schrägstellung des Gerätes noch eine ganzflächige Bearbeitung. Die schützende Mulchschicht aus Stoppeln und Pflanzenrückständen bleibt weitgehend erhalten (etwa 80-90 % des Pflanzenmaterials verbleiben an der Oberfläche). Eine angebaute Rotorhacke reißt das abgetrennte Unkraut heraus und verhindert das Anwachsen bei nachfolgendem Regen. Im allgemeinen wird die Arbeit zweimal durchgeführt, meistens beim zweiten Mal flacher als beim ersten Mal. Der Sweep wird eingesetzt nach der Ernte, kurz vor der Aussaat oder in Sommerbrache. Je höher die Anzahl der Werkzeughalter und je kleiner die Schnittbreiten der Einzelwerkzeuge sind, desto mehr nähert sich die Arbeitsweise des Sweeps der des Grubbers mit Gänsefußscharen. Für Stoppelbearbeitung (mulchen) eignen sich engere Zinkenabstände und kleinere Werkzeuge, für Unkrautbekämpfung während der Sommerbrache weiter Zinkenabstand und große Werkzeuge (Schonen der Oberfläche Verdunstungs- und Erosionsschutz). Die Qualität der Bearbeitung kann durch gezahnte Scheibenseche vor den Werkzeughaltern und durch Nachlaufgeräte (z. B. Rotary Hoe) verbessert werden.

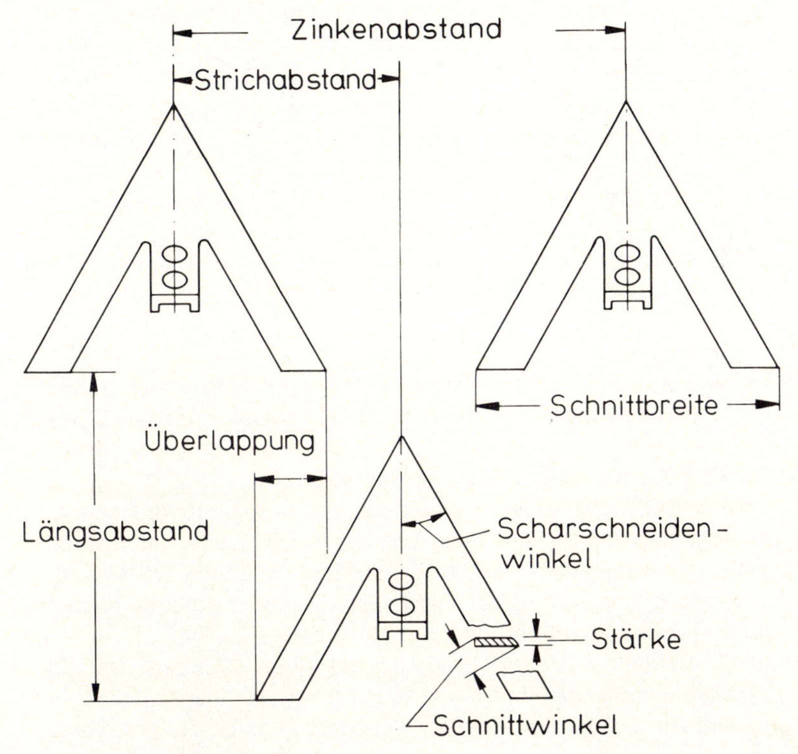


*Abb. 112 Arbeitswerkzeuge eines Sweep*

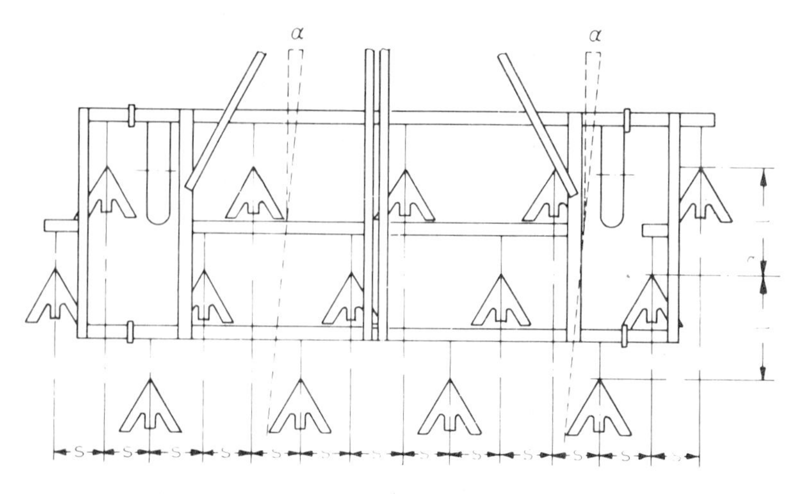


*Abb. 113 Sweep mit asymmetrischer Zeilenanordnung*

Wie beim Grubber ist die Qualität der Bearbeitung stark vom Wassergehalt des Bodens abhängig. Bei hartem, trockenem Boden ist der Einzug schlecht, bei plastischem Boden ist ein Verschmieren zu befürchten. Kleine Schnittwinkel und geringe Blattdicke verbessern den Einzug. Größere Arbeitstiefe und leichte Anstellung der Werkzeuge auf die Spitze, verbunden mit ein wenig Untergriff, bewirken einen besseren Sitz.
Flexible Zinken verursachen beim Zurückfedern eine Veränderung des Tiefganges und Anstellwinkels, wodurch der gleichmäßige Durchgang gestört wird. Starre Zinken mit großen Einzelwerkzeugen sind besonders empfindlich gegen Widerstände im Boden (Steine, Wurzeln).

### 3. Anbau und Antrieb

Kleinere Geräte sind für den Dreipunktanbau ausgerüstet, wobei auch Schnellkuppler verwendet werden können. Der erforderliche Hubkraftbedarf bei den Anbaugeräten entspricht dem eines Schwergrubbers. Große Geräte mit Arbeitsbreiten bis zu 12 m werden aufgesattelt oder angehängt.
Der Sweep ist ein passives, gezogenes Werkzeug. Wie beim Grubber ist der Leistungsbedarf abhängig von der Zinkenanzahl, der Bauart (starr, gefedert), der Werkzeuggröße, der Arbeitstiefe, der Fahrgeschwindigkeit, dem Anstellwinkel, dem Bodenzustand und der Bodenart. Der Leistungsbedarf steigt deutlich mit der Tiefe, der Geschwindigkeit und dem Schnittwinkel.
Die erforderliche Schlepperleistung ist ähnlich der eines Grubbers. Bei einer Fahrgeschwindigkeit von etwa 8 km/h, ca. 10 kW für ein 400 mm breites Werkzeug. Häufig wird der Sweep mit anderen Werkzeugen (z. B.: Rotary Weeder) kombiniert.

## 4. Geräte- und Werkzeugbeschreibung

Der Sweep (Abb. 113) entspricht, abgesehen von den Werkzeugen, weitgehend dem Schwergrubber. Der stabile Grundrahmen ist meist aus Stahlrohr und Flachstahl konstruiert. Die starren oder flexiblen Zinken sind entweder an festangeschweißten Stahltaschen oder an seitlich verschiebbaren Flanschen in 1 – 3 Reihen (650 – 700 mm Längsabstand) versetzt hintereinander angebracht. Starre Zinken sind mit einem Scherbolzen oder einer Feder gegen Überlastung gesichert. Sie stehen senkrecht zum Rahmen oder sind leicht in Fahrtrichtung angestellt oder gekrümmt.

An ihnen sind die V-förmigen Werkzeugschare befestigt, deren Form, Größe, Scharschneidenwinkel und Schnittwinkel für die Arbeitsweise bestimmend sind (Abb. 114). Die Größe der Werkzeuge und deren Scharschneidenwinkel bedingen weiterhin die Zinkenanzahl, den Zinkenabstand, die Anzahl der Zinkenreihen, den Zinkenreihenabstand und den Strichabstand. Die Werkzeuge sind 6 – 8 mm stark, etwa 300 bis 2100 mm breit mit einer seitlichen Überlappung von etwa der Hälfte einer Flügelbreite. Die Zinken sind symmetrisch zur Gerätemitte (s. Abb. 111) mit ungerader Zinkenzahl oder asymmetrisch mit gerader Zinkenzahl (s. Abb. 113) angeordnet. Letztere neigen bei harten Böden zu seitlichem Ausweichen. Federnde Zinken werden nur für Werkzeuge mit geringer Schnittbreite verwendet. Durch eine leichte Neigung des Werkzeuges nach vorne (Anstellwinkel) kann der Einzug verbessert werden.

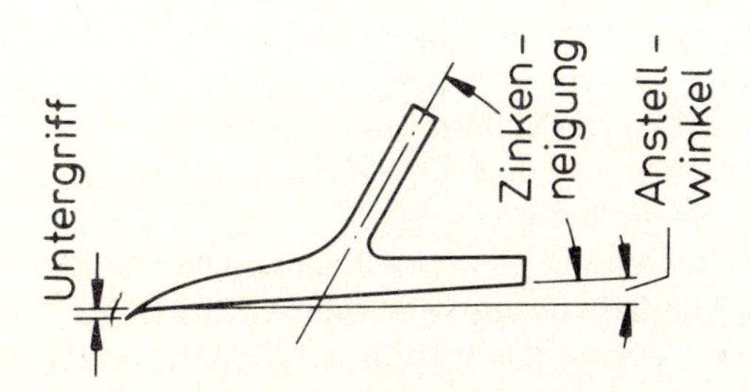


*Abb. 114 Bezeichnungen am Sweep*

Die Rahmenhöhe und die Abstände zwischen Zinkenreihen und Zinken müssen groß genug sein, um einen freien Durchgang der Mulchschicht zu gewährleisten. Um der Verstopfungsgefahr und Rillenbildung (Wassererosion) vorzubeugen, werden oft Scheibenseche vor den Werkzeugen angebracht.

Der Rahmen wird von Stützrädern getragen, über die die Tiefenregulierung erfolgt. Oft werden auch vielseitig verwendbare Gerätetragrahmen benutzt, an die die Einzelwerkzeuge montiert werden können. Für Werkzeuge mit größerer Schnittbreite ist die Stabilität dieser Rahmen oft nicht ausreichend.
Die Schnittbreiten der Einzelwerkzeuge liegen im Mittel bei 400 mm bei einer seitlichen Überlappung von 50 – 100 mm. Werkzeuge mit großer Schnittbreite (bis 2100 mm) erfordern weniger Zinken, wodurch die Oberfläche weniger zerstört und die Verstopfungsgefahr reduziert wird. Das bedingt aber eine insgesamt schwerere und damit teurere Bauweise. Diese Werkzeuge werden insbesondere für tiefere Arbeit eingesetzt.
Der Scharschneidenwinkel beträgt 30–50°, so daß Wurzeln, Pflanzenreste und Steine abgestreift werden können.
Ist der Schnittwinkel zu flach, wird der Boden nicht genug gelockert. Ist der Winkel zu steil, ist der Einzug schlecht, der Durchgang von Boden und Pflanzenresten nicht gleichmäßig (unbedeckte Stellen bleiben zurück), und der Zugkraftbedarf ist hoch.
Je nach Größe werden die Geräte angebaut oder angehängt. Angehängte Geräte erreichen Arbeitsbreiten bis zu 12 m, wobei der Grundrahmen aus mehreren, gelenkig miteinander verbundenen Teilen besteht. Die Arbeitstiefen liegen bei 6 – 12 cm.

### 5. Einstellmöglichkeiten, Handhabung

Geräte, deren Zinkenabstand variiert werden kann, können mit verschieden großen Scharen ausgerüstet werden. Die Regelung der Arbeitstiefe erfolgt bei fast allen Geräten über die Stützräder. Bei kleineren Geräten mechanisch über Hebel, bei großen Geräten hydraulisch vom Schlepper aus. Wie beim Grubber wird die Arbeitstiefe durch die Rahmenhöhe begrenzt (genügend freier Durchgang). Der schlechte Einzug bei trockenem Boden kann durch Änderung des Anstellwinkels, eventuell auch durch Anbringen von Zusatzgewichten verbessert werden.
Die Bearbeitungsintensität ist abhängig von der Fahrgeschwindigkeit, der Zinkenanzahl und deren Bauart (starr, gefedert), der Schargröße, dem Schnittwinkel und der Überlappung sowie von der Arbeitstiefe. Je nach Bearbeitungsziel können Zinkenabstand und Werkzeuggröße verändert werden.
Die Handhabung ist einfach, und die Bedienung kann durch einen Mann erfolgen. Anbaugeräte können mit Schnellkupplern ausgerüstet werden. Zu weiteren Einstellungen (außer der hydraulischen Tiefenregelung) muß vom Schlepper abgestiegen werden. Die Wartungsarbeiten beschränken sich auf die Schmierung der Stützräder.

## 6. Technische Daten

| | |
|---|---|
| Rahmenhöhe: | bis 90 cm |
| Balkenzahl: | 1 – 3 |
| Balkenlängsabstand: | 650 – 700 mm |
| Werkzeugbreite: | etwa 400 mm (300 – 2100 mm) |
| Scharschneidenwinkel: | 30 – 50° |
| Schnittwinkel: | 12 – 25° |
| Werkzeugabstand: | bis 2 m |
| Arbeitsbreite: | bis 12 m |
| Leistungsbedarf: | bis 25 kW/Zinken |
| Sicherheitselemente: | Scherbolzen, Federn |

## 7. Literatur


FAO: Proceedings of the International Conference On Mechanized Dryland Farming 11. – 15. August 1969, Moline, USA

FAO: Informal Working Bulletin 18 Agricultural Engeneering

Johnson, W. C.: Stubble-Mulch Farming on Wheatlands of the Southern High Plains – Circular No. 860 Washington (USA) August 1950, United States Departement of Agriculture

SIAL, J. K. und H. P. Harrison: Soil Reacting Forces from Field Measurements with Sweeps. – Transact. of the ASAE, 21 (1978) 5, S. 825 – 29

Firmenprospekte

### 2.5.3 Der Rod Weeder

## 1. Verwendungszweck und Beurteilung

Der Rod Weeder (Abb. 115) ist speziell für Dry-Farming-Systeme entwickelt. Er dient in erster Linie der
- Stoppelbearbeitung;
- Unkrautbekämpfung während der Sommerbrache;
- Sekundärbearbeitung vor der Aussaat.

Das Gerät eignet sich nur für Böden in gutem Mulchzustand. Wie beim Sweep liegt der große Vorteil des Rod Weeders darin, daß Bodenlockerung, Unterbrechung der Kapillaren und Unkrautbekämpfung möglich sind, wobei die Oberfläche nur geringfügig zerstört wird sowie die Bodenwasserreserven und die organ. Substanz geschont werden. Nur etwa 10 % des aufliegenden Pflanzenmaterials werden flach eingearbeitet. Die verbleibende Mulchschicht bietet einen Schutz gegen Erosion, Verdunstung, starke Erwärmung und erhöht außerdem die Wasseraufnahmefähigkeit bei heftigen Niederschlägen. Für steinige Böden und auf frisch kultiviertem Land (Baumstümpfe, Wurzeln) ist das Gerät nicht geeignet.

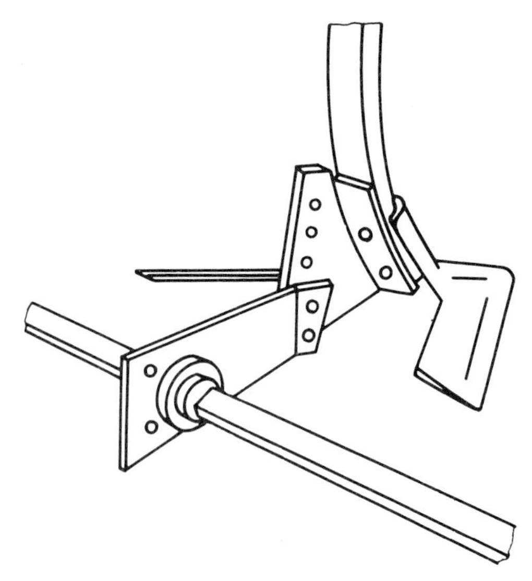

*Abb. 115 Rod Weeder, angebaut an Sweep*

## 2. Arbeitsweise

Der Rod Weeder wurde speziell für die mechanische Unkrautbekämpfung auf den winderosionsgefährdeten Bracheflächen der Dry-Farming-Gebiete entwikkelt. Die entgegen der Fahrtrichtung langsam rotierende Vierkantwelle arbeitet in ca. 5–10 cm Tiefe parallel zur Bodenoberfläche. Hierbei wird die unterfahrene Bodenschicht leicht angehoben und etwas gelockert, wodurch die Wasseraufnahmefähigkeit gefördert wird, ohne den Humusabbau unnötig zu beschleunigen. Die Kapillaren werden in diesem Bereich unterbrochen, die Verdunstung

vermindert. Durch die Drehung der Vierkantwelle entgegen der Fahrtrichtung werden die Unkrautwurzeln auch aus tieferen Schichten erfaßt, herausgerissen und an die Oberfläche transportiert, wo sie verdorren. Bis zu 90 % des Pflanzenmaterials bleiben auf der Oberfläche und bilden eine wirksame Schutzschicht gegen Erosion und Verdunstung. Eine intensivere Lockerung findet im direkten Bereich der Zinken statt. Grobes Bodenmaterial wird nach oben gefördert, während feine Krümel nach unten verlagert werden (Erosionsschutz). Zusätzliche Zinken und Schare verbessern die Lockerungswirkung des Gerätes.
Das Arbeiten auf zu feuchtem Boden mindert die Qualität und kann zu Verstopfen, Wickeln an der Vierkantwelle und Schmieren führen. Trotz Überlastsicherung der Einzelelemente ist das Gerät nicht geeignet für schwere, steinige, wurzelreiche Böden.

### 3. Anbau und Antrieb

Kleinere Geräte werden meistens über einen Geräterahmen angebaut, wobei der Antrieb der Vierkantwelle auch über die Zapfwelle erfolgen kann. Der Hubkraftbedarf ist gering. Große Geräte (Arbeitsbreite bis 24 m), die aus unabhängig voneinander arbeitenden Elementen von jeweils etwa 3 m Breite zusammengesetzt sind, werden individuell über großvolumige Laufräder mit Stollenprofil, Kettentrieb und Getriebe oder durch Hydromotor angetrieben.
Infolge der geringen Arbeitstiefe und der Drehbewegung des Werkzeugs ist der Leistungsbedarf gering. Er ist abhängig von der Fahrgeschwindigkeit, der Arbeitstiefe, dem Bodenzustand und der Bodenart. Bei einer Fahrgeschwindigkeit von 8 km/h sind etwa 5 – 18 kW/m Arbeitsbreite erforderlich. Zur Tiefenregelung und zum Ausheben gezogener Geräte wird ein Hydraulikanschluß benötigt.

### 4. Geräte- und Werkzeugbeschreibung

An einem stabilen Stahlrohrrahmen sind die meist in Fahrrichtung geneigten oder gekrümmten Zinken in einer Reihe angebracht. Am unteren Ende der Zinken sind auswechselbare, beidseitig zu verwendende Schuhe befestigt, in die die Lager für die rotierende Vierkant- oder auch Rundwelle aus hochwertigem Stahl (etwa 20 – 25 mm Durchmesser) eingepaßt sind (s. Abb. 115). Obwohl mit dem Rod Weeder nur flach gearbeitet wird (ca. 5 – 10 cm), muß der Rahmen hoch genug sein, damit auch bei stärkeren Mulchschichten keine Verstopfungen auftreten können. Der Rahmen wird von Rädern getragen, über die auch die Tiefenführung und der Antrieb für die Vierkantwelle erfolgen. Die Kraftübertragung findet über Getriebe und Kettenantrieb statt (Abb. 116). Größere Geräte haben teilweise eine besonders exakte Tiefenführung durch Tandemanwendung von Führungsrädern vor und hinter dem Werkzeug.

Bei Geräten mit großer Arbeitsbreite (bis 25 m) besteht der Rahmen aus mehreren, gelenkig miteinander verbundenen Teilen. Diese etwa 3 m breiten Elemente bilden eine eigene Einheit, indem sie individuell angetrieben werden und eine unabhängig voneinander funktionierende, hydraulische Tiefenregelung und Überlastsicherung (Scherstift oder automatische Überlastsicherung) besitzen. Die Arbeitsbreiten der Einzelelemente überlappen um ca. 10 – 15 cm.
Um das Eindringen in harte, trockene Böden zu erleichtern, kann der Rahmen mit Gewichten beschwert werden. Oft benutzt werden Rod Weeder Bausätze, die an die letzten Zinkenreihen von Grubbern oder Sweeps (s. Abb. 115) montiert werden können.

## 5. Einstellmöglichkeiten, Handhabung

Die Regelung der Arbeitstiefe erfolgt hydraulisch (bei kleineren Geräten mit Hebel) über die Lauf- und Antriebsräder, die den Rahmen tragen. Die hydraulische Regelung erfolgt vom Schlepper aus. Die maximale Arbeitstiefe wird durch die Rahmenhöhe begrenzt. Die Drehzahl der Vierkantwelle muß auf die Fahrgeschwindigkeit abgestimmt sein. Um die unkrautvernichtende Eigenschaft des Rod Weeders mit der mehr lockernden Wirkung des Schwergrubbers zu kombinieren, können Rod-Weeder-Bausätze anmontiert werden. Um die durch die Zinken entstehenden Rillen auszugleichen oder für die Sekundärbearbeitung (Saatbettvorbereitung) wird der Rod Weeder oft mit Nachlaufgeräten (z. B. Rotary Hoe) kombiniert.

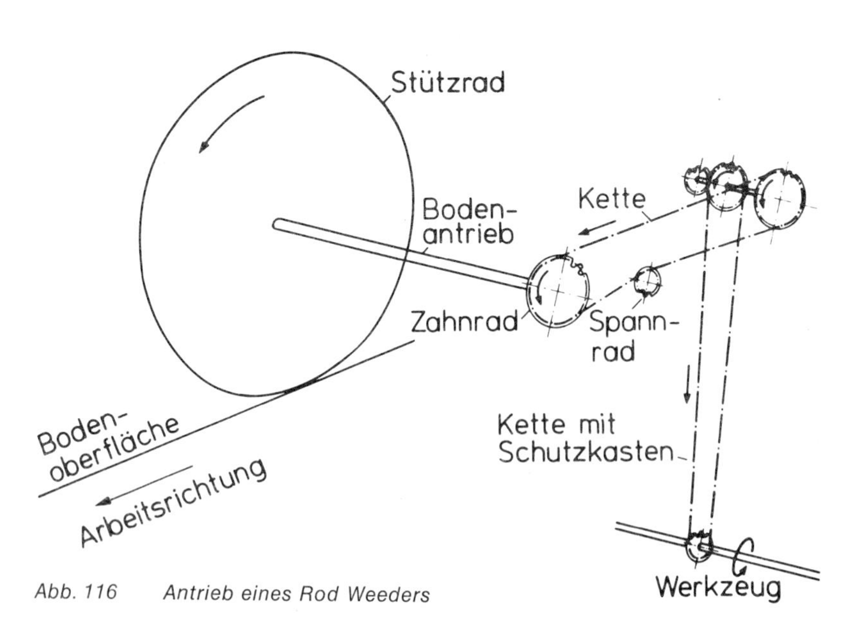


*Abb. 116 Antrieb eines Rod Weeders*

Bei einigen Geräten kann die Arbeitsbreite durch An- und Abbauen von Einzelelementen (ca. 3 m) bis auf etwa 25 m variiert werden.
Anbaugeräte können mit Schnellkupplern ausgerüstet werden. Die Bedienung ist einfach und kann von einem Mann erfolgen. Die Umrüstung von Arbeits- in Transportstellung und umgekehrt ist bei Geräten mit großer Arbeitsbreite mit zwei Mann einfacher und schneller zu bewältigen. An Wartungsarbeiten sind notwendig: Schmierung der Laufräder, des Antriebs, der Tiefenregelung, der Einstellvorrichtung für Nachlaufgeräte (wenn vorhanden) und Spannen der Ketten. Die Lager der Vierkantwelle sind selbstschmierend.

## 6. Technische Daten

| | |
|---|---|
| Rahmenhöhe: | ca. 70 cm |
| Arbeitsbreite: | bis 24 m |
| Arbeitstiefe: | bis 12 cm |
| Leistungsbedarf: | ca. 5 – 10 kW/m |
| Zinkenabstand: | bis 2 m |
| Sicherheitselemente: | hydraulische Überlastsicherung oder Scherstift |

## 7. Literatur


FAO: Proceedings International Conference on Mechanized Dryland Farming, Moline, USA, 11. – 15. August 1969

John Deere: Fundamentals of Machine Operation – Tillage Deere and Company, 1976

verschiedene Firmenprospekte

## 2.6 Gerätekombinationen

Einzelgeräte haben in der Regel nur begrenzte Wirkungs- und Einsatzbereiche. In zunehmendem Maße wird daher angestrebt, Einzelgeräte mit unterschiedlicher Wirkungsweise zu kombinieren, wobei vor allem die folgenden Ziele verfolgt werden:

- Einsparen an Arbeitsgängen;
- Verringerung des Arbeitszeitbedarfes;
- Reduzierung von unerwünschten Fahrspuren;
- »gezieltes« Lockern, Krümeln, Mischen und Rückverfestigen des Bodens;
- vielseitiger Einsatz.

Unter dem Schlagwort »Minimum Tillage« wird weltweit der Versuch unternommen, die Bodenbearbeitung zu reduzieren oder zu rationalisieren nach dem Motto: So wenig wie möglich, so viel wie nötig!

Das Zusammenfassen von Arbeitsgängen und die Verwendung von Gerätekombinationen mit hoher Schlagkraft ermöglicht den Einsatz während der optimalen Befahrbarkeit und Bearbeitbarkeit des Bodens, das heißt: minimale Strukturschäden durch Spuren, einen minimalen Geräteverschleiß und minimalen Energiebedarf.

Gerätekombinationen können nach verschiedenen Gesichtspunkten zusammengestellt werden. Generell lassen sich zwei wesentliche Gruppen unterscheiden:

1. Gerätekombinationen, die den Boden tief lockern und gleichzeitig in einem flachen Horizont intensiv bearbeiten.
2. Kombinationen für die Saatbettbereitung. Hier soll durch das Hintereinanderschalten verschiedener, flach arbeitender Werkzeuge mit möglichst wenigen Arbeitsgängen ein standort- und fruchtartspezifisch optimales Keimbett für das Saatgut hergestellt werden.

Tab. 12 zeigt einen Überblick der im gemäßigten, humiden Klima gebräuchlichen Verfahren.

### 2.6.1 Saatbettbereitung in einem Arbeitsgang

Gerätekombinationen für eine tiefe Lockerung und flache Nachbearbeitung in einem Arbeitsgang werden überall dort angewandt, wo es gilt, organische Substanzen (z. B. Pflanzenreste, Gründüngung etc.) in einem flachen Horizont möglichst gleichmäßig einzumischen und ggf. ein Keimbett für nachfolgende Früchte zu schaffen. Durch die gleichzeitige, tiefgreifende, grobe Lockerung des Bodens (ggf. auf volle Krumentiefe) soll eine Verbesserung des Bodengefüges, bessere Wasserführung, Vergrößerung des Wurzelraumes und des Porenvolumens etc. erreicht werden.

Ein besonders typischer Vertreter dieser Bauform ist der Schwergrubber mit angebauten Nachläufern (Abb. 117). Der Aufbau des Schwergrubbers hat sich vor allem nach den vorhandenen Einsatzbedingungen zu richten. Dabei gelten folgende grundsätzliche Zusammenhänge:

| | Bearbeitung | |
|---|---|---|
| | mitteltief | tief |
| Zinkendurchgang | groß | groß |
| Strichabstand | 20 – 25 cm | 30 – 35 cm |
| Rahmenhöhe | bis ca. 75 cm | über ca. 75 cm |
| Scharwinkel | ca. 60° | ca. 35° |
| Scharform | breiter (z. B. Doppelherz) | schmaler (z. B. Schmalschar) |

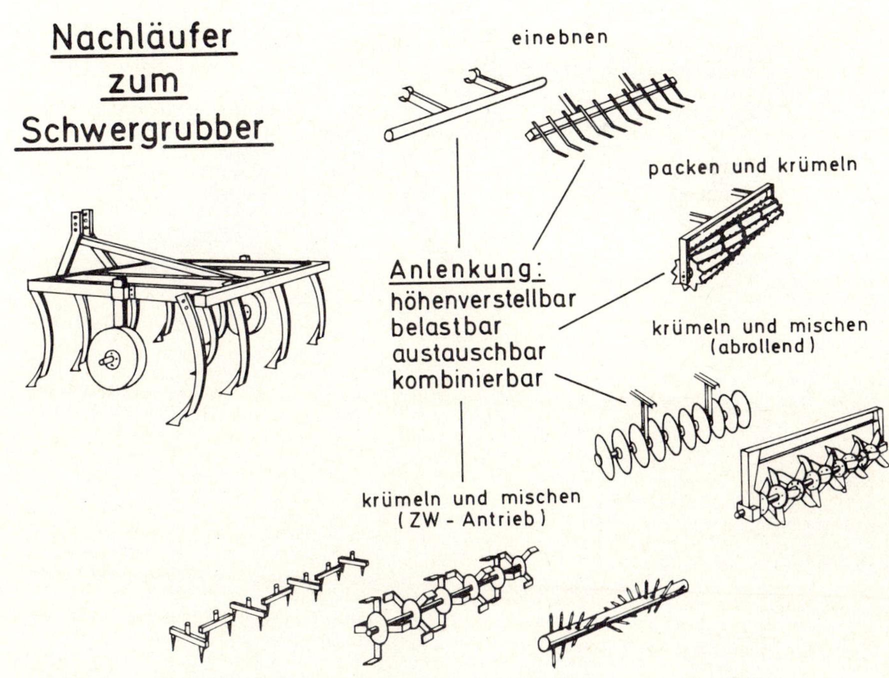


*Abb. 117 Schwergrubber mit verschiedenen Nachläufern – Quelle: Estler*

Bei der Bearbeitung mit dem Schwergrubber entsteht infolge des großen Zinken- und Strichabstandes eine leicht dammförmige Bodenoberfläche. Außerdem werden organische Substanzen mit den derzeit bevorzugten Zinken- und Scharformen lediglich bis auf eine Tiefe von ca. 15 cm eingearbeitet, auch wenn der Grubber selbst tiefer lockert. Hinzu kommt, daß der Boden oft zu stark gelockert ist. Deshalb werden am Schwergrubber Nachläufer angebracht. Sie haben je nach Bauweise die Aufgabe, den Boden einzuebnen, zusätzlich zu krümeln oder zu packen und eine gute Einmischung der organischen Substanzen zu bewirken. Neben gezogenen und abrollenden Geräten werden neuerdings auch zapfwellengetriebene Nachläufer angeboten (Abb. 118).
Vorteilhaft ist, daß diese Nachläufer höhenverstellbar, belastbar, austauschbar und untereinander kombinierbar sind. Dadurch läßt sich bei gezielter Auswahl und Zuordnung eine Anpassung an unterschiedliche Einsatzbedingungen errei-
läufer keine zu intensive Krümelung des Bodens bewirkt oder zumindest eine schnelle Wiederbedeckung des Bodens erfolgt.

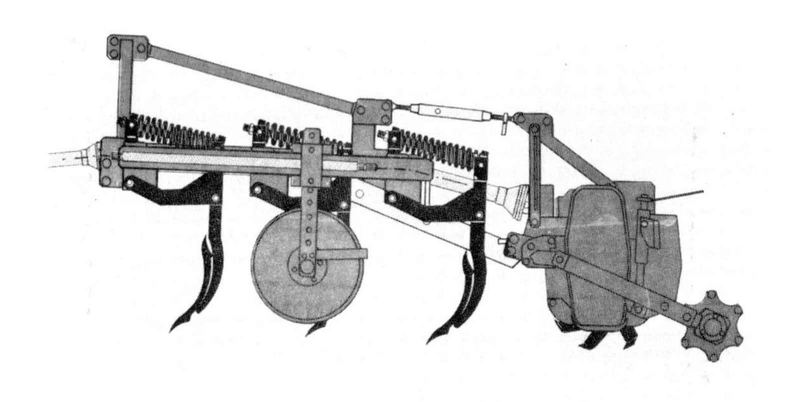

*Abb. 118 Grubberfräse*

## Minimal-Bestelltechnik

Arbeitsverfahren und Anwendungsbereiche

| Für Fruchtart | Bestell-Saat | | Frässaat | Direkt-Saat |
|---|---|---|---|---|
| | nach einer Pflugfurche | zugleich mit einer Pflugfurche | ohne Pflugfurche | ohne Pflugfurche |
| **Getreidefrüchte** | Packer-Komb., Feingrubber, Rüttelegge, Kreiselegge, Zinkenrotor mit Aufbau- oder Anbau-Sämaschine, Band- oder Drillsaat<br>**Geräteträger- oder System-Schlepper-Anbaugeräte** für gleichzeitige Düngung, Saatbettvorbereitung und Drillsaat | **Schlepper-Anbaugeräte** für gleichzeitig: Pflügen, Düngung, Oberflächenbearbeitung, Breitsaat<br>**Pflugnachläufer** mit Sävorrichtung (Rillensaat) | **Ganzflächenfräse** mit Aufbau-Sämaschine (Bandsaat)<br>**Rillenfräse** mit Aufbaudrillmaschine | **Spez.-Scheibendrillmaschine** (triple disc) zuvor Pflanzenbewuchs totspritzen |
| **Reihenfrüchte** | **Streifenbearbeitung** und gleichzeitige Einzelkornsaat (Mais und Rüben) | **Schlepper-Anbaugeräte** (wie oben), mit Einzelkornsägerät | | |
| **Zwischenfrüchte** | wie bei „Getreidefrüchte" | **Schälpflug oder Pflugnachläufer** mit Sävorrichtung | **Ganzflächenfräse, Schwergrubber, Scheibenegge** mit Sävorrichtung | **Spez.-Scheibendrillmaschine** |
| **Bearbeitungstiefe** | flach<br>tief | | Ganzflächenbearbeitung<br>Streifenbearbeitung | Saatschlitze |
| **Herbizid- und Düngeraufwand** | hoch<br>gering | | | |

Tabelle 12 Arbeitsverfahren und Anwendungsbereiche

## 2.6.2 Kombinationen zur Saatbettbereitung

Gerätekombinationen für die Saatbettbereitung unterscheiden sich hinsichtlich
- der Zuordnung der Einzelgeräte und
- der Anzahl hintereinander angeordneter Werkzeuge.

Der grundsätzliche Aufbau sieht vor, daß der »Vorläufer« den Boden vor allem flach lockert, der (oder die) »Nachläufer« dagegen eine ausreichende Krümelung und falls erforderlich Wiederverfestigung (Bodenschluß) bewirkt. Folgende Einzelgeräte lassen sich je nach Zielsetzung und Einsatzbedingungen kombinieren:

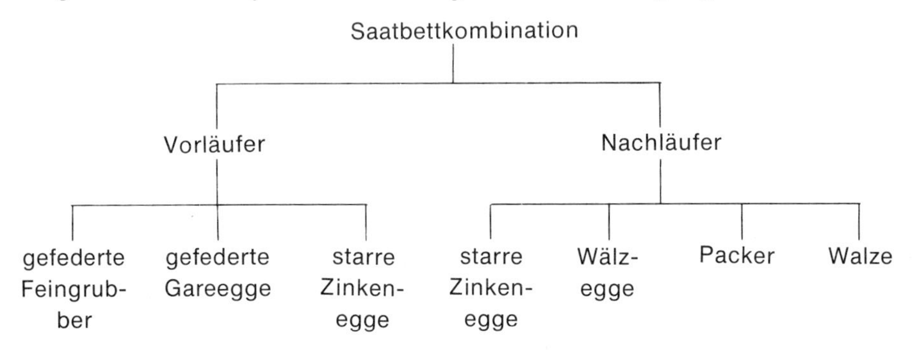


Die einfachste Kombination stellt der Feingrubber mit direkt am Rahmen angebauter Wälzegge dar (Abb. 119 oben). Der Grubber stützt sich meist auf der Krümelwalze ab. Durch eine stufenlose Verstellung läßt sich dann die Arbeitstiefe exakt einhalten, außerdem ist eine ausreichende Belastung des Krümlers gewährleistet. Für den Einsatz auf sehr lockeren Böden empfiehlt sich die Verwendung von Stützrädern. Vereinzelt wird der Krümler auch über eine federbelastete Parallelogrammführung am Feingrubber angelenkt.

Diese Kombination zeichnet sich durch einfache, robuste Bauweise, geringen Kapitalbedarf, gute Funktionssicherheit und vielseitige Verwendbarkeit auf nahezu allen Böden aus. Infolge des großen Strichabstandes von ca. 10 cm muß jedoch eine Arbeitstiefe von ca. 10 cm eingehalten werden. Für Fruchtarten, die eine sehr flache Saatbettbereitung erfordern (z. B. Zuckerrüben, Roggen etc.) ist daher die Verwendung von Feingrubberkombinationen problematisch.

Kombinationen von Eggen mit verschiedenen Nachläufern benötigen einen besonderen Tragrahmen (Abb. 119 mitte) damit
- die Vor- und Nachlaufgeräte sicher geführt werden,
- auch bei hohen Arbeitsgeschwindigkeiten die eingestellte Arbeitstiefe genau eingehalten wird,
- die Einzelgeräte getrennt be- und entlastet werden können.

Zur Zeit werden Tragrahmen mit einem Zugbalken bevorzugt. Der Nachläufer ist mit kurzen Ketten am Vorläufer angehängt. Dadurch wird der Vorläufer zwischen dem vorderen Zugbalken und dem Nachläufer eingespannt und kann keine seitlichen Bewegungen ausführen. Dies ermöglicht das Einhalten hoher Fahrgeschwindigkeiten und eine genaue Tiefenführung.

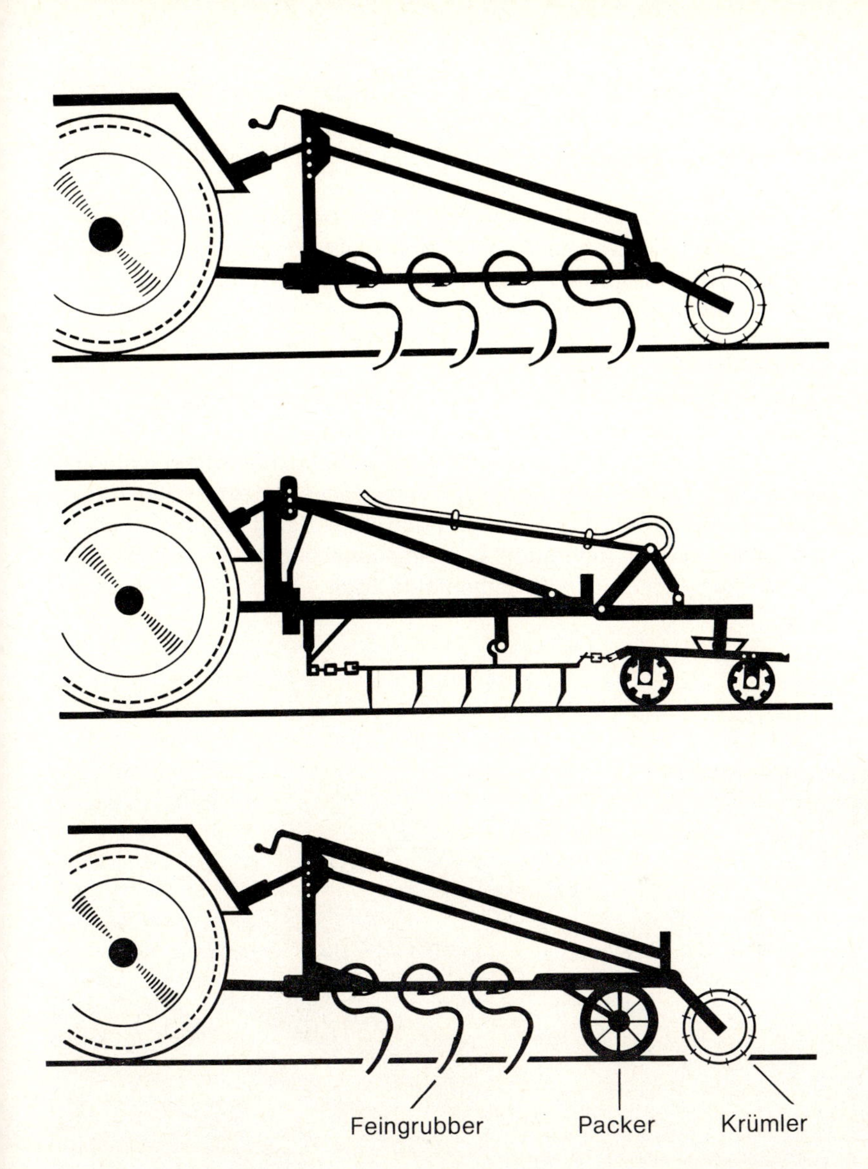


*Abb. 119* *Saatbettkombinationen mit angebauter Wälzegge (oben), mit Tragrahmen (mitte) und Vor- und Nachläufer (unten)*

Werden getrennte Zugbalken für Vor- und Nachläufer verwendet, können die Einzelgeräte unabhängig voneinander arbeiten. Eine exakte Tiefenführung ist dann erschwert, die Eggen können bei erhöhten Fahrgeschwindigkeiten »springen«.

Bei der Geräteauswahl ist darauf zu achten, daß der Tiefgang des Vorläufers in dem gewünschten Bereich von ca. 3 – 8 cm eingestellt werden kann. Der Nachläufer sollte ausreichend belastet werden können. Dies geschieht derzeit vom Tragrahmen aus stufenlos über Schraubspindeln oder Hydraulikzylinder.

**Mehrfachkombinationen**

Unter normalen Einsatzbedingungen erreichen Zweifach-Kombinationen einen befriedigenden Bearbeitungseffekt.

Auf leichten, sehr lockeren Böden reicht oft der verfestigende Effekt nicht aus. Hierfür lassen sich zwischen Vor- und Nachläufer Packerwalzen einfügen (sog. Dreifach-Kombination) (Abb. 119 unten und Abb. 120). Damit soll das mechanische Absetzen des Bodens unterstützt und ein ausreichender Bodenschluß erzielt werden. Es kann aber auch die Reihenfolge Egge + Wälzegge + Walze gewählt werden.

*Abb. 120 Dreifachkombination mit Feingrubber, Packer und Nachläufer*

## Einsatz der Kombinationen

Die gewünschte, hohe Schlagkraft bei der Feldbestellung und die Anpassung an Standort und Fruchtart erfordern einen gezielten Einsatz der Kombinationen. Auf folgende Gesichtspunkte ist besonders zu achten:

- wenige Bearbeitungsgänge: Zielsetzung beim Einsatz von Gerätekombinationen ist, das Feld in möglichst wenigen Arbeitsgängen zu bearbeiten und damit möglichst wenig zu befahren. Die Variabilität der Kombinationen bietet hierfür gute Voraussetzungen.

- hohe Arbeitsgeschwindigkeit: Die in modernen Gerätekombinationen verwendeten Geräte sind konstruktiv auf das Einhalten einer hohen Arbeitsgeschwindigkeiten ausgelegt. Sie sollte bei beiden Gruppen mindestens 8 km/h betragen. Nur dann ist eine optimale Wirkung der Werkzeuge gewährleistet.

- richtige Arbeitsbreite: Vorhandene Schlepper-Motorleistung und Arbeitsbreite der Kombination müssen aufeinander abgestimmt werden. Im Zweifelsfall ist es zweckmäßiger, mit einer etwas schmaleren Kombination im optimalen Geschwindigkeitsbereich, als mit einer zu breiten Kombination und unbefriedigendem Arbeitseffekt über das Feld zu fahren.

- ausreichende Zugleistung des Schleppers: Die verschiedenen Gerätekombinationen haben unterschiedliche spezifische Leistungsbedarfswerte. Bei Schwergrubberkombinationen rechnet man bei mitteltiefer Bearbeitung mit ca. 5 – 8 kW/Zinken, bei Bearbeitung auf volle Krumentiefe (ca. 25 – 35 cm) mit ca. 10 – 12 kW/Zinken. Saatbettkombinationen haben einen Leistungsbedarf von etwa 11 – 15 kW je Meter Arbeitsbreite. Die Verwendung von Gitterrädern oder Doppelbereifung empfiehlt sich vor allem für die Saatbettbereitung. Dadurch werden Druck- und Schlupfschäden vermieden und eine bessere Ausnutzung der Zugleistung erreicht.

## Literatur


| | |
|---|---|
| AID Broschüre Nr. 308: | Gerätkopplung bei der Bodenbearbeitung |
| DLG Merkblatt 107: | Gerätkombinationen für die Saatbettbereitung |
| Dohne, E.: | Methods and Equipment for Minimum Tillage – EEÇ AGRI/MECH Report No 61, 1975 |
| Versch. Autoren: | Bodenbearbeitung und Bestelltechnik Berichte über Landwirtschaft, Bd. 56 (1978) H. 2 – 3 |

## 3. Entwicklungstendenzen

Der mit dem Wachsen der Weltbevölkerung steigende Nahrungsmittelbedarf, der Fortschritt im biologisch-technischen Bereich (einschließlich Züchtung, Düngung und Pflanzenschutz), im mechanisch-technischen sowie im organisatorisch-technischen Bereich, geänderte Lebens- und Nahrungsgewohnheiten, geänderte Wertvorstellungen (einschließlich Umweltschutz) und nicht zuletzt die Verknappung und Verteuerung von Rohstoffen und Energie machen auch im Bereich der Bodenbearbeitung eine ständige Anpassung, Weiterentwicklung und Optimierung von Geräten und Verfahren notwendig. Dazu gehören nicht nur die Verbesserung der Funktion, Handhabung, Leistung, Haltbarkeit und Reparaturfreundlichkeit von Geräten und die Verminderung des relativen Energiebedarfes, sondern auch die Entwicklung vollkommen neuer Verfahren, wie es zum Beispiel im Fall der Direktsaat durch den Einsatz von Herbiziden möglich wurde.

### 3.1 Einige neue Geräte

Pflug, Grubber, Egge, Schleppe und Walze sind – verglichen mit anderen Geräten der modernen Agrartechnik – zumindest in ihrer Grundkonzeption so einfach, sie weisen so wenig Verschleißteile auf, erfordern einen so geringen Wartungs- und Pflegeaufwand, daß sie sich trotz mancher Mängel über Jahrhunderte nahezu unverändert halten konnten. Dennoch ist das weltweite Angebot an Geräten zur Bodenbearbeitung heute so groß, daß es kaum noch überschaubar ist. Ursache dafür sind nicht nur Wettbewerbs- und patentrechtliche Gründe, sondern auch die Vielseitigkeit der Produktionstechniken und -bedingungen, der Einsatz von Agrochemikalien, die Verfügbarkeit von Energie, fertigungstechnische Gegebenheiten und nicht zuletzt neue Erkenntnisse über die Vorgänge im Boden.

Die wendende Bodenbearbeitung mit dem Pflug wird nicht mehr uneingeschränkt befürwortet. Insbesondere in dem hier behandelten Klimabereich sind die Nachteile (Wasserverlust, Verlust an organischer Substanz, Erosionsgefahr) besonders deutlich geworden. Der Erhaltung der Bodenfruchtbarkeit kann bei steigender Ausbreitung von Monokulturen und steigender Anbauintensität kaum zuviel Beachtung geschenkt werden. Dem hohen Einsatz an Arbeit, Kapital und Betriebsmitteln, insbesondere in Form von Mineraldünger, kann nur durch eine sehr sorgfältige Bodenbearbeitung Rechnung getragen werden. In den Vereinigten Staaten von Amerika werden diese Bemühungen unter dem Begriff »Conservation Tillage« *) zusammengefaßt. Durch ein ausgewogenes Verhältnis von mechanischer Unkrautbekämpfung und Herbizideinsatz können nicht nur Kosten eingespart, sondern auch die Belastung der Umwelt mit Agrochemikalien vermindert werden. Die Notwendigkeit, sparsam mit Energie umzugehen, erfordert

*) Hinweise gibt z. B.: die »Soil Conservation Society of America« in Ankeny, Iowa oder FAO Soils bulletin 33 »Soil conservation and management in developing conntries« (Rom 1977)

eine ständige Überprüfung des gesamten Produktionssystems. Da die Bodenbearbeitung den höchsten Energieverbrauch aller Feldarbeitsverfahren hat, ist hier eine besonders kritische Betrachtung notwendig. Zweifelsohne sind die größten Einsparungen durch Weglassen oder Zusammenlegen von Arbeitsgängen möglich, wie es mit dem Schlagwort »Minimum Tillage« hinreichend gekennzeichnet ist. Auf Verfahren des Minimum Tillage kann im Rahmen dieser Schrift in Kapitel 2.6.1 nur sehr kurz eingegangen werden. Auch die Streifenbearbeitung (zumindest bei der Saatbettbereitung) sollte hier erwähnt werden, da sie im Hinblick auf Wassereinsparung und Erosionskontrolle besondere Vorteile bietet. Grundsätzlich kann jedoch nicht eine Minimierung der Bodenbearbeitung, sondern eine Optimierung (»Rational Tillage«) Ziel der Bemühungen sein. Der Weiterentwicklung von Werkzeugen und Geräten aus energetischer Sicht dürfte in Zukunft mehr Beachtung geschenkt werden.

Die Nachteile von gezogenen Geräten bei der Zugkraftübertragung (schlechter Wirkungsgrad, Strukturschäden durch Schlupf) und der Wunsch nach einer gezielten, intensiven, kontrollierten mechanischen Bodenbearbeitung (möglichst in einem Arbeitsgang) lassen die Konstrukteure nicht ruhen, Geräte mit aktiven, rotierenden oder oszillierenden Werkzeugen zu entwickeln. Als Beispiel seien hier neben den inzwischen erfolgreich eingeführten Geräten wie Fräse, Kreisel- und Rüttelegge nur Geräte wie der Kreiselpflug und der Spatenpflug oder Wippschar- und Hub-Schwenk-Lockerer erwähnt.

Bestrebungen, den Zugkraftbedarf mit Hilfe hochfrequenter Schwingungen zu reduzieren, brachten bislang keine durchschlagenden Erfolge.

Zur Verminderung von Reibung und Adhäsion auf Werkzeugen wird mit nichtmetallischen Werkzeugen, Werkzeugbeschichtungen (Teflon), mit Schmierung der Werkzeuge (flüssige Kettenpolymere) sowie mit Druckluftpolstern zwischen Werkzeug und Boden experimentiert. Noch immer unbefriedigende Standzeiten beschichteter Werkzeuge, der hohe technische Aufwand für die Werkzeugschmierung sowie die Verfügbarkeit von Schmiermitteln gestatten z. Z. noch keine Empfehlung für den Einsatz derartiger Verfahren in den behandelten Gebieten.

Deutlich ist der Trend zu Geräten mit verschiedenen Werkzeugen zu beobachten, insbesondere die Kombination von passiven Schneid- und Lockerungswerkzeugen und aktiven Misch- und Krümelwerkzeugen. Angestrebt wird ein tiefes Lokkern und ein flaches, intensives Mischen und Krümeln, wobei der Bodenstrom teilweise dem aktiven Werkzeug durch die passiven Werkzeuge zugeführt wird. Typischer Vertreter dieser Entwicklungsrichtung ist die Grubberfräse, wie sie in England (NIAE) oder in Hohenheim entwickelt wurden.

Es darf jedoch nicht außer acht gelassen werden, daß angetriebene Geräte anspruchsvoller in der Herstellung, Bedienung und Wartung sind und leistungsstarke Schlepper und die entsprechenden Einsatzbedingungen erfordern.

Ein weiterer Grund für die Weiter- und Neuentwicklung von Geräten der Bodenbearbeitung sind die hohen Bodendrücke und Verdichtungsschäden beim Befahren des Ackers mit schweren Schleppern, Geräten und Transportanhängern, insbesondere Geräte zur Untergrundlockerung wie Wippschar-, Hub-Schwenk- und Stich-Hub-Lockerer.

Vielerorts wird experimentiert mit Anbauverfahren, bei denen das Befahren der eigentlichen Produktionsfläche gänzlich vermieden wird, indem permanente Spuren für alle Arbeitsverfahren benutzt werden (»Controlled Traffic«).
Der Wiederverdichtung von überlockerten Böden infolge eines massiven Geräteeinsatzes bei mangelnder Zeit zum Setzen gelten Neuentwicklungen (so z. B.: der »Tiltrotor« als Pflugnachläufer mit angetriebener Gummiwalze oder »Vibropakker« der Fa. Cramer mit Packerscheiben, die mit etwa 60 Hz angeregt werden und Gerätekombinationen wie Pflug mit Packer.

Die insbesondere wegen des hohen Lohnkostenanteils in den Industrieländern aber auch wegen der Notwendigkeit zeitgerechter Bodenbearbeitung anhaltende Entwicklung zu hoher Flächenleistung erfordert Geräte großer Arbeitsbreite sowie hohe Arbeitsgeschwindigkeit. Langfristig wird dieser Trend auch in den Entwicklungsländern kaum aufzuhalten sein. Zapfwellengetriebene Geräte können durch Umschalten der Drehzahl leicht auf höhere Arbeitsgeschwindigkeit umgestellt werden. Auch schwerere Böden können in einem größeren Feuchtigkeitsbereich mit zapfwellengetriebenen Geräten intensiv bearbeitet werden.

In der Vergangenheit war im gesamten Bereich der Agrartechnik eine Entwicklung von Vielzweckgeräten (wie z. B.: der Hakenpflug) für einen weiten Anwendungsbereich zum Spezialgerät zu beobachten. Spezialgeräte erfordern jedoch ein ganzes Arsenal von Geräten und eine hohe Einsatzleistung in einer relativ kurzen Kampagne. Dies kann nur durch große Feldeinheiten und/oder überbetrieblichen Maschineneinsatz erreicht werden. In der Bodenbearbeitung ist dieser Trend weniger ausgeprägt. Für Entwicklungsländer der tropischen und subtropischen Standorte sollten derartige Geräte mit besonderer Vorsicht gewählt werden.

Die Entwicklung von Bodenbearbeitungsgeräten mit besonderer Eignung für den tropischen und subtropischen Standort wird insbesondere gerichtet sein müssen auf:
- schonende Behandlung empfindlicher Böden zur Erhaltung der Bodenfruchtbarkeit;
- positive Beeinflussung des Bodenwasserhaushaltes;
- sparsamen Einsatz nur begrenzt verfügbarer Energie;
- Einhaltung agrotechnisch günstiger Termine (kurze Zeitspannen bei dichter Fruchtfolge);
- dem Stand der Ausbildung der Benutzer angemessene Handhabung, einhergehend mit verbesserter Ausbildung der Landwirte;

*Derartige Geräteentwicklungen sparen zwar Zeit und Spuren, benötigen jedoch sehr leistungsstarke Schlepper und hohe Investitionen.*
*(Foto: Krause)*

– Wartungs- und Herstellungsmöglichkeiten in den Ländern mit niedrigerem Entwicklungsstand;
– Erhaltung der Arbeitsplätze in der Landwirtschaft.

Im folgenden seien aus der Vielzahl der gerade in letzter Zeit entstandenen Neuentwicklungen vier Geräte ausgewählt und kurz behandelt. Eine abschließende Beurteilung dieser Geräte kann noch nicht vorgenommen werden, da sie noch zu kurz im Einsatz sind. Keines dieser Geräte wird den besonderen Erfordernissen der überwältigenden Mehrheit von Klein- und Kleinstbetrieben in den Entwicklungsländern gerecht.

## 3.1.1 Der Rautenpflug – Charrue Losange

Der Rautenpflug (Abb. 121) entspricht in seiner Wirkungsweise und in seinem Verwendungszweck weitgehend dem Streichblech-Pflug. Seit er auf dem SIMA[1]) 1973 vorgestellt und mit einer Goldmedaille ausgezeichnet wurde, bewegt er die Gemüter. Mit der Konstruktion ist beabsichtigt, dem Trend zu immer leistungsstärkeren Schleppern mit entsprechend großen Reifen und größeren Geräten und den damit verbundenen Problemen Rechnung zu tragen:

- Die Furchenbreite und -räumung reicht bei gegebenem Tiefen-/Breitenverhältnis traditioneller Streichbleche nicht mehr aus, die breiten Reifen großer Schlepper aufzunehmen, d. h. Wiederverdichtung bereits gelockerten Bodens in der Furche;
- das hohe Gewicht in Verbindung mit einem weit hinten liegenden Schwerpunkt von vielscharigen Pflügen, insbesondere Volldrehpflügen, führt zu einer hohen Entlastung der Schleppervorderachse und beeinträchtigt die Lenkfähigkeit von Schleppern.

[1]) Salon International de la Machine Aqricole

*Abb. 121 Rautenpflug*

Die Arbeit des Rautenpfluges unterscheidet sich von derjenigen des normalen Streichblechpfluges dadurch, daß der Erdbalken nicht rechteckig, sondern rautenförmig abgetrennt wird (Abb. 122). Bei dem sich nach oben öffnenden Furchenquerschnitt haben große Reifen mehr Platz; die Gefahr der Wiederverdichtung ist geringer, wenngleich der Bodendruck auf die Furchensohle nicht vermindert werden kann. Im Gegensatz zum Normalstreichblech kann die Arbeitsbreite je Körper (35 – 50 cm) weitgehend unabhängig von der Tiefe gewählt werden. Im Bereich eines Tiefen-Breiten-Verhältnisses von 1 : 1 bis 1 : 1,4 wird eine ausreichende Wendung erzielt.

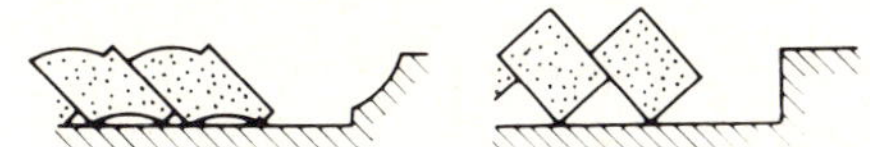

*Abb. 122 Furchenquerschnitt bei Normalpflug (links) und beim Rautenpflug (rechts)*

Die Furchenräumung dagegen ist nicht immer zufriedenstellend, da ein Sech nicht eingesetzt werden kann. Besondere Schwierigkeiten sind beim Einbringen größerer Mengen von Ernterückständen zu erwarten.
Wegen des veränderten Wendevorganges und Bodenflusses kann der Körperlängsabstand gegenüber dem Normalpflug reduziert werden. Damit rückt der Schwerpunkt des Pfluges näher an den Schlepper. Allerdings muß der Rahmen entsprechend höher sein als beim Normalpflug.
Die Pflugkörper sind zylindrisch und durch eine weit nach vorne gewölbte Schneidkante des Streichbleches gekennzeichnet (Abb. 123). Die einzelnen Pflugkörper haben keine Anlage. Um dennoch eine ausreichende Seitenführung zu gewährleisten, ist am letzten Pflugkörper eine besonders große, gefederte Anlage erforderlich (Abb. 124). Zum besseren Sitz des Pfluges werden im allgem. Schnabelschare eingesetzt.

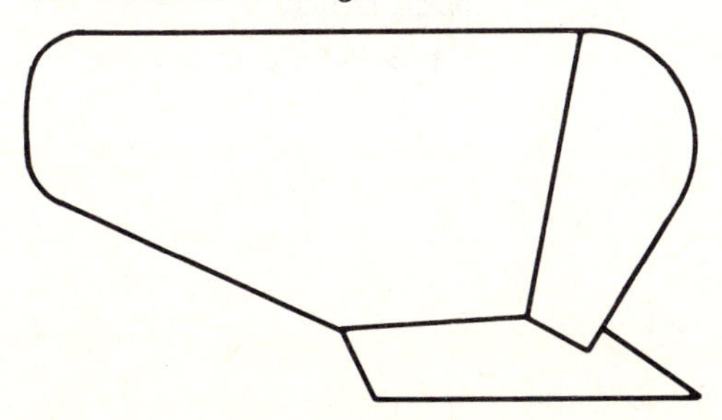

*Abb. 123 Körper eines Rautenpfluges*

Vergleichsmessungen von konventionellem Streichblechpflug und Rautenpflug zeigen im allgemeinen einen geringeren Leistungsbedarf beim Rautenpflug. Die Gründe dafür sind nicht hinreichend untersucht, dürften jedoch u. A. in dem geänderten Bodenfluß, in einer geringeren Zerkleinerungsarbeit des Bodens sowie in dem geringeren Rollwiderstand des Schleppers in der offenen Furche zu suchen sein.

Der Rautenpflug wird in 3 bis 6-schariger Ausführung als Beet- und Volldrehpflug, als Anbau- und Aufsattelpflug angeboten.

*Abb. 124 Anlage eines Rautenpfluges*

## 3.1.2 Flügelgrubber mit nachgeordnetem Zinkenrotor
## Sweep Combined with P.T.O.-Driver Rotary Hoe

## Der »JUSTUS«

Seit einigen Jahren wird versucht, den für die Trockenlandwirtschaft entwickelten Sweep in Verbindung mit angetriebenen Werkzeugen auch zur Bearbeitung schwerer und nasser Böden einzusetzen.
Der *»Justus«* (Abb. 125) ist ein Gerät für

- Stoppelbearbeitung,
- Einarbeiten von Gründung,
- Einmischen verschiedener Stoffe,
- Saatbettbereitung,
- Bestellsaat,
- Grünlandumbruch,
- Unkrautbekämpfung.

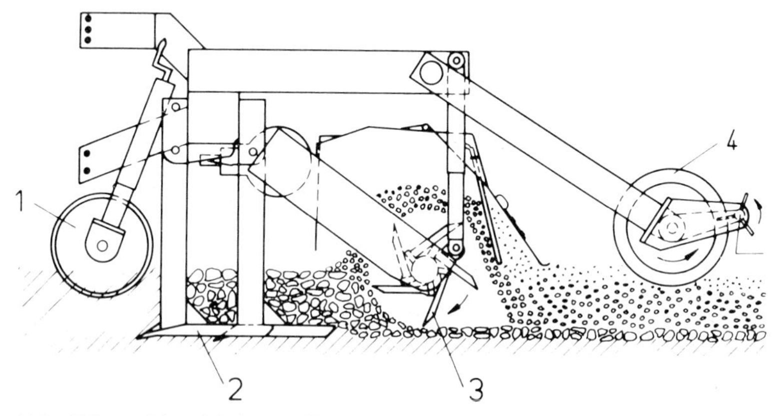


*Abb. 125 Die wichtigsten Elemente des »Justus«:*

Das Gerät dient der intensiven Bodenbearbeitung unter schwierigen Bedingungen. Durch die Kombination von passiven und aktiven, zapfwellengetriebenen Werkzeugen und die Vielzahl der Einstellmöglichkeiten ist Justus eine sehr vielseitig verwendbare, technisch anspruchsvolle Maschine für Schlepper der oberen Leistungsklasse, die auch auf schweren, nassen Böden zufriedenstellende Arbeit leistet. Die Zahl der Arbeitsgänge kann deutlich verringert werden. Wegen der relativ geringen Arbeitsbreite ist der Anteil der Schlepperspuren jedoch relativ hoch (beim Einsatz einer Saatbettkombination ergibt sich für den gleichen Schlepper etwa die Hälfte der Spuren).

Justus besteht aus einer Reihe hintereinander geschalteter Werkzeuge und Elemente (s. Abb. 125). Vorweg läuft eine Scheibenwalze zur Tiefenführung und vertikalen Abtrennung eines Bodenbalkens, der sweepartige Pflugscharmesser in einer Tiefe von 5 – 40 cm folgen (Abb. 126) und den Boden über die ganze Arbeitsbreite horizontal schneiden. Der abgetrennte Bodenbalken wird direkt einem mit einstellbarer Drehzahl vorwärts oder rückwärts laufenden Zinkenrotor mit spitzen, löffelartigen Zinken (Abb. 127) zugeführt und intensiv zerkleinert.

*Abb. 126* *Pflugscharmesser des »Justus«*

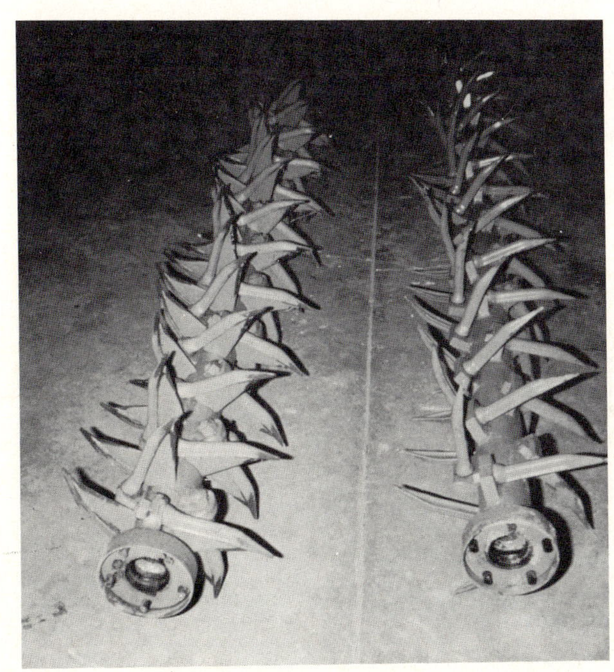

*Abb. 127* *Zinkenrotor des »Justus«*

Wurzelunkräuter werden dabei herausgezogen und auf der Oberfläche abgelegt; eine anschließende, höhenverstellbare Krümelpackerwalze (Abb. 128) dient der Tiefenführung des Gerätes, insbesondere, wenn die vorauslaufende Scheibenwalze weggelassen wird unter Wiederverdichtung des Bodens. Die Walze ist aus Teflon und kann für klebende Böden mit einem gegenläufig rotierenden Abstreifer versehen werden.
Justus ist ein Gerät für Dreipunktanbau (Kategorie II und III). Er wird in Schwimmstellung gefahren. Eine Zapfwelle ist erforderlich. Der Leistungsbedarf wird mit 25 – 35 kW/m angegeben und dürfte bei schweren Bodenverhältnissen noch höher liegen. Wegen des hohen Gewichtes und des weit hinten liegenden Schwerpunktes ist auf ein großes Hubvermögen und genügend Frontballast zur Erhaltung der Lenkfähigkeit des Schleppers zu achten. Dies gilt umso mehr, wenn Justus zur Bestellsaat mit einer Drillmaschine kombiniert ist.
Justus ist ein Gerät für Schlepper ab 55 kW, geeignet für Großbetriebe oder überbetrieblichen Maschineneinsatz. Unter schwierigen Bedingungen sind für die 2,60 m-Ausführung Schlepper ab 100 kW erforderlich. Zur Bestellsaat wird Justus mit einer pneumatischen Aufbausämaschine ausgerüstet. Die komplizierte Handhabung der Einstellung und Umrüstung erfordert gut geschultes Bedienungspersonal. Der Zinkenrotor ist mit einer Rutschkupplung versehen. Die einzelnen Zinken sowie die Schare haben keine Steinsicherung. Auf erosionsgefährdeten Böden muß der Erhaltung einer grobkrümeligen Struktur besondere Beachtung geschenkt werden.

*Abb. 128 Packerwalze (Teflon) mit rotierenden Abstreifern*

**Technische Daten**

| | |
|---|---|
| Arbeitsbreite: | 2,10 und 2,60 m |
| Arbeitstiefe: | 5 – 40 cm |
| Arbeitsgeschwindigkeit: | 3 – 9 km/h |
| Scharschneidwinkel: | 35° |
| Scharschnittwinkel: | 20° |
| Drehzahl des Rotors: | 200 – 580 $min^{-1}$ |
| Masse: | 1200 – 1450 kg |
| Zapfwellendrehzahl: | 540 – 1000 $min^{-1}$ |
| Leistungsbedarf: | ab 25 kW |
| Überlastsicherung: | Rutschkupplung |
| Stützwalze, Durchmesser: | 250 mm |
| Krümelpackerwalze, Durchmesser: | 450 mm |
| Länge insgesamt: | 2200 mm |
| Höhe: | 1300 mm |
| Breite: | 2500, 2900 mm |

Der »SCHICHTENGRUBBER mit ROTOREGGE«

Ähnlich dem Justus ist die Kombination von Schichtengrubber (Abb. 124) und Rotoregge. Auch dieses Gerät hat einen weiten Einsatzbereich:
- Stoppelbearbeitung,
- Einarbeiten von Zwischenfrüchten und Ernterückständen,
- sekundäre Bodenbearbeitung, Saatbettbereitung,
- primäre Bodenbearbeitung,
- Bestellsaat.

Der sweepartige Schichtengrubber (Abb. 129) lockert und lüftet den Boden ganzflächig in einer Tiefe von 5 – 35 cm, auf schweren Böden in mehreren Arbeitsgängen mit zunehmender Tiefe oder nach vorhergehender Pflugfurche. Es können auch in der Tiefe gestaffelte Körper eingesetzt werden. Dabei erfolgt weder ein Wenden (kein Heraufholen von feuchtem Boden) noch ein Mischen. Die Oberfläche bleibt weitgehend eben. Eine intensive Krümelung des Oberbodens sowie flaches Einmischen von Ernterückständen, Dünger oder Pflanzenschutzmitteln erfolgt durch eine nachgeordnete Rotoregge (Abb. 130).

*Abb. 129 Arbeitselemente eines »Schichtengrubbers«*

Wenn nur leistungsschwache Schlepper zur Verfügung stehen, kann das Feld streifenförmig bearbeitet werden. Dabei werden nach Abb. 131.1 zunächst 2 Körper zwischen den Radspuren des Schleppers eingesetzt (Arbeitsbreite 0,8 – 1,4 m) und das Feld in Streifen bearbeitet. Die verbleibenden Mittelstreifen werden in einem zweiten Arbeitsgang nach Abb. 131.2 bearbeitet, indem die Lockerungskörper in und seitlich neben den Radspuren laufen. Für die fortlaufende Bearbeitung benachbarter Streifen ist eine hydraulisch betriebene Vorrichtung zur seitlichen Verschiebung des Gerätes vorgesehen.

Der Schichtengrubber wird mittels eines höhenverstellbaren Gerätedreiecks am Schlepper angebaut. Ein Dreipunktgestänge an seiner Rückseite gestattet in Verbindung mit seiner kurzen Bauweise den zusätzlichen Anbau der genannten

Rotoregge oder beliebig anderer Zinken-, Scheiben-, Rüttel- oder Kreiseleggen sowie von Drill-, Pflanz- und Legegeräten (Abb. 132). Zur Verkürzung der Baulänge kann die Rotoregge, evtl. sogar die Drillmaschine auch direkt mit dem Schichtengrubber verbunden werden. Durch Fortfall der Stützräder wird dann die Gerätemasse weitgehend auf dem Nachläufer abgestützt.

Die sweepartigen Lockerungskörper haben eine Breite von 350 – 900 mm, Steinsicherung und sind seitlich verschiebbar an einem Balken befestigt. Auch der hintereinander gestaffelte Anbau von Körpern ist möglich. Die Tiefe wird über Stützräder oder nachfolgende Geräte eingestellt.

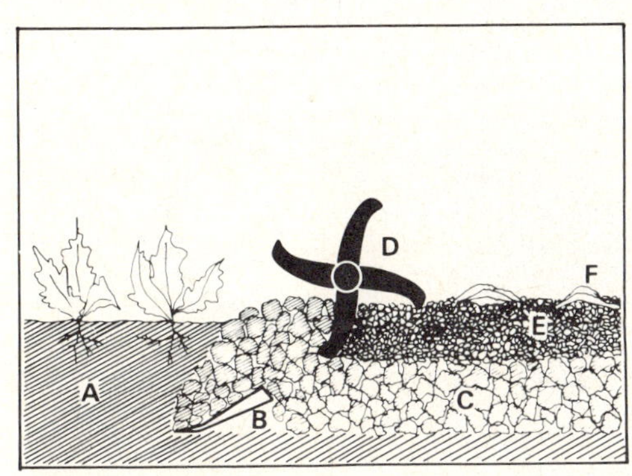


*Abb. 130*

*Wirkung von »Schichtengrubber B und Rotoregge D«*

Die Rotoregge besteht aus einem Stahlrohrrahmen mit Dreipunktbock, Gelenkwelle mit Rutschkupplung (540 oder 1000 $min^{-1}$), zentral angeordnetem Ölbad-Winkelgetriebe mit angeflanschtem Stirnradgetriebe und zwei leicht auswechselbaren Werkzeugwellen mit spiralförmig aufgesteckten, geschmiedeten oder gegossenen Doppelzinken. Eine höhenverstellbare Krümelwalze dient sowohl der Krümelung und Wiederverdichtung des Bodens als auch der Tiefenführung der Rotoregge.

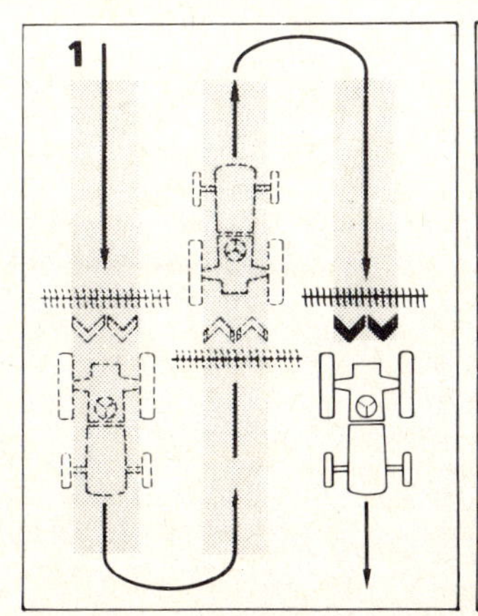


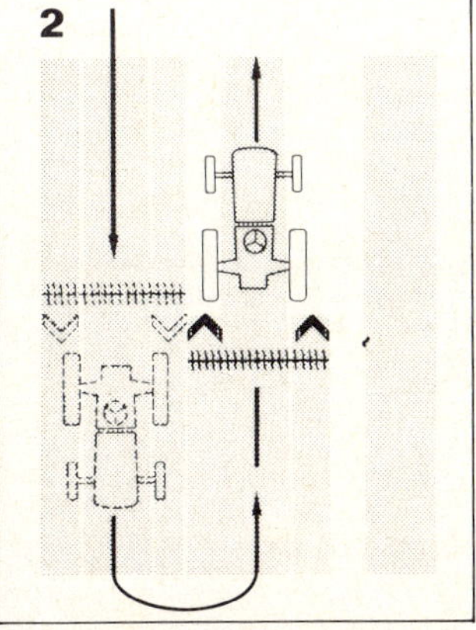


*Abb. 131* *»Streifenbearbeitung« mit »Schichtengrubber«: erste Phase 1 und zweite Phase 2*

*Abb. 132 »Schichtengrubber und Rotoregge« mit angebauter Drillmaschine*

Der Schichtengrubber wird mit bis zu 8 Lockerungskörpern für 0,8 – 3 m Arbeitsbreite und 5 – 35 cm Arbeitstiefe ausgestattet. Die Rotoregge kann mit maximal 27 Doppelzinken pro Meter Arbeitsbreite ausgerüstet werden. Die größte Arbeitsbreite beträgt 3 m; mögliche Arbeitstiefen reichen von 2 bis 15 cm.

## 3.1.3 Der Schollenbrecher

Besonders in semiariden und ariden Gebieten, auf ausgetrockneten, harten Böden sind schwere Geräte von Vorteil. Der »MULTITILLER« (Abb. 133) wurde für die folgenden Aufgaben entwickelt:

- Stoppelbearbeitung,
- Saatbettbearbeitung,
- Einebnen,
- Zerkleinern und Brechen von Schollen,
- Krümeln,
- Mischen,
- Packen,
- Bestellsaat.

*Abb. 133 »Multitiller« mit zweibalkigem Grubber*

Der Multitiller ist in erster Linie im Bereich der Geräte zur Stoppelbearbeitung und Saatbettbereitung, in der Nähe von Scheiben- und Spatenrollegge einzuordnen. Durch die schwere Bauweise und die Kombination von passiven (starren bzw. gefederten Zinken) und aktiven (rotierenden, sternförmigen Scheiben) Werkzeugen ist mit einer guten Zertrümmerungs-, Schneid- und Verdichtungswirkung zu rechnen, auch auf ausgetrockneten Böden arider Gebiete. Damit können Arbeitsgänge und Spuren auf feuchtem und ausgetrocknetem Boden eingespart sowie Zeit gewonnen werden.
Die Arbeitsweise ist abhängig von den quer zur Fahrtrichtung angeordneten Werkzeugreihen (Abb. 134). Nach dem Einebnen der Ackeroberfläche durch den Nivellator (Rechen oder Balken) werden grobe Schollen durch zwei Reihen »Rotosterne« zerkleinert. Der nachfolgende Zinkensatz holt Kluten herauf und führt sie den beiden hinteren Rotosternreihen zu, wobei gleichzeitig kleinere Bodenaggregate in Hohlräume an der Furchensohle fallen können.
Das Gerät wird angehängt. Für den Transport stehen hydraulisch betätigte, gummibereifte Räder zur Verfügung. Es wird ein Leistungsbedarf von 26 kW/m angegeben. Damit erfordert der Multitiller bei Arbeitsbreiten von 2,5 – 6 m Schlepper der mittleren und oberen Leistungsklasse bis 260 kW. Der Einsatz eines so großen Anhängegerätes muß auf entsprechend große Parzellen beschränkt bleiben.

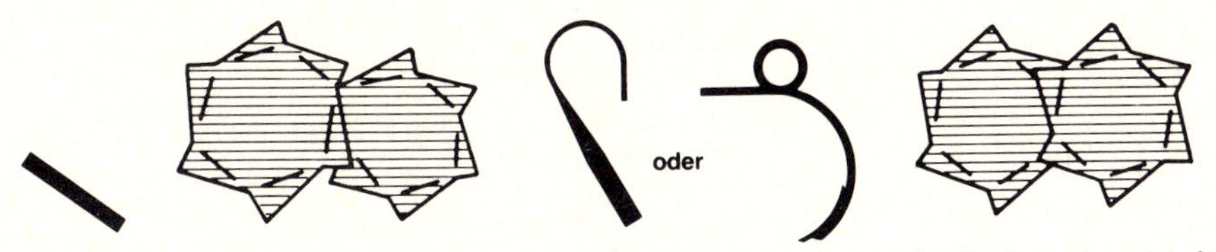


*Abb. 134 Arbeitswerkzeuge des »Multitillers«
(Seitenansicht mit 2 Alternativen für tief arbeitenden Zinkensatz)*

Das Gerät arbeitet in zwei Tiefen, wobei die Arbeitstiefe der Zinken unabhängig von der Tiefe der Rotosterne eingestellt werden kann. Mit steigender Arbeitsgeschwindigkeit nimmt die Arbeitstiefe ab. Die Rotosterne der zweiten, dritten und vierten Scheibenwalze sind identisch. Sie haben jeweils 6 Spitzen, die abwechselnd nach rechts und links zur Seite gebogen sind und damit eine stärker verdichtende Wirkung ausüben. Die Rotosterne der vorderen Reihe sind größer und haben insbesondere die Aufgabe, große Schollen zu zerteilen. Die erste und zweite sowie die dritte und vierte Rotosternreihe sind jeweils kämmend angeordnet. Am hinteren Ende des Gerätes sind Anlenkpunkte für den Dreipunktanbau von Drillgeräten vorgesehen (Abb. 135)

*Abb. 135 »Multitiller« mit Nivellator und Anbaudrillmschine*

**Technische Daten**

| | |
|---|---|
| Arbeitsbreite | 2,5; 3; 4; 5; 6 m |
| Masse | ca. 1000 kg/m |
| Leistungsbedarf | ab 26 kW/m |
| Arbeitsgeschwindigkeit | ab 5 km/h. |

**Literatur**

Köller, K. u. Stroppel, A.: Ein neues Saatbettbereitungs-Gerät für schwierige Verhältnisse. – Landtechnik 34 (1978) 4, S. 188 – 191.

## 3.2 Bearbeitungsloser Pflanzenbau Direktsaat

Mit der Erfindung im Boden inaktivierter Herbizide wie Paraquat ist die Möglichkeit gegeben, auf die im wesentlichen der Unkrautbekämpfung dienende Bodenbearbeitung unter bestimmten Umständen vollständig zu verzichten und direkt in den unbearbeiteten Boden zu säen. Nachdem mit der 3-Scheiben-Sämaschine (Triple Disc) ein geeignetes Gerät zur Verfügung stand, nahm die nichtbearbeitete Fläche (Zero tillage) in Großbritannien, in dem Süden der USA, in Südamerika und vielen anderen Ländern schnell zu. Vorteile des Direktsaatverfahrens sind:

- Einsparung an Arbeitsgängen, d. h. Arbeitskräftestunden, Maschinenstunden, Energie;
- Zeitgewinn, d. h. optimale Aussaattermine;
- Verhinderung von Erosion – die Bodenoberfläche bleibt geschlossen;
- Vermeiden von Wasserverlusten durch Austrocknung;
- Erhalten und evtl. Steigern der organischen Substanz durch verminderte Durchlüftung
- Erhöhen des Wasser- und Nährstoff-Speichervermögens;
- Schonen der Bodenstruktur.

Das Direktsaatverfahren ist jedoch nicht für alle Standorte und Kulturen geeignet und erfordert eine Anpassung der Produktionstechnik, häufig sogar der Fruchtfolge. Wesentliche Voraussetzungen sind:

- ausreichende Wasseraufnahmefähigkeit und Drainung des Bodens;
- keine Verdichtungshorizonte;
- keine schweren Strukturschäden z. B. durch Ernte mit schweren Geräten und Transportfahrzeugen unter nassen Bodenbedingungen (am Feldzugang und im Vorgewende ist häufig eine Lockerung erforderlich);
- keine perennierenden Unkräuter;
- Unkrautsamen und Ausfallgetreide müssen ausreichende Keimbedingungen gehabt haben, um erfolgreich bekämpft werden zu können. Dies ist in Trokkengebieten besonders schwierig. Häufig ist der Anbau von Monokulturen die einzige Lösung;
- besonders schwierig ist eine sorgfältige, evtl. mehrmalige Unkrautspritzung, eine gute Einstellung der Düsen und exaktes Anschlußfahren;
- nach der letzten Spritzung muß ein Abstand von etwa 2 Wochen bis zum Drillen eingehalten werden;
- die Düngemittelapplikation bereitet wegen einer veränderten Pflanzenreaktion noch gewisse Schwierigkeiten. Grundsätzlich werden erhöhte Aufwandmengen empfohlen, um der Pflanze gute Startbedingungen zu geben.

Die Vor- und Nachteile von Direktsaatverfahren für tropische und subtropische Böden sind noch nicht hinreichend bekannt. Besonders schwere und schwer drainbare Böden scheiden für Direktsaatverfahren aus oder erfordern zumindest eine vorhergehende Lockerung. Auf erosionsgefährdeten Böden scheint die Direktsaat unter den genannten Einschränkungen auf jeden Fall eine sinnvolle-Alternative. Wesentlich scheint es dabei zu sein, nicht Maximalerträge, sondern langfristig gesicherte, hohe Erträge zu erreichen. Die Einführung des Direktsaatverfahrens wird entscheidend durch Verfügbarkeit und Kosten geeigneter Herbizide sowie geeigneter Sägeräte bestimmt.

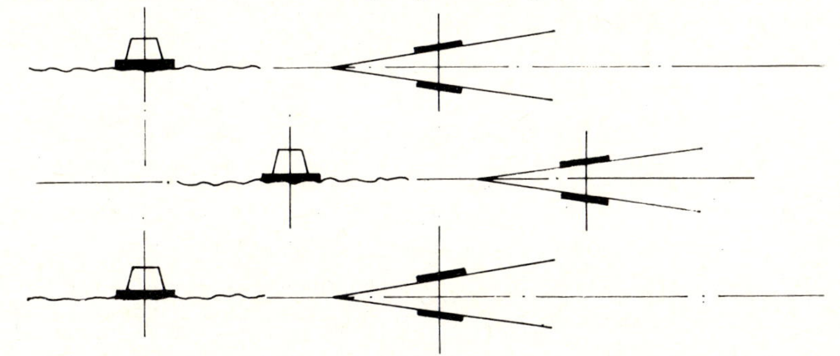

*Abb. 136 Direktsaatgerät »Triple Disc«, Scheibenanordnung (Ansicht von oben)*

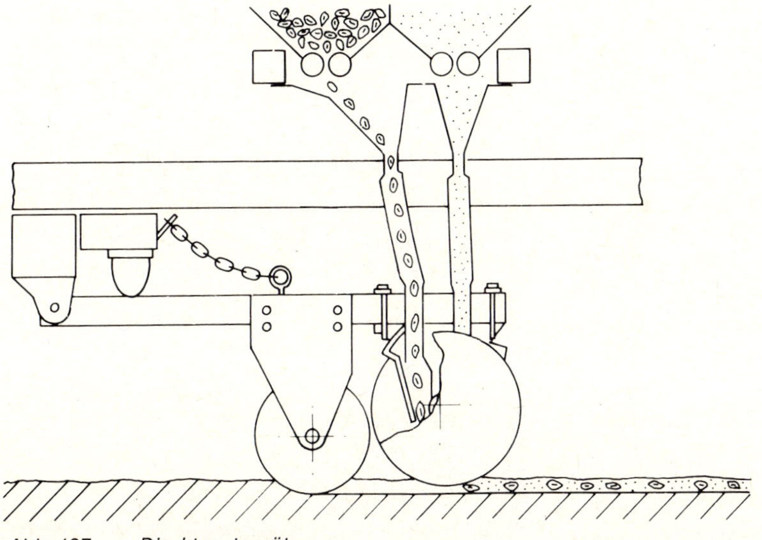

*Abb. 137 Direktsaatgerät*

Die verfügbaren Geräte sollen hier nicht im Detail beschrieben werden. Am bekanntesten ist die »Triple Disc«-Bauweise. Ein meist gewelltes Scheiben-Sech durchtrennt Pflanzenrückstände und öffnet den Boden; ein zweites Paar von V-förmig angestellten, glatten, meist federbelasteten Scheiben bildet die Rille aus (Abb. 136), in der Saatgut und Dünger abgelegt werden (Abb. 137). Ein besonderes Werkzeug zum Schließen der Rille ist nicht vorgesehen. Die Flächenleistung derartiger Geräte erreicht bereits bei einer Arbeitsbreite von 2,5 m etwa 1 ha/h.

**Quellennachweise der Abbildungen**
(F. P. = Firmenprospekte oder Werkfoto)

|  |  |
|---|---|
| 1 | Andreae |
| 2 | Andreae |
| 3 | Schreiber |
| 4 | Burvill |
| 5 | Krause |
| 6 | Schreiber |
| 7 | Schreiber |
| 8 | Schreiber |
| 9 | Krause |
| 10 | nach Kuipers |
| 11 | nach Heege |
| 12 | nach Bernacki/Haman |
| 13 | Krause |
| 14 | Krause |
| 15 | nach ATL 212-1 |
| 16 | Firmenprospekt |
| 17 | Dencker/Speiser |
| 18 | Firmenprospekt |
| 19 | nach KTL, F-Bo 101 |
| 20 | Krause |
| 21 | F. P. |
| 22 | Krause |
| 23 | nach Wieneke |
| 24 | Krause |
| 25 | F. P. |
| 26 | F. P. |
| 27 | Estler |
| 28 | nach Feuerlein |
| 29 | Krause |
| 30 | Foto Köller |
| 31 | nach Spoor |
| 32 | Köller |
| 33 | F. P. |
| 34 | F. P. |
| 35 | F. P. |
| 36 | AID Nr. 419 |
| 37 | nach Söhne |
| 38 | nach Feuerlein |
| 39 | F. P. |
| 40 | Feuerlein |
| 41 | F. P. |
| 42 | Krause |
| 43 | Heege |
| 44 | Glanze |
| 45 | F. P. |
| 46 | F. P. |
| 47 | F. P. |
| 48 | F. P. |
| 49 | DIN 11085 |
| 50 | F. P. |
| 51 | F. P. |
| 52 | F. P. |
| 53 | F. P. |
| 54 | F. P. |
| 55 | Krause |
| 56 | F. P. |
| 57 | F. P. |
| 58 | CNEEMA |
| 59 | Schilling |
| 60 | F. P. |
| 61 | Boxle |
| 62 | F. P. |
| 63 | F. P. |
| 64 | F. P. |
| 65 | F. P. |
| 66 | F. P. |
| 67 | F. P. |
| 68 | F. P. |
| 69 | F. P. |
| 70 | F. P. |
| 71 | Zeltner |
| 72 | Heege |
| 73 | KTBL 204 |
| 74 | F. P. |
| 75 | Foto Köller |
| 76 | F. P. |
| 77 | F. P. |
| 78 | Heege |
| 79 | KTBL 204 |
| 80 | Foto Köller |
| 81 | CEMA |
| 82 | Schilling |
| 83 | Heyde/Kühn |
| 84 | Feuerlein |
| 85 | CEMA |
| 86 | Feuerlein |
| 87 | F. P. |
| 88 | F. P. |
| 89 | F. P. |
| 90 | F. P. |
| 91 | Schilling |
| 92 | Schilling |
| 93 | Schilling |
| 94 | F. P. |
| 95 | VEB Landmasch. Torgau |
| 96 | VEB Landmasch. Torgau |
| 97 | VEB Landmasch. Torgau |
| 98 | F. P. |
| 99 | F. P. |
| 100 | Foto Holtkamp |
| 101 | Krause |
| 102 | F. P. |
| 103 | F. P. |
| 104 | F. P. |
| 105 | F. P. |
| 106 | F. P. |
| 107 | Krause |
| 108 | F. P. |
| 109 | F. P. |
| 110 | Foto Lorenz |
| 111 | Sial/Harrison |
| 112 | Sial/Harrison |
| 113 | Sial/Harrison |
| 114 | Sial/Harrison |
| 115 | Krause |
| 116 | Krause |
| 117 | Estler |
| 118 | F. P. |
| 119 | Estler |
| 120 | F. P. |
| 121 | Krause |
| 122 | F. P. |
| 123 | F. P. |
| 124 | Krause |
| 125 | F. P. |
| 126 | F. P. |
| 127 | F. P. |
| 128 | F. P. |
| 129 | F. P. |
| 130 | F. P. |
| 131 | F. P. |
| 132 | F. P. |
| 133 | F. P. |
| 134 | F. P. |
| 135 | F. P. |
| 136 | F. P. |
| 137 | F. P. |

# Verzeichnis der Tabellen

## Schriftenreihe der GTZ

Die Schriftenreihe der GTZ will vor allem

- **die nationale und internationale Fachöffentlichkeit über Erfahrungen und Arbeitsergebnisse, die im Rahmen der Technischen Zusammenarbeit mit Entwicklungsländern gesammelt wurden, unterrichten;**
- **bei der projektbegleitenden Öffentlichkeitsarbeit mitwirken;**
- **den fachlichen Informationsaustausch der in Projekten der Technischen Zusammenarbeit tätigen deutschen und einheimischen Fachkräfte unterstützen.**

Bisher wurden in dieser Schriftenreihe folgende Themen publiziert:[1])

**Schriftenreihe Nr. 1**
*Gachet, Paul und Jaritz, Günther: »Situation und Perspektiven der Futterproduktion im Trockenanbau in Nordtunesien«. 1972. 30 Seiten. DM 5,–.*

**Schriftenreihe Nr. 2**
*Jahn, Hans-Christoph und König, Siegfried: »Forst in Paktia/Afghanistan«. 1972. 56 Seiten. Englisch, Farsi und Deutsch. DM 5,–.*

**Schriftenreihe Nr. 3**
*Jaritz, Günther: »Die Weidewirtschaft im australischen Winterregenklima und ihre Bedeutung für die Entwicklung der Landwirtschaft in den nordafrikanischen Maghrebländern«. 1973. 40 Seiten. DM 5,–.*

**Schriftenreihe Nr. 4**
*Wienberg, Dieter; Weiler, Norbert und Seidel, Helmut: »Der Erdbeeranbau in Südspanien«. 1972. 92 Seiten. DM 5,–.*

**Schriftenreihe Nr. 5**
*Neumaier, Thomas (Redaktion): »Beiträge deutscher Forschungsstätten zur Agrarentwicklung in der Dritten Welt«. 1973. 568 Seiten. DM 5,–.*

**Schriftenreihe Nr. 6**
*Neumaier, Thomas (Redaktion): »Deutsche Agrarhilfe – was, wo, wie 1973?« 1973. 600 Seiten. DM 5,–.*

**Schriftenreihe Nr. 7**
*Seidel, Helmut und Wienberg, Dieter: »Gemüsesortenversuche in Südspanien«. 1973. 102 Seiten. DM 5,–.*

**Schriftenreihe Nr. 8**
*»Tsetse- und Trypanosomiasisbekämpfung«. 1973. 102 Seiten. DM 5,–.*

**Schriftenreihe Nr. 9**
*Schieber, Eugenio: »Informe Sobre Algunos Estudios Fitopatologicos Efectuados en la República Dominicana« (Bericht über einige phytopathologische Studien in der Dominikanischen Republik). 1973. 66 Seiten, 35 Abbildungen. Spanisch. DM 5,–.*

**Schriftenreihe Nr. 10**
*Bautista, Juan Elias; Hansen del Orbe, Raymundo und Jürgens, Gerhard: »Control de Malezas en la República Dominicana« (Unkrautbekämpfung in der Dominikanischen Republik). 1973. 40 Seiten. Spanisch. DM 5,–.*

**Schriftenreihe Nr. 11**
*Neumaier, Thomas (Redaktion): »Internationale Agrarentwicklung zwischen Theorie und Praxis« (Bericht über die vierte landwirtschaftliche Projektleitertagung Bonn 1973). 1974. 390 Seiten. ISBN 3-980030-1-9. DM 5,–.*

**Schriftenreihe Nr. 12**
*Adelhelm, Rainer und Steck, Karl: »Agricultural Mechanisation – Costs and Profitability« (Mechanisierung der Landwirtschaft – Kosten und Rentabiltät). 1974. 70 Seiten. ISBN 3-9800030-2-7. Englisch. DM 5,–.*

**Schriftenreihe Nr. 13**
*»Mokwa Cattle Ranch« (Modell eines Rindermastbetriebes für Westafrika). 1974. 44 Seiten. Englisch, Französisch und Deutsch. 35 Abbildungen. ISBN 3-980030-3-5. DM 5,–.*

**Schriftenreihe Nr. 14**
*»La Lutte contre la Mouche Tse-Tse et la Trypanosomiase (Tsetse- und Trypanosomiasisbekämpfung). 1973. 106 Seiten. Französisch. DM 5,–.*

**Schriftenreihe Nr. 15**
*Zeuner, Tim: »Mandi – Projekt in einer indischen Bergregion«. 1974. 76 Seiten. 1 Karte. 41 Abbildungen. Englisch und Deutsch. ISBN 3-9800030-5-1. DM 5,–.*

**Schriftenreihe Nr. 16**
*Rüchel, Werner-Michael: »Chemoprophylaxe der bovinen Trypanosomiasis«. 1974. 252 Seiten. ISBN 3-9800030-6-X. DM 5,–.*

**Schriftenreihe Nr. 17**
*Lindau, Manfred: »El Koudia/Marokko – Futterbau und Tierhaltung – Culture fourragére et entretien du bétail«. 1974. 74 Seiten. Deutsch und Französisch. 4 Abbildungen. ISBN 3-9800030-7-8. DM 5,–.*

**Schriftenreihe Nr. 18**
*Kopp, Erwin: »Das Produktionspotential des semiariden tunesischen Oberen Medjerdatales bei Beregnung«. 1975. 332 Seiten. 28 Abbildungen. ISBN 3-88085-000-3. DM 5,–.*

**Schriftenreihe Nr. 19**
*Grove, Dietrich: »Ambulante andrologische Diagnostik am Rind in warmen Ländern«. 1975. 288 Seiten. 40 Abbildungen. ISBN 3-880085-005-4. DM 5,–.*

**Schriftenreihe Nr. 20**
*Eisenhauer, Georg (Redaktion): »Forstliche Fakultät Valdívia/Chile – Facultad de Ingenieria Forestal Valdívia/Chile«. 1975. 245 Seiten. Deutsch und Spanisch. 4 Abbildungen. ISBN 3-88-085-015-1. DM 5,–.*

**Schriftenreihe Nr. 21**
*Burgemeister, Rainer: »Elévage de Chameaux en Afrique du Nord« (Kamelzucht in Nordafrika). 85 Seiten. ISBN 3-88085-010-0. DM 5,–.*

**Schriftenreihe Nr. 22**
*Agpaoa, A.; Endangan, D,; Festin, S.; Gumayagay, J.; Hoenninger Th.; Seeber, G.; Unkel, K. und Weidelt. H. J. (Compiled by H. J. Weidelt): »Manual of Reforestation and Erosion Control for the Philippines« (Handbuch der Aufforstung und Erosionskontrolle auf den Philippinen). 1975. 569 Seiten. Englisch. ISBN 3-88085-020-8. DM 5,–.*

**Schriftenreihe Nr. 23**
*Jürgens, Gerhard (Redaktion): »Curso Básico sobre Control de Malezas en la República Dominicana (Grundkurs zur Unkrautbekämpfung in der Dominikanischen Republik). Spanisch. ISBN 3-88085-010-0. DM 5,–.*

**Schriftenreihe Nr. 24**
*Schieber, Eugenio: »El Status Presente de la Herrumbre del Café en America del Sur« (Der aktuelle Stand der Kaffeerostbekämpfung in Südamerika). 1975. 22 Seiten. Spanisch. DM 5,–.*

**Schriftenreihe Nr. 25**
*Rohrmoser, Klaus: »Ölpflanzenzüchtung in Marokko – Selection des Oleagineux au Maroc«. 1975. 278 Seiten. 8 Colorfotos, 1 Übersichtskarte. Deutsch und Französisch. ISBN 3-88085-035-6. DM 5,–.*

**Schriftenreihe Nr. 26**
*Bonarius, Helmut: »Physical Properties of Soils in the Kilombero Valley (Tanzania)« (Physikalische Zusammensetzung der Böden im Kilomberotal/Tansania). 1975. 34 Seiten. Englisch. DM 5,–.*

**Schriftenreihe Nr. 27**
*»Mandi – A Project in a Mountainous Region of India« (Mandi – Projekt in einer indischen Bergregion). 1975. Englisch – Hindi. ISBN 3-9800030-5-1. DM 5,–.*

**Schriftenreihe Nr. 28**
*Schmidt, Gerhard und Hesse, F. W.: »Einführung der Zuckerrübe in Marokko – Indroduction de la betterave sucriére au Maroc«. 1975. 136 Seiten. 16 Tabellen. 17 Schwarzweißfotos. Mehrfarbige Standortkarte.*

**Schriftenreihe Nr. 29**
*»Landwirtschaftliche Entwicklung West-Sumatras«. 1976. 30 Seiten. 13 Schwarzweißfotos. 1 farbige Standortkarte. ISBN 3-88085-007-0. DM 5,–.*

**Schriftenreihe Nr. 30**
*Rüchel, Werner-Michael: »Chemoprophylaxis of Bovine Trypanosomiasis«. (Chemoprophylaxe der bovinen Trypanosomiasis). 1975. 252 Seiten. Englisch. ISBN 2-980030-6-X. DM 5,–.*

**Schriftenreihe Nr. 31**
*»Bildung und Wissenschaft in Entwicklungsländern« (Die Maßnahmen der staatlichen deutschen Bildungs- und Wissenschaftsförderung). Zusammengestellt von Wolfgang Küper. 1976. 242 Seiten. ISBN 3-88085-004-6. DM 13,50.*

**Schriftenreihe Nr. 32**
*Wagener, Wilhelm Ernst: »Baukasten für die praktisch-pädagogische Counterpartausbildung«. 1976. 156 Seiten. ISBN 3-88085-006-2. DM 18.50.*

**Schriftenreihe Nr. 33**
*»Journées Agrostologie – Elevage des Ruminants« (Erfahrungsaustausch über Weideverbesserung). 1976. 188 Seiten. ISBN 3-88085-009-7. DM 5,–.*

**Schriftenreihe Nr. 34**
*Neumaier, Thomas (Redaktion): »Internationale Zusammenarbeit im Agrarbereich – was, wo, wie 1976?«. 1976. 524 Seiten. ISBN 3-88085-012-7. DM 16.50.*

**Schriftenreihe Nr. 35**
*»Colheitas melhores para Minas Gerais – Bessere Ernten für Minas Gerais« (Fünf Jahre brasilianisch-deutsche Zusammenarbeit in Minas Gerais). Zusammengestellt von Ernst Lamster und Thomas Neumaier. 1977. 54 Seiten. 52 Abbildungen. DM 7,50.*

**Schriftenreihe Nr. 36**
*Kassebeer, von Keyserlingk, Lange, Link, Pollehn, Zehrer und Bohlen: »La Défense des Cultures en Afrique du Nord – en considérant particuliérement la Tunisie et le Maroc« (Pflanzenschutz in Nordafrika unter besonderer Berücksichtigung von Tunesien und Marokko). 1976. 272 Seiten, 375 Color-Abbildungen. DM 41,20.*

**Schriftenreihe Nr. 37**
*»Agricultural Development in West Sumatra« (Landwirtschaftliche Entwicklung in Westsumatra). 1976. 30 Seiten. 13 Schwarzweißfotos. 1 farbige Standortkarte. ISBN 3-88085-007-0. DM 5,–.*

**Schriftenreihe Nr. 38**
*Kopp, Erwin: »Le Potentiel de Prodouction dans la Región semiaride de la Haute Vallée de la Medjerda tunisienne sous irrigation par aspersion« (Das Produktionspotential des semiariden tunesischen Oberen Medjerdatales bei Beregnung). 1977. 360 Seiten. ISBN 3-88085-021-6. DM 26,–.*

**Schriftenreihe Nr. 39**
*Schmutterer, Heinz: »Plagas e Entfermedadas de Algodon en Centro America« (Krankheiten und Schädlinge bei Baumwolle in Zentralamerika). 1977. 104 Seiten. 50 Colorabbildungen. DM 22,–.*

**Schriftenreihe Nr. 40**
*»Dritte externe Veterinärtagung« (Bericht und Arbeitsergebnisse). 1977. 370 Seiten. ISBN 3-88-85-022-4. DM 24,50.*

**Schriftenreihe Nr. 41**
*Becker, Günther: »Holzstörung durch Termiten im Zentralafrikanichen Kaiserreich« – Destruction du bois par les termités dans l'Empire Centralafricain«. 1977. 96 Seiten. 16 Abbildungen. DM 12,60.*

**Schriftenreihe Nr. 42**
*Furtmayr, Ludwig: »Besamungsstationen an tropischen und subtropischen Standorten«. 1977. 64 Seiten. ISBN 3-88085-031-3. DM 10,80.*

**Schriftenreihe Nr. 43**
*Wirth, Frigga: »Culture de plants à parfum en Tunisie – Parfumpflanzenanbau in Tunesien«. 1977. 196 Seiten. Französisch und Deutsch. DM 18,40.*

**Schriftenreihe Nr. 44**
*»Vikunjabewirtschaftung in Peru«. 1978.*

**Schriftenreihe Nr. 45**
*Grove, Dietrich: »Diagnostico Andrológico Ambulante en el Bovino en Païses Cálidos (Ambulante andrologische Diagnostik am Rind in warmen Ländern). 1977. 280 Seiten. ISBN 3-88085-038-0. DM 24,50.*

**Schriftenreihe Nr. 46**
*Nägel, Ludwig: »Aquakultur in der Dritten Welt«. 1977. 110 Seiten. 21 Abbildungen. ISBN 3-88085-029-1. DM 14,50.*

**Schriftenreihe Nr. 47**
*Wagener, Wilhelm E.: »Model for Practical-Educational Counterpart Training«. 1977. 106 Seiten. DM 18,50.*

**Schriftenreihe Nr. 48**
*Metschies, Gerhard: »Ländlicher Straßenbau in Entwicklungsländern«. 1977. 219 Seiten. ISBN 3-88085-022-4. DM 25,–.*

**Schriftenreihe Nr. 49**
*Common Weeds of the Middle-East. 1978.*

**Schriftenreihe Nr. 50**
*Ballestrem, C. Graf und Holler, H. J.: »Potato Production in Kenya – Experiences and Recommendations for Improvement« (Kartoffelanbau in Kenia). 1977. 88 Seiten. 69 Abbildungen. Englisch. ISBN 3-88085-026-7. DM 19,60.*

**Schriftenreihe Nr. 51**
*»Savar-Farm – The Central-Breeding-Station of Bangladesch« (Savar-Farm – Die zentrale Tierzuchtstation von Bangladesch). 1977. 44 Seiten. Englisch und Deutsch. DM 7,50.*

**Schriftenreihe Nr. 52**
*»Progress on Lake Malawi – The Central Region Lakeshore Development Project 1967 – 1977«. 1978. 54 Seiten. ISBN 3-88085-036-4. DM 7,50.*

**Schriftenreihe Nr. 53**
*Kisselmann, E. (Redaktion): »Gutachten – Studien – Berichte« (Beiträge aus 20 Jahren internationaler Zusammenarbeit im ländlichen Raum). 1977. 540 Seiten. DM 28,–.*

**Schriftenreihe Nr. 54**
*»Tierärztliche diagnostische Labors in Malaysia – Beispiel malaysisch-deutscher Zusammenarbeit«. 1978.*

**Schriftenreihe Nr. 55**
*»Technische Zusammenarbeit im ländlichen Raum, was – wo – wie 1978«. 1978. 690 Seiten.*

**Schriftenreihe Nr. 56**
*»Almacenamiento de Papas en Panama – un ejemplo para Zonas tropicales y subtropicales« (Kartoffellagerung in Panama – ein Beispiel für tropische und subtropische Zonen). 1978.*

**Schriftenreihe Nr. 57.**
*»Notes of the ticks of Botswana«. 1978.*

**Schriftenreihe Nr. 58**
*»Los bosques de Sudamerica« (Die Wälder Südamerikas). 1978.*

**Schriftenreihe Nr. 59**
*»Erfahrungen bei der Heuschreckenbekämpfung in Nordnigeria«. 1978.*

**Schriftenreihe Nr. 60**
*»The Rehabilitation of Rural Roads in Handeni District/Tanzania«. 1978.*

**Schriftenreihe Nr. 61**
*»Passion-Fruit Growing in Kenya – A Recommendation for Smallholders«. 1978*

---

[1]) Genannt sind jeweils die Originaltitel. In Klammern ist die entsprechende deutsche Übersetzung angegeben.